住総研住まい読本

おとなのための住まい力

|知識|経験|リテラシー|

住総研「おとなのための住まい学」研究委員会 編

はじめに

あなたの住まい力は充分ですか

あなたは、引っ越し、住宅探し、賃貸、購入、住宅ローンの組み方、リフォーム、また自治会活動やマンションの管理組合の役員活動などで、悩んだり、困ったりしたことはありませんか。

住まいの日常の維持管理は、きちんとできていますか。夏の室内での熱中症、冬場のヒートショックがメディアでも話題になりますが、暑さや寒さへの住まいの対応はできていますか。

あなた自身や親の高齢期の住まいを考えるとき、どんな高齢者向けの住まいが供給され、どんな特色があるのかについて知っていますか。あなたの親の家の相続について、真剣に考えたことがありますか。また、将来の建替えや補修などに備えていますか。

私が暮らす大阪の周辺では、平成三〇（二〇一八）年六月に大阪北部で発生した地震、続いて同年九月の台風二四号によって、多くの住宅が被害を受けました。被災した住宅では、住宅の補修をどうすればよいのか、誰にどう依頼したらよいのかなど、困った人が多かったと聞いています。

私たちは日々、住生活を営んでいますが、住まいについては、これまでの知識や経験だけでは対応が困難なことが少なくありません。これは、私たちの日常生活の中で、食生活や衣生活に比べて住生活の範囲は広く、個人や家族の範囲を超えて、地域や社会との関連性が強いことが要因と考えられます。また、社会の変化の中で、住宅の制度、性能、設備などが発展すると、新しく必要となる知識や技能が出てきます。震災対応については、個人の住まいを超えた広域な課題であり、急を要することも多々あります。日頃から住まいについて考えておくことが、とても大切です。「もう少し住まいについての知識があれば、解決できたのでないだろうか。もっと適切な選択ができたのではないだろうか」という経験もあったのではないでしょうか。住まいについては、「おとなだから知っている」「おとなだからできる」とは、必ずしもならないのです。

本書は、おとなが主体的な住まい手として住生活を営むために必要とする力を「住まい力」とし、おとなのための住まい力がなぜ必要なのか、おとなのための住まいの学びとは何かについて、問題提起をするものです。さらに、おとなが住生活を向上させるにはどうすればよいかについても検討します。

「住まい学」とは何でしょう

住まいや住生活については、専門的には住居学や居住環境学として、大学の家政学部や生活科学部、教育学部を中心に、教育・研究が行われてきました。これは、わが国では戦後に発展した学問であり、生活空間とそこでの住生活についての諸課題を対象としています。「生活の器」である住まいと地域などの生活空間、そこに生活する人々、さらに住まいを取り巻く社会や自然環境との関わりを考え、安全で健康な住空間や住生活を探究します。

住まいや住生活についての教育は、「住教育」と呼ばれてきました。住教育は、かつては学校の家庭科教育の中の住領域の教育として捉えられがちでした。住教育の研究も、家庭科教育の中での住領域の指導内容や学習の課題が多く扱われてきました。しかしながら一九八〇年代以降、よりよい住まいづくりやまちづくりには住民参加が欠かせず、そのためには、多くの住民に住まいやまちへの関心と知識をもってもらう必要があるという考え方が定着してきました。また、子どもの頃から住まいやまちに関心をもってもらい、地域社会を構成する主体としての意識を育てることが重要であるという認識も広がっています。国や自治体の居住施策の中にも、住教育が盛り込まれています。学校が中心であった住教育が、広く社会における住まい手全体のための教育として認識されてきました。それに伴い、学習者に視点を置いて、「住まい学習」や「まちづくり学習」と呼ばれることが増えています。

本書では、住宅や住空間のハード面よりも、「人と住生活」のソフト面の課題に重点を置いています。また、おとなが住まい力を向上させるための住まいの学習の課題にも焦点を当てています。こういった観点から、本書では、住居学や居住環境学の研究の蓄積をベースに、住まいの学習の視点を豊富に取り入れて、主体的な住生活を実現するための住まい力を身に付けるための学びを「住まい学」と呼んでいます。

本書の内容と構成について

本書は、住総研「おとなのための住まい学」研究委員会（二〇一七—二〇一九年）での、三年間の活動とそこでの議論、および研究会が開催した二回のシンポジウムの成果をまとめたものです。

研究委員会は、住宅政策、居住環境学、住生活学、環境工学、生活文化史、住教育、住情報に関わる研究者・実務家、そして住総研の事務局メンバーからなります。本書の各章は、研究委員会メンバーに加えて、平成三一（二〇一九）年に大阪と東京で開催したシンポジウム『おとなのための住まい学はなぜ必要か』に登壇していただいた、住環境教育の研究者、住生活の実践者、住宅計画・まちづくりの実務家、および大阪市、神戸市、京都市の住情報センターで市民からの住まいの相談を担当している職員の方々にも執筆してもらいました。

本書は、「おとなのための住まい学」研究委員会で出された論点を軸にして構成しています。

おとなのための住まい学を考える（第一章）

研究委員会で実施した「おとなの住生活力の実態調査」の結果も交えながら、「なぜ、おとなのための住まい学が必要か」について考えてみます。また、本書の内容に関連して、『コラム―大学生向け住生活サポート情報』を話題提供に設けました。おとなの入り口に立つ大学生の住生活をサポートするために、大学が取り組んでいる新入生向けの講義などを紹介します（第一章・第二章・第三章に掲載）。

学校教育はおとなの住まい力につながるのか（第二章）

あなたは、子どもの頃に、学校で住まいや住生活について学んだ記憶がありますか。住まいについて、最も体系的に学ぶのは家庭科です。最近の教科書はカラー写真やイラストが満載で、とてもわかりやすくなっています。本章では、最近の家庭科の教科書では、住生活についてどのような内容を学習するのか、そこにはどんな課題があるのかを紹介します。また、住環境教育の中に込められた、おとなの住まい力につながる学習の観点を述べます。また、イギリスの住環境教育にある学びの視点が、日本ではどう展開してきたかについても紹介します。

おとなの住まい力に求められるもの（第三章）

住まいの学習は学校だけでは終わりません。社会や生活が発展すると、それに応じて、学ばなければならないことが変わります。新しい知識も必要です。本書では、住宅のインスペクション制度と燃費表示を取りあげ、おとなに必要な知識は時代とともに変わることを述べます。また、高齢者、子育て世帯、若者の住まいと住生活の課題から、住まいについての学びとは何かを考えます。さらに、一人の女性の住生活史から、住生活のリテラシー（対応力）は、住まいと住生活の発展に応じて変化してきたことを紹介します。

住まいの相談から見えるおとなの住まい力（第四章）

では、おとなの住まい力の実態はどうでしょうか。

関西では平成一一（一九九九）年の大阪市立住まい情報センターの開設に続き、神戸市と京都市でも住情報センターが設置され、市の住宅政策を実現していくための市民への窓口として、住情報の発信、住まいの相談への対応、住教育の啓発などを進めてきました。住まいの相談に寄せられる市民の生の声からは、市民が何に困り、どんな住生活の力が不足しているのかを把握できます。ここから、おとなの住まい力の向上を考える糸口が見えてきます。

「主体性」のある住まい方（第五章）

実際の暮らしの中やコミュニティと関わる中で培われる住まい力も注目されます。地域や住まいそのものが、おとなの住まい力向上のための学びの場となり、また、そこに主体性のある住まい方が生まれます。

本章では、暮らしの場におけるコミュニティ、コーポラティブハウスでの約二十年間の暮らし、京町家を住みこなすこと、の三つの題材から、「主体性」のある住まい方について具体的に考えます。

おとなの住まい力を向上させるために（第六章）

研究委員会が中心となって開催した二回のシンポジウムでは、「おとなのための住まい学がなぜ必要か」について議論しました。ここでは、議論の中心となった、「おとなのための住まい学に求められるもの」と「知識を経験に変える学びへ」を取り上げて紹介します。

シンポジウムでは住情報についても取りあげました。現在、実に様々な住まいの学びの場が開かれていますが、どこでどんな学びができるのかについて、一元化された情報がありません。研究委員会では、住まいについての学びの場を整理し、公開できないだろうかと考えました。それを具体化したものが「住情報マップ」です。本章ではその一部を紹介します。学びの場の情報は変化しますので、最新版は住総研のホームページに公開します。

本書が、皆さんが「おとなのための住まい力」とは何かを考えるきっかけとなり、また住生活の向上へつながることを願っています。

碓田智子（大阪教育大学　教授）

おとなのための住まい力——知識・経験・リテラシー　目次

第三章　おとなの住まい力に求められるもの

第四章　住まいの相談から見えるおとなの住まい力

第1章

おとなのための住まい学を考える

おとなのための住まい学がなぜ必要か

碓田智子（大阪教育大学 教授）

おとなは十分な住まい力を持っているのか

平成二九（二〇一七）年四月に、住総研の中に「おとなのための住まい学」研究委員会を立ち上げたときに、委員の間で最初に交わされた論点が、「おとなのための住まい学はなぜ必要か」についてでした。その際に検討された点は、大きく二つありました。一つは、「おとなは、主体的に住生活を営むための知識や応用力を十分に身につけているのか」でした。よりよい住まいづくりやまちづくりを進めるためには、何よりも居住者自身が主体的に関わることが大切です。自治体の居住施策にも住民参加が欠かせなくなっています。居住者が住まいやまちに主体的に関わるためには、一定程度の基礎知識や経験、また知識の応用力が必要となりますが、十分な知識や経験を持っていないおとなが多いのではないかという点です。もう一つは、「もしもその知識や経験が不十分であった場合、住生活の知識や住まい力をどこで学び、積み上げていけばよいのか」あるいは「知識や経験の不足に対して、どのようにサポートすることができるのか」ということでした。生涯学習時代と言われる中で、おとなのためのピアノ教室や、理科教室、あるいは英会話教室など、おとなのための学習教室が人気です。また、公・民による各種の講習会やセミナーなど、おとなが学び直し、教養を高めスキルアップができる、様々な学習の機会や場所が提供されています。その中には、おとなが住生活の知識を身につけることができるものが多数あります。住まいについて学習できる、様々な学びの場を整理して、その情報を公開できないだろうかということも、研究委員会での関心ごとでした。

このように、研究委員会で「おとなのための住まい学はなぜ必要か」を検討するに至った背景には、住まい力や「住まい」に関わる知識が持っている特性が三点、考えられました。一つは、住まい力あるいは住生活の知識は日常的に大切であることは間違いありませんが、住まい力や住まいについての知識の必要性が最も顕在化するのは、ライフステージの節目になるようなときや何か大きな出来事が生じたときだという点です。例えば、子育てに適した住まいをどこに選択し何に気をつければよいか、あるいは親が高齢期に差し掛かってきてこれからの住まいをどのようにすればよいのかなどの問題に直面したときです。また、住宅を購入したり借りたりするとき、相続のとき、マンションの大規模修繕や住宅をリフォームするときなどに、必要性が高まり、誰もが真剣に取り組まなければなりません。またそれだけはではなく、もしも震災などの自然災害によって住宅が被害を受けたときには、どこへ相談すればよいのか、費用はどれくらいかかるのか、住宅の補修や再建についてどんな補助制度があるのかなど、切迫した課題に直面します（図1）。

二つめは、「住まい」に関わって必要とされる知識の多くは建築、都市計画、法律、福祉の制度などに関連し、専門的な内容が多いことです。ですから、何か住まいについての出来事が発生して、それに対応するために知識を得ようと、様々な情報を目にしても、理解が難しいことが少なくないと考えられます（図2）。さらに、一般の居住者と事業者などの専門家との間の知識や情報量の格差が大きいことが、住まいの購入などのときにトラブルの発生を引き起こしやすい原因の一つと言われています。これを情報の非対称性と呼びます。

三つめは、適切な「住まい」の情報を選択するのが難しいことです。テレビ、本や雑誌はもちろん、講習会やセミナー、あるいは友人や知人からの情報に加えて、いまはインターネット上にも膨大な情報が溢れています。しかしこの中から、何が最も自分に適しているのか、あるいはどれが本当に信頼できる情報なのか、情報が多いがために取捨選択が非常に難しい時代になっています。

こうした住まい力や「住まい」に関わっての知識が持つ特性があるがゆえに、私たちは日々の生活で日常的に「住まい」のことに向き合っているはずなのに、いざ真剣に「住まい」のことを考えてみると実際はなかなか難しいのではないでしょうか。おとなとして住生活を主体的に営む力をどう身につけるかは、大きな課題になっているのではないかと考えています（図3）。

それでは、おとなは、住生活に必要な力を、どこでどのように学び、身につけてきたのでしょうか（図4）。この点も検討課題だと思っています。一つは、子どもの頃からの家庭生活の中で、親や祖父母から自然と教わってきた住まいの維持管理や居住文化があると思います。地域の人、同じアパートやマンションに暮らす人とのつながりの中で育まれたコミュニティの力もあるでしょう。また、住まいについての基礎的な知識は、小学校から高校までの授業の中で学んだことが骨格になっているでしょう。公・民によって開催されている住まいに関する講座やセミナーなどの社会教育も学びの場として重要な役割を担っています。仕事を通じて学んだ人もいるでしょう。さらには、住まいを購入したり、借りたり、リフォームしたなどの実際の経験から蓄積した住まいの知識も大切です。経験から住まい力をつけていくことが、実践力の点では最も身につきやすく望ましいように思いますが、住まいを買う、借りる、リフォームをする、あるいは災害時の住宅の復旧などといった機会は、人の生涯の中で多くはありません。ですから、経験知だけで住まい力を十分に身につけるのは難しいと思われます。

学校教育における「住まい学習」

おとなが身につけている住まいの知識は、家庭教育、学校教育、社会教育、および自身の住経験が複合していると考えられますが、子どもの頃の学習としては学校教育が大きな位置づけにあると思います。それでは、学校教育での「住まい」についての学習はどうだったでしょうか。

いまから四〇年以上も前に遡りますが、昭和五二（一九七七）年に『住居学ノート―新しい生活科学のために―』（勁草書房）が出版されました（図5）。すまい・まちづくりの科学的実践研究の先駆者と言われている、京都大学の西山夘三教授（当時）が編著者で、関西の大学の家政部や生活科学部、教育学部で住居学の教育・研究

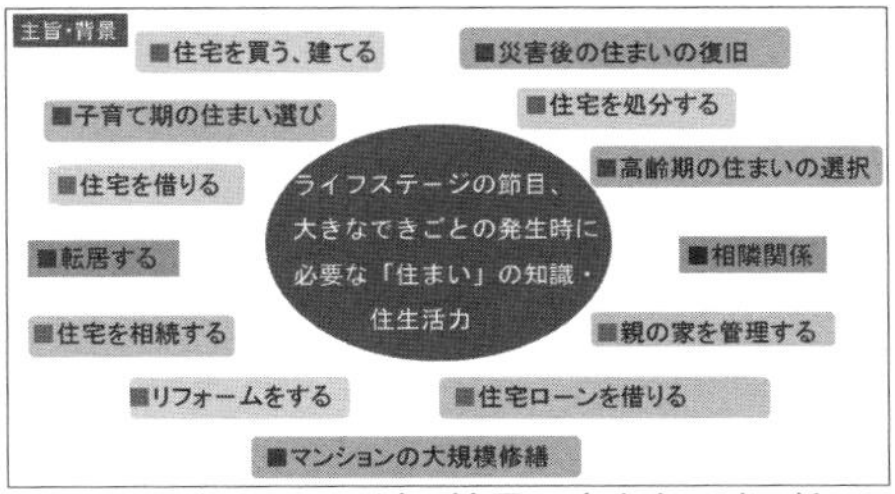

図1　ライフステージの節目・大きなできごとの発生時に必要になる「住まい」の知識・住生活力

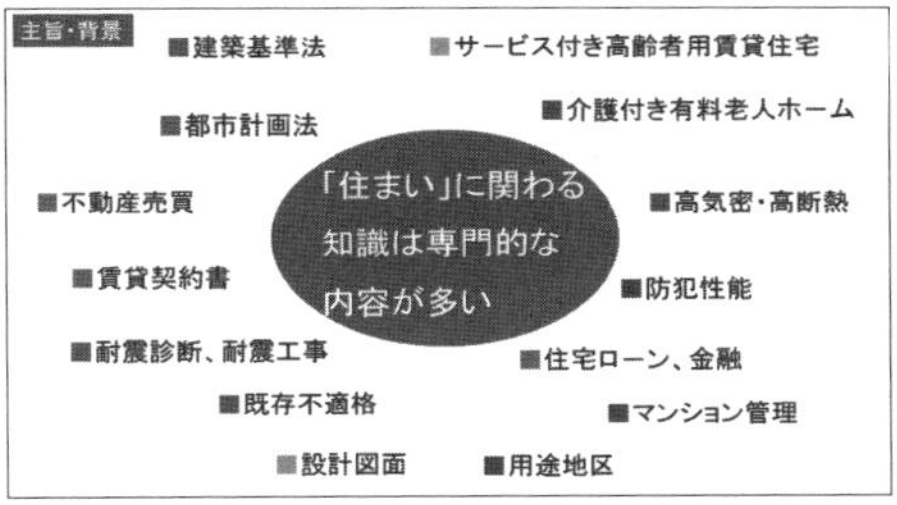

図2　住まいの関わる知識は専門的な内容が多い

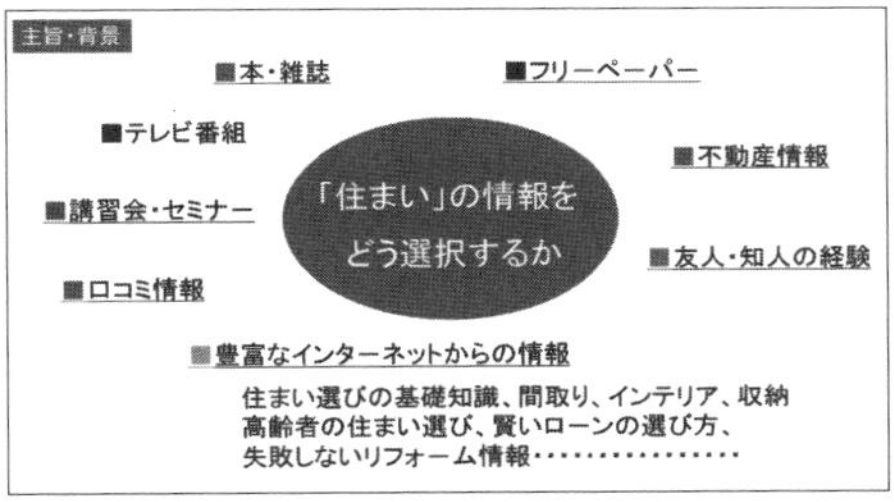

図3「住まい」の情報をどう選択するか

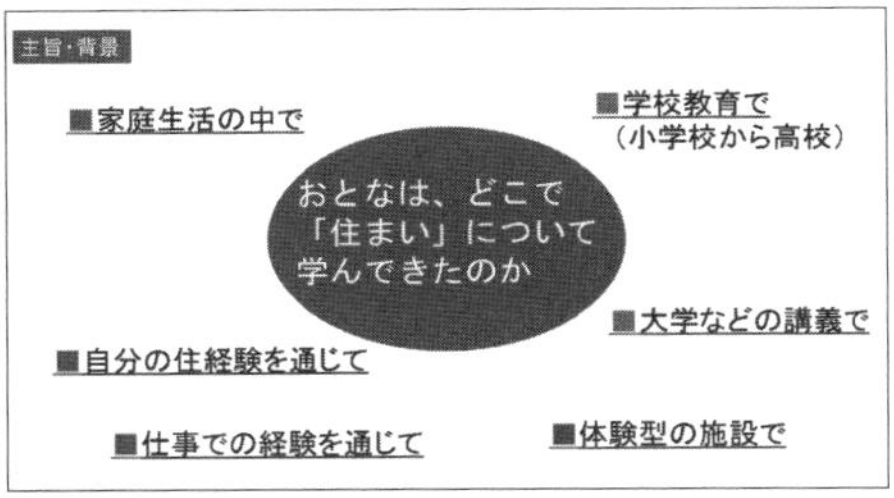

図4　おとなはどこで「住まい」について学んできたのか

に携わっていた研究者によって執筆された本です。この本では、住居学の学問としての特徴が論じられています。その中で、奈良教育大学の田中恒子助教授（当時）が「学校教育における『住』教育の現状と課題」と題して、当時の学校教育における家庭科教育の問題点について整理しています。今から四〇年以上前のことですが、そこで指摘された課題のいくつかは、現在の「おとなのための住まい学がなぜ必要か」の課題にもつながっていると思っています。

一つめは、かつて学校での家庭科の学習カリキュラムにあった、ジェンダー（社会的・文化的に形成された性差）に関わる課題です。学校教育の中で、住まいについて体系的に学ぶ教科は家庭科です。小学校の五年生から学ぶ家庭科は、戦後一貫して男女共修で、整理整頓など室内を整えることや清潔な住まい、気候に応じた暮らし方の工夫などを中心に学習内容が組まれてきました。一方で、中学校・高等学校で家庭科が男女共修になったのはずいぶん後のことでした。学習指導要領の改正により、全ての学校で家庭科が共修になったのは、それぞれ平成五（一九九三）年、平成六（一九九四）年です。それまでは、家庭科は女子向けのカリキュラムでした。私が中学生だった頃を思い出してみても、男女は別のカリキュラムでした。女子は家庭科で衣・食・住や保育、家族などについて学び、男子は技術科の授業で、電気分野の学習でラジオを組み立てたり、木工で椅子を作ったりしていました。では、高校のときはどうかというと、私が通っていた高校においては、女子だけが家庭科を必修で学び、男子はその間、体育の授業でテニスやバスケットボールなどをしていました。私はそれを羨ましく見ていたことを覚えています。高校の家庭科では住まいの計画や管理、住居の安全、住生活などについて学びますが、現在の高校の教科書では都市計画や居住文化までを含んだ、とても

図５『住居学ノート』（表紙）

充実した内容になっています（第二章「家庭科の教科書にみる住居領域の学習内容」参照）。社会科などでも住まいやまちに関連する学習内容があります。しかし、学校や高校で家庭科が男女共修となったのは約二五年前のことですから、概ねですが、四〇歳以上の男性については、中学校、高校で家庭科を履修することが無かった世代、つまり「住まいについて中学校や高校できちんと学習する機会が無かった」世代と言えるでしょう。

二つめに田中恒子氏が「学校教育における『住』教育の現状と課題」の中で挙げたことは、家庭科の学習では、住まいの地域性、階層性、歴史性の視点が弱いという点でした。私たちの住まいと暮らしは地域による違いが大きいですが、教科書では都市部における所得階層としても標準的とみられる世帯と住宅が扱われています。住宅の地域性については、例えば寒冷地である北海道の住まいと亜熱帯気候の沖縄の住まいを取り上げ、気候風土に対応した住まいの特色や住生活の工夫は取り上げられていても、地域の住宅事情や住宅問題についてはほとんど触れられていません。また、歴史については伝統的な日本の住まいの特色は述べられていますが、戦後から今日まで、わが国にはどのような社会経済や世帯構造の変遷があり、それが住宅事情や住生活にどう影響を与えてきたかの視点はあまり取り扱われていません。

三つめは、子どもが「住まいの領域」を学習するときに生じる課題です。学校の家庭科で住まいについて学ぶにあたって、間取り図からイメージできるなど、住空間を認識できることは重要な要素です。しかし住空間というものは結構複雑で、子どもたちの理解や認識がなかなか難しいのです。また、授業の中で、子どもが実際に暮らす住宅や住生活を題材にできればよいのですが、大きな住宅に暮らしている子どもとそうではない子ども、自分の部屋がある子どもとそうではない子どもなど、住宅の階層差が顕著に現れてしまうことが多いため、学校の教員が授業で扱いにくいという側面があります。

また、家庭科という教科は、子どもが学校で習ったことを、家庭に持ち帰って、自分の生活を改善するところにまで結びつけるのが一つのポイントになっています。例えば、食生活であれば「今朝は何を食べてきましたか」と振り返り、朝食の大切さに加えて、野菜が不足しているなど、食事の栄養バランスについて考え、実際の食生活の改善に目を向けていくことができます。つまり、子どもたち自身で生活の改善につなげられる点が多いのですが、住まいに関しては、特に住宅の物理的な課題については、子ども自身が改善できることが限られます。今日では、この課題を克服しようとするユニークな授業実践や教材も出ているのですが、それでも学校の先生方からは衣・食などの領域に比べて、住居領域は使いやすい教材が少ないという声をよく聞きます。

四つめは、教員を養成する大学・学部における住居学教育の課題です。私は教員養成系の大学に所属していますが、教員養成系の大学で食生活分野の専任教員が配置されていないところはほぼありません。しかしその一方で、住居学の専任教員が配置されていない大学はいくつもあります。住居の専任教員がいなければ、授業科目数も少なくなり住まいについて深く学ぶ機会が必然的に少なくなるわけですから、学生が家庭科の教員となったときに、住居領域についての苦手意識や自信のなさが出てしまうのだと思います。つまり、子どもたちを教える学校教員が、住まいについて大学で必ずしも十分には学べていないという点です。このことについては、これまでの多くの研究や調査からも指摘されているところです。

三つめの住居領域の特性から生じる課題、四つめの家庭科の教員養成に関わる課題については、家庭科の授業時間数の中で、住居領域に割かれる時間数が少ないことにもつながっています。学校で家庭科を学んでいても、住まいについて学習する時間数は決して多くはありません。もちろん、現在は、学校教育における住まいの学習はかなり改善されています。しかし、田中恒子氏が指摘した学校教育における住教育の課題が、「おとなの住まい学」を考える背景につながっていることをご理解いただけると思います。

『おとなの住まいの知識・住まい力の実態調査』からみえたこと

冒頭で述べましたが、「おとなのための住まい学」を考えるにあたって、「おとなは、主体的に住生活を営むための知識や応用力を十分に身につけているのか」が研究委員会の論点の一つでした。おとながどの程度の住まいの知識や住まい力を持っているのかを把握する必要がありましたが、既存の調査データがありませんでした。そこで、今日のおとなは、いったいどのくらい住生活の知識あるいは対応力を持っているのかを把握するために、平成三〇（二〇一八）年に「おとなの住まいの知識・住生活力の調査」（調査期間は平成三〇年七月～九月、マークシートの質問紙による調査）を研究委員会で実施しました。

研究委員会のメンバーが所属する大学の学生とその保護者が中心ですが、メンバーが関係する機関にお勤めの方々にもご協力をお願いし、合計九五三名から回答をいただくことができました。回答した大学生は一年生がほとんどです。大学生を対象にしたのは、高校を卒業して間もない時点の「おとな」の入り口にある者が、住まいに関してどのくらいの知識を持っているのかを把握するためです。大学生の保護者らを「一般」とし、大学生（六四四名）と一般（三〇九名）の二つのグループにわけて比較検討をしました。主な質問は、「住まいや地域への関心」「住まいの知識をどこで得たか」「住まいの知識についての自己評価」「住まいや住生活の経験」についてです。ここでは、調査結果の一部を紹介します。

まず、基本事項として、自宅および地域にどの程度の関心があるかを訊ねました。「自宅の広さ、間取り、性能、デザイン、住まい方の工夫やインテリアなどについての関心」を四段階で訊ねたところ、自宅については一般も大学生も関心が高いことがわかりました。しかし、「自宅周辺の地域の取り組みや住環境への関心」となると、大学生はそれほど関心が高くありません。大学生の段階では、まだ自分の住まいへの関心にとどまり、地域にはあまり目が向いていないことがわかります（図6）。

「おとなはどこで住まいの知識を得ているのか」に関しては、「住まいについての基礎知識をどこで得ましたか」について、①家庭、②学校、③大学・社会教育、④本やインターネットなどの情報、⑤住経験の五つの選択肢を示して訊ねました。一般においては、「学校教育」や「大学・社会教育」で知識を身につけたという回答は少なく、「住経験」が八〇%近くあり、ついで「本やインターネットなどの情報」が多いという結果でした。一方、大学生は「本やインターネットなどの情報」が最も多く、ついで「学校教育」の回答が約五二%でした（図7）。

続いて、「住まいについての基礎知識」がどれくらい身についているのかについて、いくつか自己評価してもらいました。まず、「住宅を清潔に保ったり、整理・整頓、インテリアを整えることができるか」は、小学校でも学習する内容です。これについては、一般も大学生も「できる」という自己評価が高い結果が出ました（図8）。一方、「住宅の購入や選択に必要な知識を身につけている」など、経験を伴うことについては、一般は「できる」という自己評価が高いですが、大学生は自己評価が低く、明らかな差がみられました。これは一般と大学生での、住宅の購入や選択の経験に関わる経験の差が大きな要因と考えられます（図9）。

近年は自然災害の発生が多いため、災害への備えについても訊ねてみました。「災害時に備え水や食料品の備蓄、家具の耐震止め、自宅周辺のハザードマップの確認が出来ている」かについては、一般の自己評価が意外と低く、大学生とあまり変わりませんでした。また、「住宅の断熱、換気、暑さ寒さ対策など、健康に住むために必要な知識を身につけている」かについても、一般と大学生ともに、自己評価があまり高くなく、自信を持って「できる」と答える人が少ない傾向がみえました（図10）。

住文化を継承していくことも、おとなの住まい力の課題の一つと考えます。ライフスタイルの変化、住宅設備機器の発達、和室がない住宅の増加などによって、私たちの住生活も変化しています。お正月や節句などの年中行事において、伝統的なお飾りをきちんと設《しつら》える家庭も減ってきています。アンケートでは、「外国の友人から日本の住まいや伝統的な生活の特徴を聞かれたら、答えることができるか」と訊ねて回答してもらいました。これについては、一般も大学生も自信を持って答えられる人が少ないという結果が出ました。「お正月のお飾り、節句のひな人形などの年中行事、地域のお祭りのお供えなどをどうすればよいかわかるか」については、一般では約六割が「できる」と答えましたが、大学生の自己評価は低いです。また、伝統的な住生活の継承に関わって「自宅における和室の有無」についても訊ねてみました。自宅に和室がない、あっても全く使っていないという回答は、一般、大学生とも約二割ありました（図11）。

続いて、「必要な住まい力（対応能力）」をどれくらい持っているかについて訊ねてみました。これについては、

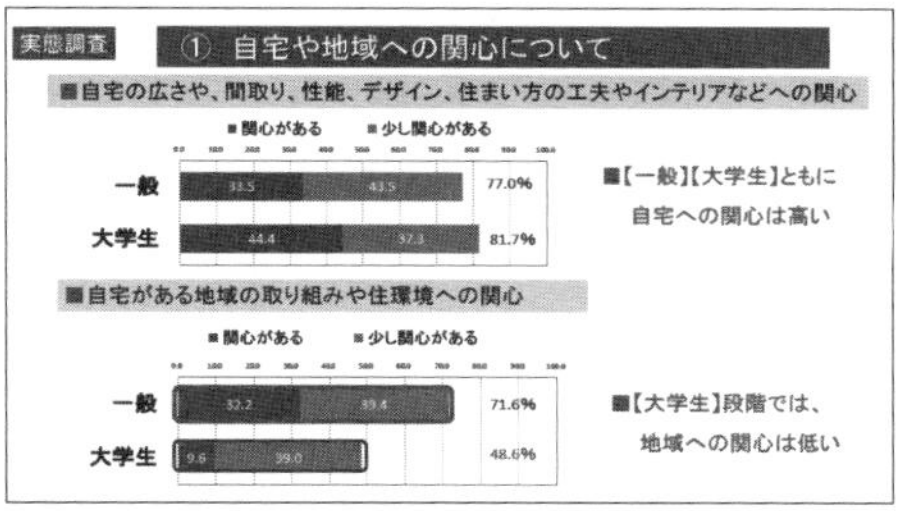

図６　自宅や地域への関心について

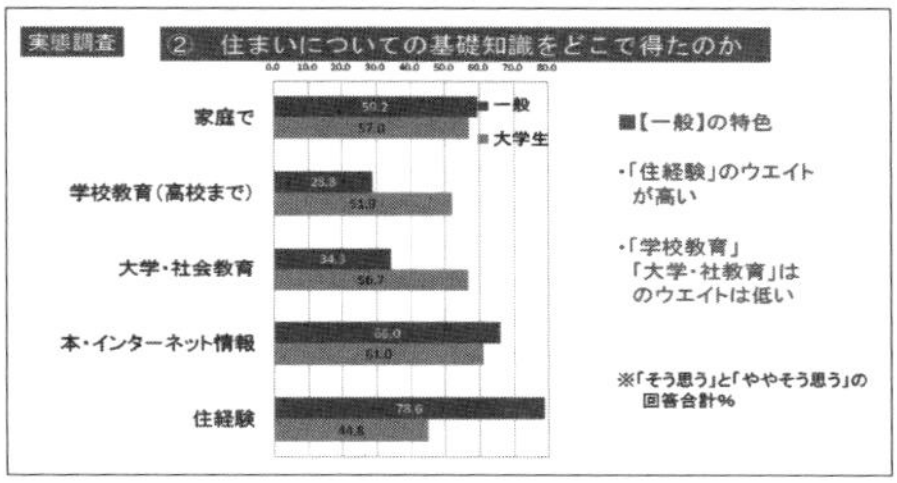

図７　「住まい』についての基礎知識
をどこで得たのか

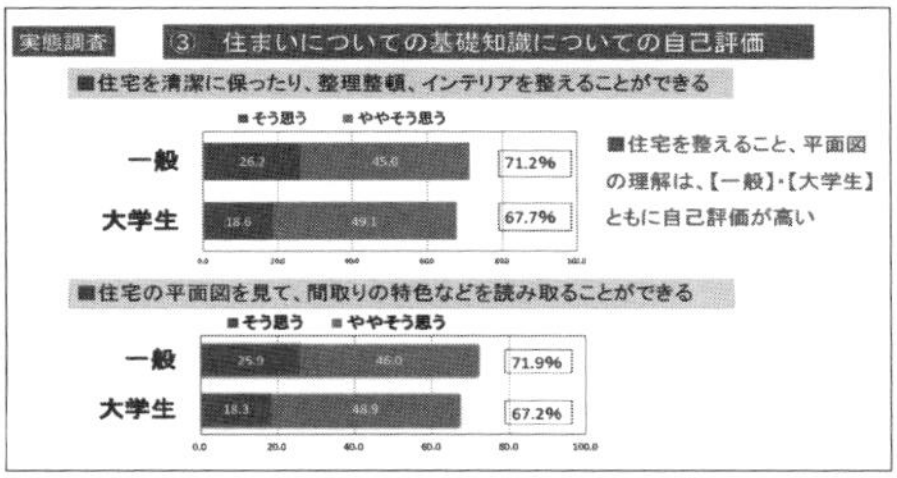

図８　「住まい」の基礎知識の自己評価
（インテリア・平面図）

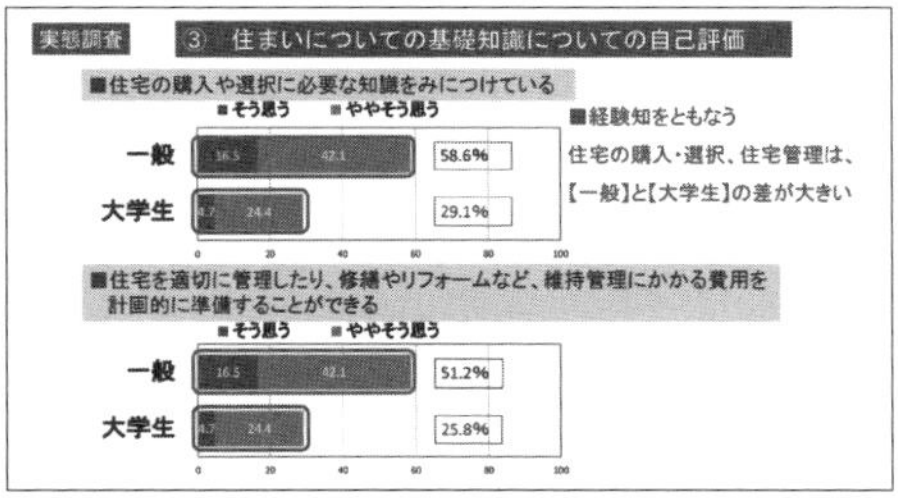

図９　「住まい」の基礎知識の自己評価
（住宅購入・管理）

次の事柄について、自己評価で「できるか、できないか」を訊ねました。

①「将来の住宅、住生活を見通す」、②「住宅の相続を考えたことがある」、③「高齢期の住まいの選択や改修ができると思うか」、④「子育ての住まい・住環境をイメージ考える」、⑤「住情報を得る・相談する」、⑥「地域活コミュニティ」の六点です。

その結果、「地域活動・コミュニティ活動」については、一般も大学生も、「そう思う」の回答が六点の中で最も多いです。先ほど、大学生は地域については関心が低いという結果がみられましたが、コミュニティ活動についてはは「そう思う」という自己評価が高いです。一方、住宅の相続対策など、経験する機会が少ないことについては、一般と学生ともに自己評価が低い傾向がみられました（表1）。

「住生活の経験」についても、一般と大学生とを比較してみました。これまでに、住宅の購入や、賃貸住宅探し、新築・建て替え、リフォームについての経験、あるいはご近所トラブルや、引っ越し、空き巣や盗難

表１　必要となる住生活の力

これから必要な住生活の力	学生	一般
①将来どんな住宅で暮らすのか、今の自宅をどうするのかについて、具体的に考えたことがあるか	60.1 (11.8)	68.9 (19.7)
②親や親戚から住宅や土地を相続することを考えたことがあるか	31.4 (5.9)	44.6 (11.3)
③高齢時に高齢者向け住まいや施設の選択、バリアフリー改修を行うことが出来ると思うか	52.3 (8.4)	65.1 (22.7)
④子育てに適した住まいや住環境について考えるとしたら、具体的なイメージを出来ると思うか	58.1 (9.2)	66.7 (20.7)
⑤住宅について困った問題（住宅の傷み、相続問題、住宅探しなど）が出た時に、自分で相談できる窓口を探したり、必要な情報を得ることが出来ると思うか	47.1 (9.5)	68.3 (27.5)
⑥自治会など地域の活動に参加して、地域の人達と協力しながら、自分が暮らす地域をより良くしていきたい	62.7 (13.2)	72.5 (22.7)

注）上段：「そう思う」と「ややそう思う」の回答合計％
　　下段（　　）：うち「そう思う」の回答％

の被害などの住まいにおける経験をどのくらいしているのかを、二七項目挙げて訊ねました。学生では、「経験なし」が一七％ありました。一般と学生ともに、引っ越し、住宅の購入、賃貸探し、リフォーム、新築・建て替えなどが住経験の中心でした。一般では自治会役員の経験も約三〇％あります。しかし、これら以外のことについては、一般においても経験が多くないことがわかりました（図12）。

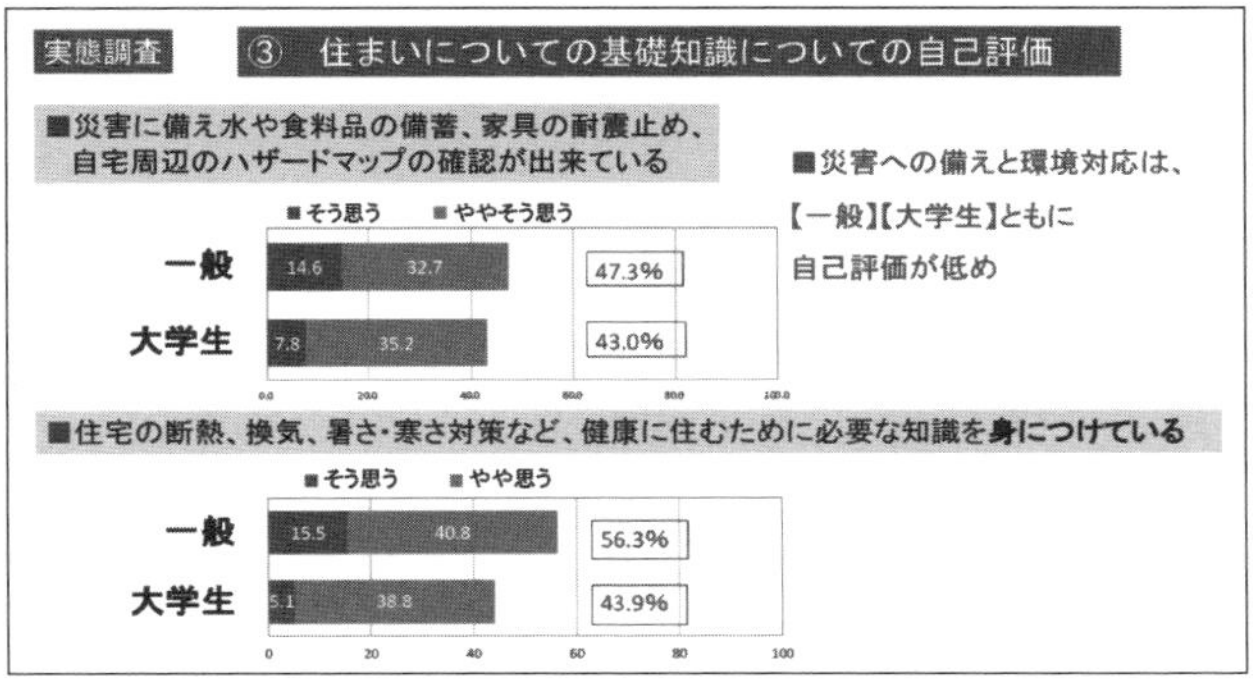

図10　「住まい」の基礎知識の自己評価
（災害・環境対策）

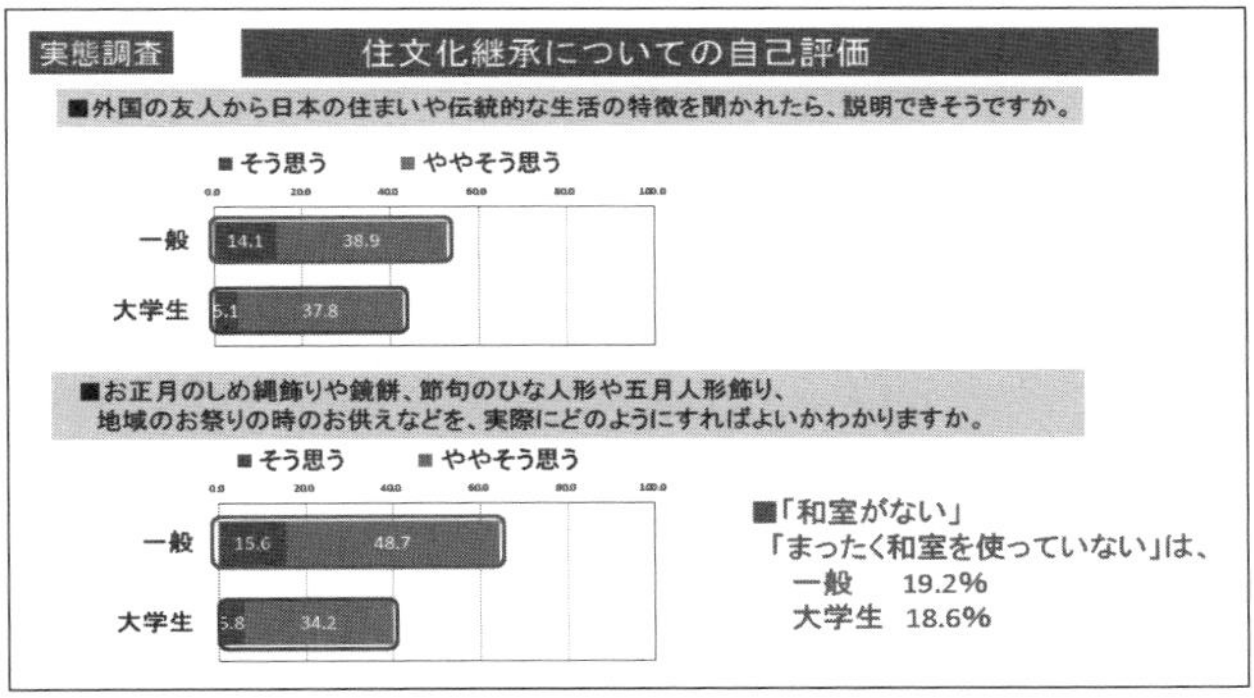

図11　「住まい」の基礎知識の自己評価
（住文化の継承について）

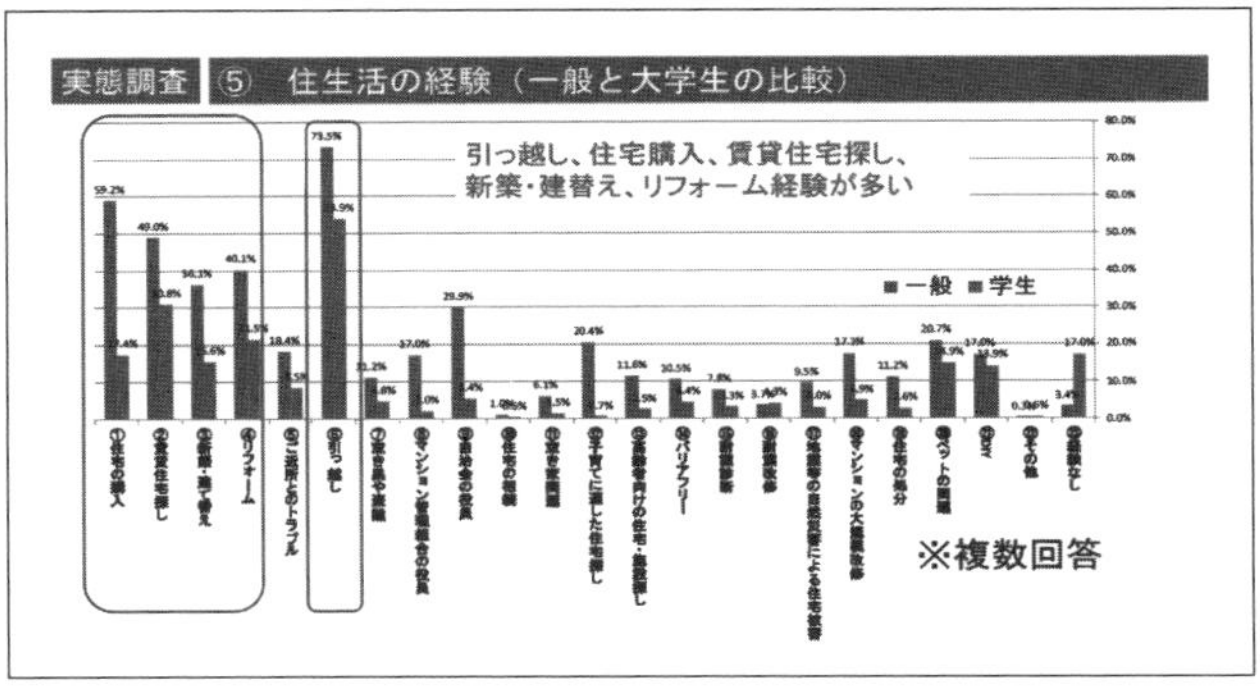

図12　住生活の経験（一般と学生の比較）

次に一般だけを対象にして、「住生活の経験」の種類数を「ゼロから二種類」「三から五種類」「六から八種類」「九種類以上」に分け、住生活対応能力についての自己評価の関係性を分析してみました。例えば、引っ越しだけを経験した場合は経験の種類は「一」です。引っ越しとリフォームを経験すれば、経験の種類数は「二」となります。その結果をみると、「地域活動・コミュニティ」については、住生活の経験度にあまり関係がありませんでしたが、将来の住宅・住生活についてや、高齢期、子育て期の住まいについては、住生活の経験の種類が多いと、対応力が高い傾向がみられました（図13）。

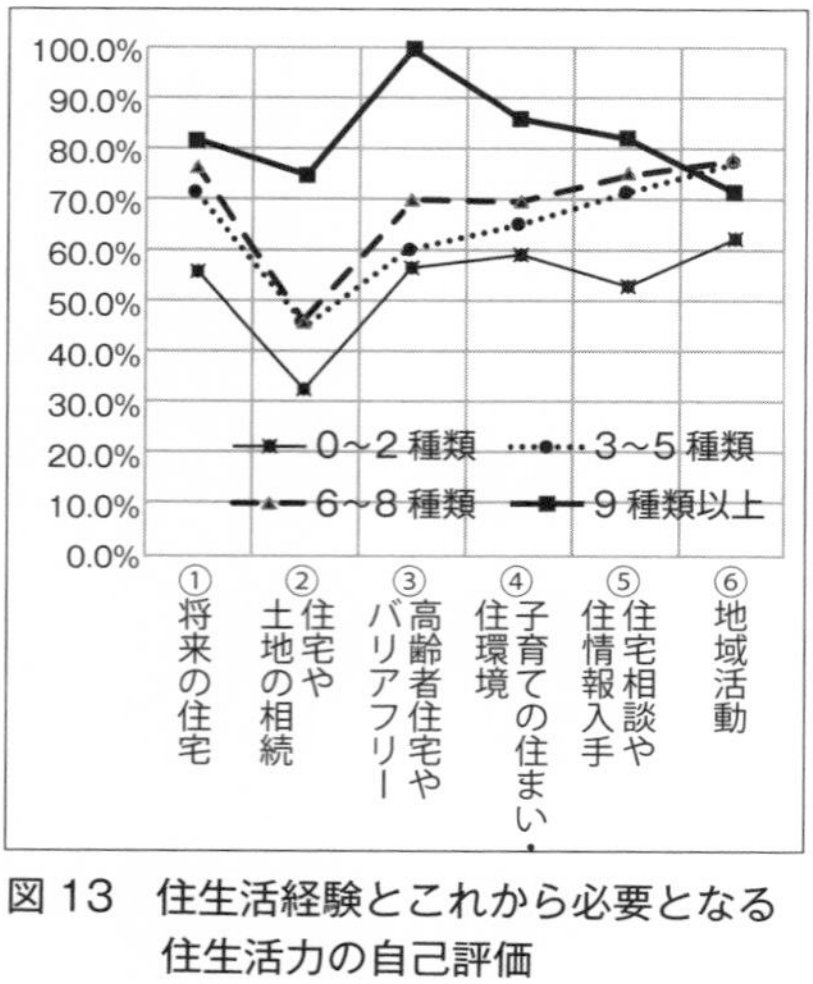

図 13　住生活経験とこれから必要となる住生活力の自己評価

このアンケート調査の結果をまとめてみると、一般（おとな）は、大学生に比べて、自宅のことだけではなく、地域のことにも目が向いているということがわかりました。また一般（おとな）は、学校で住まいの知識を身につけたという認識は低く、自らの住経験から基礎的な能力を身につけたと感じている人が多いとこともわかりました。一般は「住経験」から住まいの基礎知識を得たという認識が高いですが、その経験は引っ越しやリフォームが中心で、それ以外の経験はあまり多いとは言えません。全体としてみると、住経験のレベルは人によって様々ですが、住まい力の対応能力は、「住経験」の豊かさとの関わりがあることを把握できました。

おとなの住まい力を構成するもの――「住まい学マップ」

アンケート調査の結果をベースにして、おとなが主体的に住まいに関わるための「住まい力」をどうとらえたらよいのか、また、どういった構成要素から成り立っているのかを研究委員会の中で議論してきました。議論で出された住まい力の構成を図に示しました（図14）。これを研究委員会では、「住まい学マップ」と呼んでいます。基本的には、おとなの住まい力は、「基礎知識」、「リテラシー（対応能力）」、「住経験」の三本の柱から成り立っていると整理しました。

おとなの住まい力を構成する基盤になっているのは、まずは住まうことに関わる一定程度の「基礎知識」です。本や雑誌などのほか、今日、インターネットを通じて多くの情報が得られますが、それらの情報に適切にアクセスし、また正しく理解するためには、住まいに関する専門用語も含めて一定の基礎知識が欠かせません。これは、自立した住まい手をはぐくむための基礎的教育として、高校までの学校教育とも深く関わっている部分です。あるいは、親や祖父母などから教わ

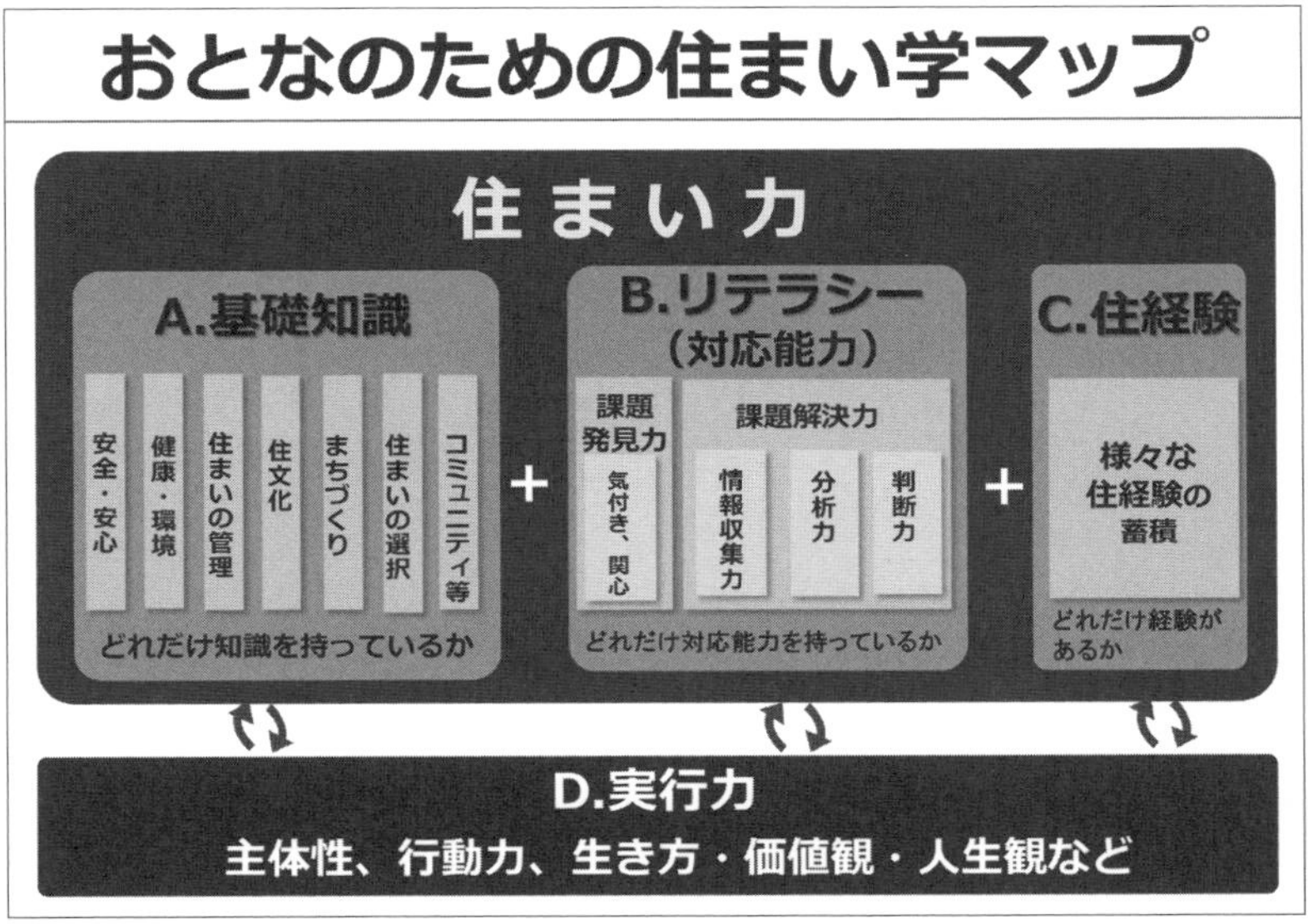

図14　おとなのための住まい学マップ

るなど、家庭での教育や日常生活の中で培われる知識もあります。基礎知識の内容は、コミュニティについて、住まいの選択、まちづくり、住宅の管理、健康・住環境、住まいの安心・安全、住文化の理解など、図にはすべては表現できませんが、広範囲な内容が含まれます。

おとなにとって、住まいの基礎知識はもちろん大切ですが、それ以上に住まい力の形成にとって重要になるのが、様々な住経験です。アンケート調査の結果からも、引っ越し、家の購入、自治会経験など、住経験が多様であるほど、住生活の対応力への自己評価が高い傾向がみられました。一定の基礎知識の上に、様々な住経験を重ねることで、さらに知識が深まります。それから、これまで自分が経験してきた中で培われた住生活の対応能力が住まい力の大きなベースになると考えています。

しかし、本当に大切なのは、どれだけ知っているかという「知識」の量ではなく、また住経験の量だけでもなく、どれだけ対応できるかという「リテラシー（対応能力）」です。ここで「リテラシー（対応能力）」というのは、「住生活の課題に気づく力・発見する力」とその課題について情報収集し、分析し、判断する「課題解決力」から成り立っています。「リテラシー（対応能力）」が不足すると、基礎知識があり住経験を積んでも、人生のライフステージにおいて新しく出てくる課題に対応することができません。

「基礎知識」と「リテラシー（対応能力）」と「住経験」は、おとなの住まい力の三本柱と言えます。これらは比較的、客観的に把握できるので、アンケート調査はこの三つに関わって設問をしました。アンケートでは客観的に把握することが難しかったですが、研究委員会では、おとなが「基礎知識」を積極的に得たり、「住経験」を次に活かし、また「リテラシー（対応能力）」を発揮するためには、実のところは、その人の「実行力」、つまり行動力や主体性、あるいは住生活に対する考え方や価値観、生き方といったものが、大きなベースとなっているのではないか、それが住生活の主体性に関わっているのではないかと考えています。つまり、「実行力」を持っている人ほど、豊かな住生活を送っているといえます。

住まいに関わる知識を得る場や方法は増えています。住まいについて困ったことがあれば、本や雑誌のほか、インターネットで多くの情報が得られるようになっています。自治体や学会、建築士などの専門職能団体、大学、ＮＰＯ組織、あるいはＣＳＲ（企業の社会的責任）の一環として、住まいに関する各種のセミナーや講座なども、多数開かれています。建築・住宅関係の企業の施設で住宅設備や耐震構造、バリアフリーなどを体験学習できるところも増えています。住まいの防災について、体験学習ができる施設もあります。しかし、その多くは、日ごろから住まいについて学んでおくべきことをサポートするものです。何か事が起こってからでは遅いかもしれません。

「おとなの住まい学」は、住まいの選択や購入方法、インテリア、リフォームなどの住まいに関わるハウツー知識だけではなく、コミュニティとその住環境をも対象とし、住文化を担う一人として、住まいや住生活のあるべき姿を考え、主体的にどう住生活に関わるかを学ぶことです。また、住まいの諸課題に対して、自ら対応する力を養うことも大切です。その過程において、住まうことに対する自らの価値観や生き方、創造性が育まれるのだと考えます。

〈**参考文献**〉

- 西山夘三編著『住居学ノート』勁草書房、一九七七年
- 碓田智子・岩前篤・瀬渡章子・檜谷美恵子「おとなの住生活力の実態についての調査研究」日本建築学会大会（北陸）学術講演梗概集、二〇一九年

今どきの学生事情と大学生協の取り組み
――住まい探しから生活運営まで

檜谷美恵子（京都府立大学　教授）

学生のまち京都には全国から学生がやってきます。彼らが最初に直面する課題は、住まい探しです。学生と教職員が出資して運営する大学生協では、入学前に合格学生とその保護者に、京都の下宿事情や家賃相場を紹介する場を設けています。単なる不動産紹介ではなく、先輩学生が自らの体験に基づく具体的なアドバイスを行うのが特徴です。

住まいを確保できた学生が次に直面するのは、住生活の運営です。日々の暮らしに欠かせない家具や家電をどのように調達するのか、食事をどうするのか、一人暮らしを始める前には考えていなかった問題と向き合うことになります。自炊で、栄養バランスのとれた食生活を、と考えても、すぐに対応できるわけではありません。大学生協では、食の健康の観点から、学生食堂で提供する品目には、一目でそれとわかる方法で、栄養バランスや総カロリーを示し、参考にしてもらっています。また、生協のサークル活動を行う学生らが中心となって、リサイクルやリユースの取り組みがあることを知らせています。

住まいを適切に管理することも課題です。学生にとってこれが容易なことではないと思ったエピソードがあります。住環境管理学の授業で、受講生の一人が「自分の家のトイレは使わない。使うと汚れるから、近くのコンビニで用を足す」と、大真面目に説明してくれたのです。そのほうがよほど大変だろうと思うですが、掃除のほうが大変だと思う学生がいることに驚きました。

下宿探しの話に戻ると、大学でも学生課が窓口となって、下宿先を探す学生に京都府ですすめている次世代下宿京都ソリデール事業（学生が地域に居住する高齢者宅に下宿するというもの）を紹介しています。シェアハウスに関心を寄せる学生も、高齢者との同居生活は難しいと感じるようで、試してみようという学生はあまりいません。それでも、こうした情報に触れることは、地域の住宅事情や高齢者の住まいをめぐる課題、また住まいや住まい方の多様性に気付く機会として貴重です。実践した学生からは、様々な学びがあったとの報告が寄せられています。

第2章

学校教育はおとなの住まい力につながるのか

家庭科の教科書にみる住居領域の学習内容

碓田智子（前掲）・瀬渡章子（奈良女子大学 教授）・速水多佳子（鳴門教育大学 准教授）

主体的な住まい手の育成に向けて

住教育は、すべての居住者を対象とする基本的な教育です。人々が地域での主体的な住まい手として、住まいやまちについて関心と一定の知識を持つことは、居住者自身の住生活の向上だけではなく、地域の良好な住まいの形成やまちづくりにもつながります。

今日、自治体の居住施策の立案や実施の過程で、住民参加が欠かせなくなっています。例えば、平成一八（二〇〇六）年に施行された住生活基本法では、国民の住生活の安定の確保と促進のためには、行政と事業者ならびに居住者が相互に連携して取り組む必要性があることが示されています。これは、住生活の安定確保に対して、私たち居住者にも責務があることを意味しています。住民主体の住まいづくり・まちづくりを進めるためには、住民が自分たちの住まいやまちづくりへ関心を深めるとともに、基礎的な知識を持つことも必要です。さらに、住教育がすべての居住者を対象とする基礎的な教育という意味では、将来の地域の担い手となる子どもたちに住まいやまちに関心を持ってもらい、地域社会の主体としての意識を育てることが大切です。

住まいやまちについて学ぶ場には、大きく、社会教育、家庭教育、学校教育があります。高校までの学校教育の上には、大学や高等専門学校などで、建築学や住居学を学ぶ学生を対象とした専門教育があります。しかし、住教育はすべての居住者にとって必要と考える場合、全児童・生徒を対象とする高校までの学校教育での住まいの教育が、安心・安全に住まうための力を身につけ、自立した住まい手となるための基礎教育として重要です。これは、生活者としての住生活のリテラシーを身につける教育ともいえるでしょう。

学習指導要領にみる家庭科・住居領域の概要

学校教育の中では、家庭科、社会科、理科のほか、総合学習（総合的な学習の時間）を通じて、「まち」「地域」「生活」「環境」などの点から、住まいやまちづくりに関連する内容を学ぶ機会があります。家庭科は小学校五年生からはじまりますが、その前には、小学校二年生の生活科の中の「まち探検」が、子どもたちが校区内を歩き、まちのなかで不思議に思ったことや生活の工夫などを発見する機会となっています。小学校三・四年生の社会科では、まちの調査結果を地図に表現する学習に発展するほか、「昔の暮らし」の単元が地域のまちの移り変わりを知り、昔と今の暮らしを比べて暮らしの変化や発展への理解を深める学習として定着しています。歴史は小学校六年生から中学校および高校で学びますが、その中には武士の住宅や町家、寝殿造りや書院造り、まちの形成と自治などの内容が出てきます。また、いろいろな教科の中に含まれる環境教育の内容は、環境保全やエネルギー対策など、住環境の課題にも結びついています。

しかしながら、学校教育で小学校から高校まで連続して、「住まい」について最も体系的に学習するのが家庭科です。では、家庭科の住居領域ではどのような知識や技能を身に付けるのかについて、ここでは学習指導要領から概観してみます。学習指導要領は、ほぼ一〇年ごとに改訂されます。小学校と中学校では平成二九（二〇一七）年に、また高校では平成三〇（二〇一八）年に新しい学習指導要領の告示がありました（表1）。

表１　小・中学校（平成29年告示）と高校（平成30年告示）新学習指導要領の内容

小学校家庭科	快適な住まい方	ア　次のような知識及び技能を身に付けること。 (ア) 住まいの主な働きが分かり、季節の変化に合わせた生活の大切さや住まい方について理解すること。 (イ) 住まいの整理・整頓や清掃の仕方を理解し、適切にできること。 イ　季節の変化に合わせた住まい方、整理・整頓や清掃の仕方を考え、快適な住まい方を工夫すること。
中学校技術・家庭科（家庭分野）	住居の機能と安全な住まい方	ア　次のような知識を身に付けること。 (ア) 家族の生活と住空間との関わりが分かり、住居の基本的な機能について理解すること。 (イ) 家庭内の事故の防ぎ方など家族の安全を考えた住空間の整え方について理解すること。 イ　家族の安全を考えた住空間の整え方について考え、工夫すること。
高校家庭科（家庭基礎）	住居と住環境	ア　ライフステージに応じた住生活の特徴、防災などの安全や環境に配慮した住居の機能について理解し、適切な住居の計画・管理に必要な技能を身に付けること。 イ　住居の機能性や快適性、住居と地域社会との関わりについて考察し、防災などの安全や環境に配慮した住生活や住環境を工夫すること。
高校家庭科（家庭総合）	住生活の科学と文化	ア　次のような知識及び技能を身に付けること。 (ア) 住生活を取り巻く課題、日本と世界の住文化など、住まいと人との関わりについて理解を深めること。 (イ) ライフステージの特徴や課題に着目し、住生活の特徴、防災などの安全や環境に配慮した住居の機能について科学的に理解し、住生活の計画・管理に必要な技能を身に付けること。 (ウ) 家族の生活やライフスタイルに応じた持続可能な住居の計画について理解し、快適で安全な住空間を計画するために必要な情報を収集・整理できること。 イ　主体的に住生活を育むことができるようライフステージと住環境に応じた住居の計画、防災などの安全や環境に配慮した住生活とまちづくり、日本の住文化の継承・創造について考察し、工夫すること。

まず小学校では五・六年生の家庭科で、整理・整頓や清掃、季節に合わせた快適な住まい方の工夫を学びます。また、小学校では、暑さ・寒さ、通風・換気、採光の点から快適な室内環境を学びますが、中学校に進むと、学習対象が自分の身の回りから住居全体に広がり、家庭内事故や自然災害への備えを含む安全性を考えた室内環境へと発展します。さらに中学校では、間取り図などによって家族の住空間と住居の機能を学びます。

高校は、『家庭基礎』（二単位）と『家庭総合』（四単位）のどちらかを履修します。『家庭基礎』が一年間のみの履修に対して、『家庭総合』は二年間にわたるカリキュラムですが、『家庭基礎』を採用する高校が七割を越えています。高校では、学習の対象が住居から地域へ広がり、さらには日本や世界の住文化についても扱います。住宅政策についても学び、また、ライフステージに対応した住まいや住生活を考えていきます。『家庭基礎』と『家庭総合』ともに、住居の機能、住空間の計画、住環境などについて科学的に理解し、安全と環境に配慮して主体的に住生活を営むことができることを目的に学びます。『家庭総合』では、さらに住文化の継承・創造の視点が深まります。

充実した家庭科の教科書の内容

では、実際に家庭科ではどのような内容を学ぶのでしょうか。新学習指導要領に準拠した新しい教科書が使用されるのは告示から三～四年後になりますので、ここでは、平成二九年時点において、学校で使用されているすべての家庭科の教科書、小学校二社、中学校三社、高校六社が出版の計二五冊を対象にして見ていきます。

まず、二五冊の家庭科の教科書の内容を、「家族」「保育」「高齢者」「生活設計」「消費生活と環境」「被服」「食物」「住居」の八領域に分類し、さらに各領域の頁数を数えて平均頁数を示しました。家庭科の教科書の総頁数は出版社によって異なり、小学校で一〇〇頁程度、中学校で二三〇から二五〇頁、高校家庭基礎が一七〇から二〇〇頁、高校家庭総合で二二〇から二七〇頁程度です。その中で住居領域は、小学校で約一七％、中学校と高校では一〇％程度にすぎず、他領域と比べても決して多くはありません（図１）。この比較的少ない頁数の中に、多くの事柄が盛り込まれています。

つぎに、各教科書に掲載されている重要語句（文中に太字で示されている語句）を抽出し、整理してみました（表２）。小学校五・六年の二年間で学ぶ家庭科の教科書では、「快適な室内環境」の内容を主に扱います。整理・整頓や住まいの清掃の工夫、暖かく明るい住まいや涼しい住まいの工夫を、子ども自身が生活で活かせるように、写真やイラストでわかりやすく表現されています（図２）。

中学校では、「衣生活と住生活の自立」の中で、各地の住宅のカラー写真から気候風土に対応した住宅の工夫を知り、間取りのイラスト図から住空間の使い方を考えます。教科書の頁数では「住居の安全」の割合が最も高く、高齢者や子どもの家庭内事故を防ぐ工夫を考えます（図３）。また、室内における地震への備え、結露やかび・ダニの対策などを学ぶほか、シックハウス症候群、コレクティブハウジングやコーポラティブハウスの解説がある教科書もあり、なかなかの充実ぶりです。

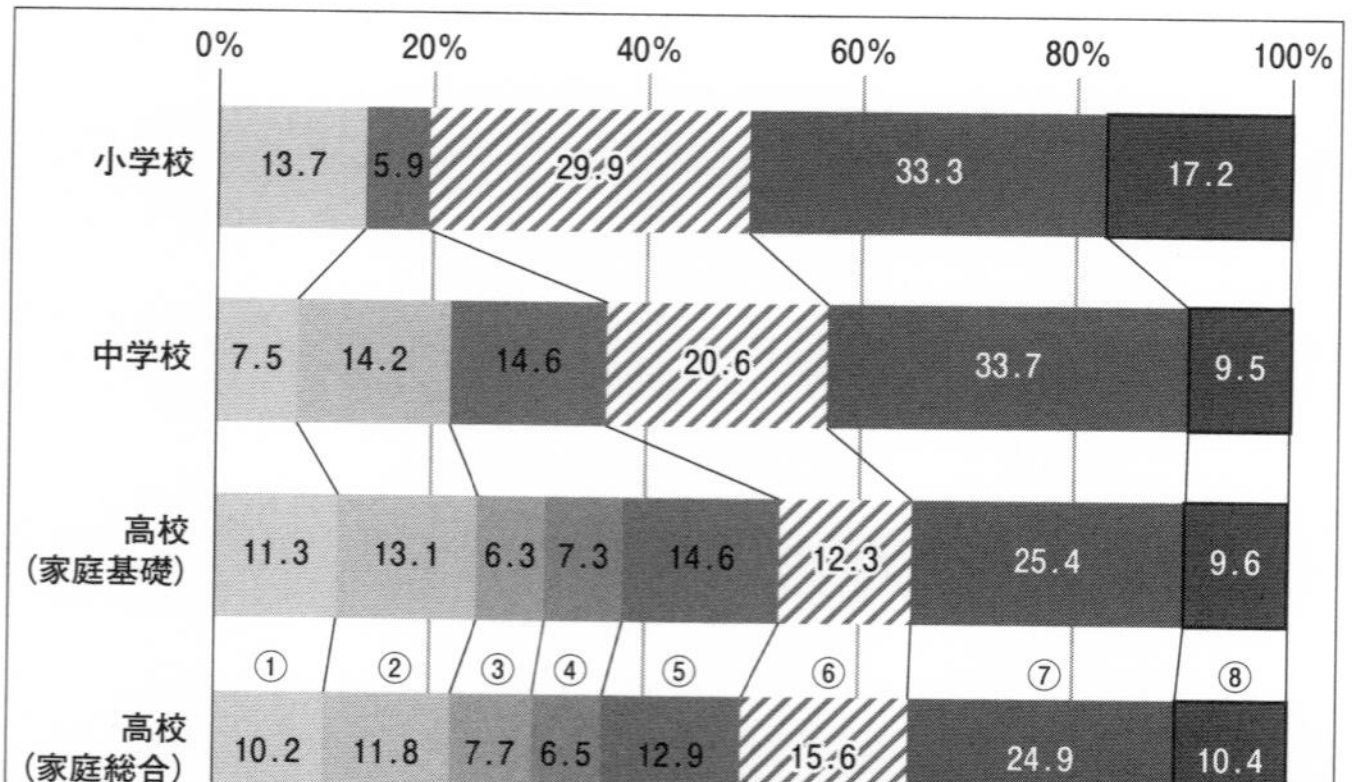

図１　家庭科教科書に占める各領域の割合

表２　小学校・中学校の家庭科教科書の重要語句（教科書に太字で記載のもの）

校種	分類	語句
小学校（全２冊）	快適な室内環境	整理，整とん，照明，風通し
		そうじ，住まい，暖房，日光，明るさ，換気，採光，住まい方，よごれの種類
		はたく，はく，吸い取る，ふく・こする，打ち水
	地球環境への配慮	分別，資源，再使用・再生利用
中学校（全３冊）	住居の機能と計画	家族共有の空間，個人の空間，家事の空間，生理・衛生の空間
		生活行為，共同生活の空間
		移動と収納の空間，住まい，生命や財産を守る，休息とくつろぎを与える
		子どもの成長を見守る，個人のプライバシー，家族の住まい方
		家族のコミュニケーション
	快適な室内環境	換気
		結露，シックハウス症候群，一酸化炭素，生活騒音
		室内環境，二酸化炭素，化学物質，通風，かび，ダニ
	住居の安全	家庭内事故，バリアフリー住宅，ユニバーサルデザイン
		高齢者，自然災害，防災，防火，防犯
	住生活の文化	和式
		洋式，生活の文化，気候風土
	地域の住環境	コーポラティブハウス，コレクティブハウス

図３「住まいの中で起きる事故の例」
（『新技術・家庭　家庭分野』
教育図書、2016 年）

図２「そうじのしかたをくふうしよう」
（『わたしたちの家庭科５・６』
開隆堂、2015 年）

表３　高校「家庭総合」の住居領域の重要語句（教科書に太字で記載のもの）

分類	語　句	出現数※
住居の機能と計画	平面図	7
	動線	6
	間取り	5
	JIS	4
	nLDK, 動作寸法	3
	平面表示記号 , 住要求 , 間取り図 , 人体寸法 , 生活行為 , ゾーニング , モジュール , 個人空間 ,DK	2
	個人的行為 , 生理的行為 , 共同的行為 , サービス的行為 , 住空間 , 住宅取得費 , 家族周期 , 住み替え シェルター , 生活の場 , 家事作業の場 , 人びとが集う場 , 共同生活空間 , 家族空間 , 家業を営む場 サービス付き高齢者住宅 , 増築 , 減築 , リフォーム , インテリア , 祈りの場 , 家事労働空間 生理衛生空間 , インテリアデザイン , 収納の工夫 , 二地域居住 , 同居 , 隣居 , 近居	1
快適な室内環境	結露	6
	換気 , シックハウス症候群 , 日照 , 通風	5
	採光	4
	照明	3
	自然換気 , 機械換気 , 日射 , 騒音 , 暖かさ , 涼しさ	2
	一酸化炭素中毒 , 気密性 , かび , ダニ , シックビル症候群 , 自然エネルギー , 高気密・高断熱	1
住居の安全	バリアフリー	5
	ユニバーサルデザイン	4
	自助・共助・公助 , ハザードマップ	3
	自然災害 , 人為災害 , 家庭内事故 , 防犯	2
	二次災害 , ホームセキュリティーシステム , 帰宅困難者 , 防犯パトロール , 腐朽菌 , 減災 ワンドア・ツーロック	1
住生活の文化	椅子座 , 床座	6
	食寝分離	5
	中廊下型住宅 , 寝殿造 , 書院造	3
	農家 , 町家 , 武家	2
	起居様式 , しつらい , 公私室分離 , 文化住宅 , 就寝分離 , 襖 , 障子 , 格子 , 縁側 , 竪穴式住居	1
地球環境への配慮	環境共生住宅	5
	耐用年数 , メンテナンス , スクラップアンドビルド	2
	劣化 , 長期優良住宅 , 分譲 , 賃貸 , スマートコミュニティ , 補修（修繕）, 改修 , ストック重視 地域産材 , エコマテリアル , スケルトン・インフィル方式 , パッシブシステム , 再生住宅	1
地域の住環境	シェア・ハウス	5
	コレクティブハウジング , コーポラティブハウジング , 住環境	4
	持続可能性	3
	都市計画 , まちづくり , ライフライン , 都市基盤（インフラ）	2
	共用部分 , 専有部分 , 管理組合 , 持ち家 , 借家 , グループリビング ,NPO, 安全性 , 買い物弱者 , パートナーシップのまちづくり , 公共交通機関 , コンバージョン , 地域コミュニティ , 景観 , 用途地域制度 , 保健性 , 利便性 , 快適性	1
住生活関連法規	住生活基本法	6
	建築基準法 , 住生活基本計画	4
	住宅政策 , 都市計画法	2
	持ち家・借家 , 住居費 , 住宅困窮者 , 住宅セーフティネット , 居住面積水準 , 景観法 , 居住水準 , 建蔽率 , 容積率 , 最低居住面積水準 , 誘導居住面積水準 , 公団住宅 , 公庫住宅 , 公営住宅 , 住宅建設５か年計画 , 住宅問題	1

※出現数は，語句が太字で書かれていた教科書の冊数を表す。

さらに目を見張るのが高校・家庭科の教科書の充実です。ここでは、授業時間数の多い『家庭総合』の六社の教科書から、「住生活の科学と文化」に掲載の重要語句を示しています（表3）。住居の機能にはじまり、住宅設計の基礎、音や光、温熱環境、住宅の歴史や住文化、建ぺい率と容積率、都市計画と用途地域、住生活基本法、シェアハウスやグループリビングなど、それぞれの記述内容は深くはないものの、大学で建築学や住居学を学ぶ際に出てくる用語も並んでいます（図4）。重要語句以外にも、教科書によっては、スケルトン・インフィル方式、住宅施策における直接供給と間接供給、住宅性能評価、建物の免震構造や制振構造の仕組みなど、かなり専門的な内容も掲載されています（図5）。自立した住生活を営むための基礎的な知識としては、充分と言ってよいでしょう。『家庭基礎』では発展的な内容や詳しい説明、図の一部が省略されていますが、太字の重要語句には『家庭総合』と大きな違いはありません。

家庭科の教科書の内容は非常に充実し、また、カラー刷りの豊富な図版

1 用途地域と建築制限の例

	第一種低層住居専用地域	近隣商業地域	商業地域	工業専用地域
住居	○	○	○	×
小学校	○	○	○	×
病院	×	○	○	×
店舗	×	○	○	△
カラオケボックス	×	○	○	△
映画館	×	○	○	×
工場	×	△	△	○

（それぞれの地域で建てられるものを○，建てられないものを×，規模・用途等，条件によっては建てられない可能性のあるものを△で示している。）

2 用途地域の例

第一種低層住居専用地域

低層住宅にかかわる良好な住居の環境を保護するため定める地域

近隣商業地域

近隣住宅地のための店舗等の利便を増進するため定める地域

商業地域

主として商業等の業務の利便を増進するため定める地域

工業専用地域

工業の利便を増進するため定める地域

図4　用途地域と建築制限
（『家庭総合』開隆堂、2017年））

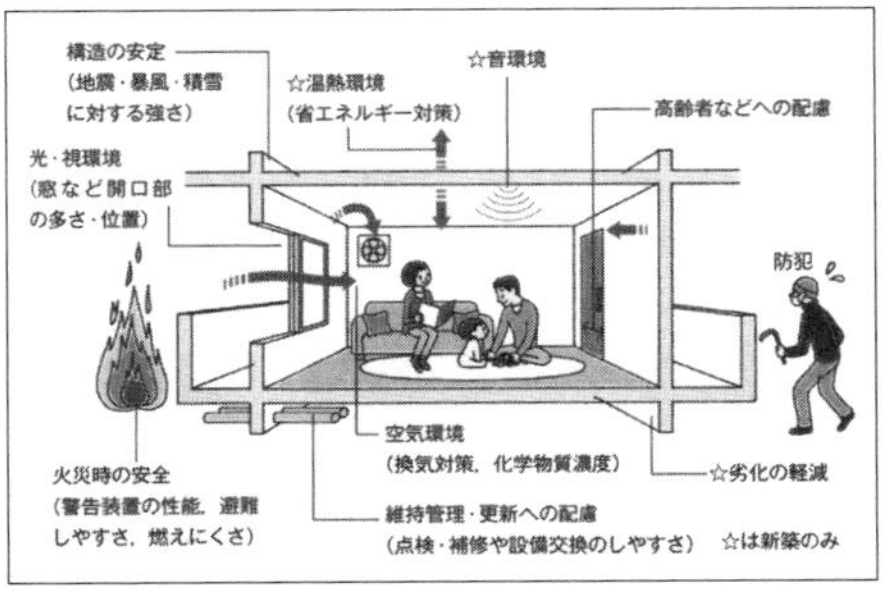

図5　住宅性能表示
（『家庭総合』東京書籍、2017年）

によって、児童・生徒が理解しやすい工夫がなされています。児童・生徒が自発的に調べ、考え、工夫することを促す問いかけや発展課題も随所に盛り込まれています。しかし、住居領域に割ける時間数は、学習時間数が多い高校『家庭総合』の標準一四〇時間においても、十分の一程度にすぎません。必然的に教科書の全内容を詳しく扱うことは困難で、どこにウエイトを置くかは教員の裁量に任されることになります。

住居領域の学習の課題

ところで、家庭科での住居領域の学習については、従来から、つぎの課題が指摘されてきました。それらは、①子どもが複雑な機能を有する住空間を認識することがむずかしい、②身近な生活の場として住まいを取り上げる際に、子どもの住宅事情の社会階層差が現れてしまう、③住居領域は、学習した内容を子ども自身が実際の住まいや住生活の改善や実践に向けにくい、④子どもが体験的に学べる教材等を準備しにくいことなどです。こうした住居領域の特性から、学校教員には、食生活や衣生活などの領域に比べて住居領域は扱いにくいという印象をもたれていることが、これまでの多くの調査研究で把握されています。私自身が教員免許状更新講習を担当する中でも、こうした声を聞きます。

では、家庭科の教員になるための、免許状取得に関わる大学での履修についてはどうでしょうか。中学校・高校の家庭科の教員免許状取得に必要な専門科目二〇単位のうち、住居領域は中学校教員免許では「住居学」、高等学校教員免許では「住居学（製図を含む）」の、いずれも二単位です。住居学の専任教員がいる場合は、これ以外に住居学に関わる複数の科目が開講され、卒業研究で住居学分野のテーマを研究する機会もあります。しかし、中・高校の家庭科の教員免許状を取得できる大学・学部に住居学の専任教員がいない場合も少なくありません。この場合、あるいは食物・栄養学関係の学科や被服学科などの学生が家庭科の教員免許の取得を目指す場合は、住居学の選択科目が開講されておらず、必修の「住居学」一科目のみの履修となることが少なくないです。「住居学」のみの場合、一五回の講義で住まいの歴史と住生活の発展、環境、構造、住宅計画と製図、住宅政策などを一通り学ぶだけで時間いっぱいとなり、専門を深める学習には至りにくいのです。大学の教員養成教育での課題も相まって、住居領域に対して苦手意識を持つ教員が少なくないことが、これまで多くの調査研究で指摘されています。

学校教育と専門家の連携による住教育

小・中学校では昭和六三（一九八八）年、高校は平成元（一九八九）年の学習指導要領の改訂で、「総合的な学習の時間」が創設されました。環境、国際化、情報、福祉などをテーマに、子どもの主体的な学びを学校の裁量で進めることができるため、環境や福祉に関連して、まちづくりや住まいを取り上げる場で、建築士やＮＰＯ、住宅関連の企業、大学、学会、公共団体などからの外部支援者をゲストティーチャーとして学校に招きやすくなりました。工夫を凝らした教材や実物資料を使った専門家による授業は子どもたちには刺激的であり、さらに住まいやまちづくりを支える様々な職能の人たちに触れることで、キャリア教育にもつながっています。近年は「総合的な学習の時間」だけでなく、家庭科でも建築士などがゲストティーチャーに招かれることが珍しくありません。家庭科の教科書の内容は充実していますが、厳しい時間の中で教員が住居領域への専門性を高めることは容易ではないので、専門家によるサポートは期待が寄せられるところです。また、様々な主体がインターネット上で発信している住教育の教材事例や実践事例を、現場の教員に届け、各校の特性に合わせて使いやすい形にカスタマイズできるようにしていくことも重要な課題と考えます。

〈参考文献〉
●国土交通省、住生活基本法（平成一八年六月八日法律第六一号）
●文部科学省、小学校学習指導要領（平成二九年告示）解説、家庭編
●文部科学省、中学校学習指導要領（平成二九年告示）解説、技術・家庭編
●文部科学省、高等学校学習指導要領（平成三〇年告示）解説、家庭編
●速水多佳子・瀬渡章子「小学校・中学校・高等学校の家庭科住居領域における学習内容に関する分析―平成二十九年度使用教科書から―」「日本家政学会誌」vol.七〇、No.六、五三―六九、二〇一九年
●碓田智子「学校での住まいの教育」「建築雑誌」vol.一二九、No.一六五七、二〇一四年四月
●檜谷美恵子・碓田智子「五章　住宅政策・住宅市場と住教育」財団法人住宅総合研究財団編『現代住宅研究の変遷と展望』丸善株式会社、二〇〇九年

学校教育での「住環境教育」の現状と課題
――大人へどう結びつけるのか

小澤紀美子（東京学芸大学 名誉教授）

私は現在、高等学校の家庭科の教科書の住領域の分野の執筆・監修を務めています。いまその改訂作業を進めているところですが、この検定が通って高校で使用されるのは、二〇二三年からです。いま、高等学校の家庭科の教科書には、生活に関すること全ての事柄が記されているといっても過言ではないほど充実した内容になっています。霞ヶ関の中央省庁に勤務する人たちも、何か住まいや暮らしのことを調べようとしたときには、まず高等学校の家庭科の教科書を手にするということも耳にしています。しかしながら、家庭科における「住領域」は、教科書のなかでもたった二八頁しかとれないという悲哀を味わっております。

私は一九八〇年代に、文科省の学習指導要領の策定協力委員として一〇年間協力し、そのなかで私は、家庭科をはじめ各教科で「住環境教育」をなんとか取り入れるように働きかけをしてきました。また一方で、学校の先生方からも「住環境教育」をどのよう展開していいのかわからないという声が多くあり、これまで教材開発も含めて取り組んできましたので、そのこともお話しできればと思います。

また私は、中央教育審議会の委員として、「総合的な学習の時間」の創設にも関わってきました。いまの教育には「主体的で対話による深い学び（アクティブ・ラーニング）」が欠けていると考えています。知識伝達型の教育ではなく、社会人になっても自分自身で考えられるような探究創出型の深い学びをどのように構築できるのか、いままさに、文科省は「二一世紀型学力」に向けて、学びの構造を変えようとしています。この二一世紀型学力をどう捉えるかということについてもお話できればと思います。

一　住環境教育の確立を目指して
――「衣食住」から「住食衣」へ

私自身は、もともとは建築出身ですが、民間の研究所でシステム開発に携わっていました。そのあと、教員養成系大学である東京学芸大学に移り「住居領域」を担当することになったのです。住居やまちについて、これほどまでに教えられていなかったのかということに驚き、そこから、住環境教育確立に向けての私の闘いが始まりました。そのとき私は、「衣食住」から「住食衣」に変えなければいけないと強く思い、そのスタンスはいまも変わりません。

もともと家庭科教育は、家政学に基づいています。家政学の語源は、「Oikos（家）」と「Nomos（規範）」を組み合わせた古代ギリシャ語のオイコノミア（oikonomia）に由来します。私が、家政学を勉強し始めた一九七〇年代後半には、「Oikos」は「家」から「地球」や「環境」まで、広い意味として行き渡っていました。その原点は、アメリカ家政学の母と言われるエレン・スワロー（一九九〇年アメリカ家政学会創立、初代会長）が提唱した「エコロジー」に辿りつくわけです。私はエレン・スワローに触れ、実際にアメリカの家政学会の会議にも参加してきましたが、そのなかで、何とか家庭科のなかに本来の住居学をとり戻したい、単に住まいのことだけではなく、人間と環境との関わりのなかで生き方を組み立てていくようなものにしたい、と強く思っておりました。ただ、悲しいことに、教員養成系大学においても、主要五教科に対して家庭科は「周辺教科」とか「不要教科」などと言われるようなことがありました。しかし家庭科は、単なる家事裁縫技術のためのものではないのです。私自身は、家庭科教育は「応用科学」であると捉えています。

新しい学習指導要領の概要

二〇二〇年四月から始まる新しい学習指導要領では、小・中学校、高校ともに家庭科の学習指導要領が新しくなり、基本は、大きく三つの領域にわかれています。

A 家族・家庭生活

B 衣食住の生活

C 消費生活・環境

Bの「衣食住」は、「住食衣」になればいいなと考えていて、次回の教科書検定のときに提案できればと考えています。またCの「消費生活・環境」は、「ライフスタイルと環境」と言い換えてもいいかもしれません。中学校の学習指導要領も基本的には同じように大きく三つの内容で改訂されました。小学校と比較すると「グローバル化」や「持続的な社会の構築への対応」などの課題が出てくるようになっています。

次に、高等学校家庭科の教科書改訂のポイントは、「家庭基礎」と「家庭総合」では異なります。しかし、いまは大学受験の方が大事だという風潮のなかで、「家庭総合」を選択する学校が少なくなっています。でも、本当にそうでしょうか。受験のための授業では、これからさらに複雑になっていく世のなかで、またAIが台頭してくるような時代において、本当に必要な能力がつけられるのかというと、私は難しいと思っています。

住教育ガイドラインに込めた住教育の意義

二〇〇六年に、住生活基本法（国土交通省）が制定されました。このことは家庭科教育においてもひとつの転換期だったと思います。それまで日本では、国の住宅政策は、住宅を箱物としか考えていませんでした。そこに「住生活」という文言が入ったことで、いろいろなことが大きく変わってくると、私は捉えていました。

そしてこの頃、建設省系の財団から「住教育ガイドライン」を作らないかというお誘いがあり、二〇〇八年に『住教育ガイドライン：学校で住教育に取り組んでみませんか？』としてＡ４の冊子にまとめました。現場の先生はＡ４サイズで八頁以上あるものは忙しくて読まないというので、八頁に納まるようにつくっています。

このガイドラインには、私が大学院のときに師事していた池辺《いけべ》陽《きよし》先生の考え方を取り入れ模式図で表しています（図１）。「住む」ことは、人と人、人ともの・こと、人と空間、人と環境など、さまざまな関係性のなかで成り立っています。住教育ではそういった関わり・関係性を学び、考え、実践することで、社会のなかで多様な価値観と出会いながら、自らの住生活を創造し、夢や希望を実現していく力をつけていくことができるということを、ここでは述べています。

また、住教育あるいは住環境教育の魅力については、次の四つを明記しました。

1　社会に参画し、身近な人とよりよい人間関係を築くためのコミュニケーション力をつける

2　学んだことを活用する力や社会で自立的に生きる力を養う

3　資源や環境に配慮したライフスタイルが身につく

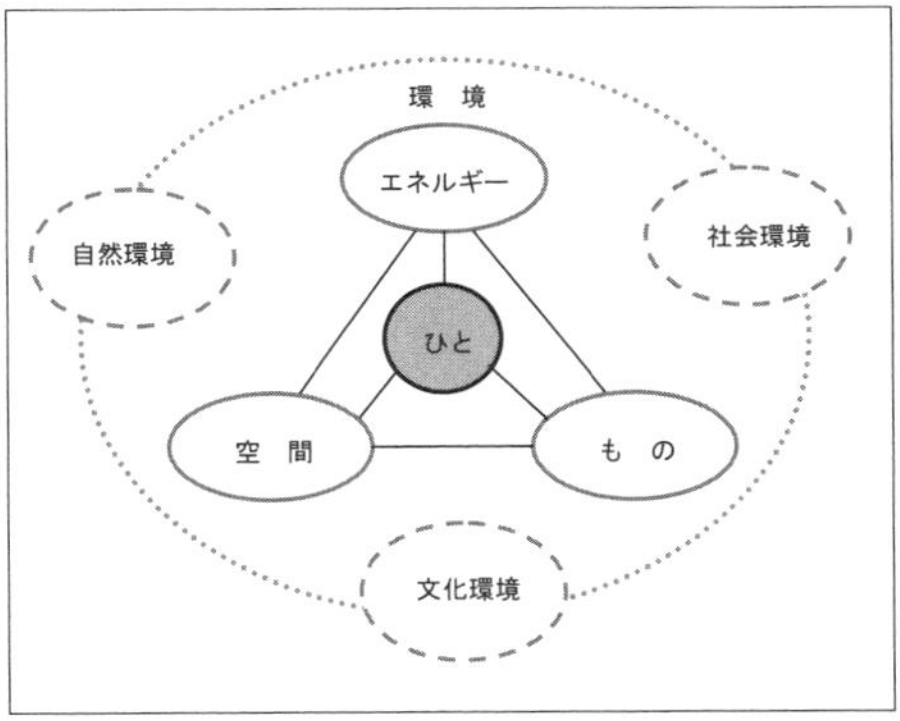

図１　住の関係性の広がり

4　地域の住まいや暮らしの知恵と豊かさを継承し、発展させる力が育つ

いまは、うまく人間関係の距離感をとれない若い人たちが増えているのかなと思うところがあります。SNSで〝イイネ〟だけを押しても、共感したことにはならないのです。また、「学んだことを活用する力」についても、単に知識の量を学力として計っても意味がないというのは、文科省の教育改革のなかで出てきた方針とまさに同じことを述べています。学力テストでいくら成績が良くても、学んだ知識を生かし、活用していくことができなければ、社会で自立的に生きる力には繋がらないのです。

具体的な授業の展開事例については、ジョン・デューイが提唱した「反省的思考過程」を取り入れています。内容は、四つの領域（人と住まい／住まいの空間と構成／住まいと社会／住まいと環境）で、授業の参考となる実践例を二例ずつ紹介しています（図2）。

住教育の領域

このガイドでは、住教育を以下の4領域に分けています。次ページから、領域ごとにキーワードによる授業の展開事例を掲載していますので、ぜひ住教育の授業づくりの参考にしてください。

1 人と住まい

住まいの安全・安心、家族の語らいやくつろぎ・団らんなど、住まいの機能や構造、生活との関係を学習します。

具体的な内容
・住まいの機能　・住まいの構造・建て方
・住まいの変遷　・住生活様式

授業の展開（事例）　『語らう』『まもる』 ▶ P4

2 住まいの空間と構成

人が住む器は、人体寸法が基本です。それに動作空間が加わること、へやとへやをつなぐ原理があることなど、暮らしに対応した住まいの空間や構成を学習します。

具体的な内容
・人、もの、空間の寸法　・へや、住まいの規模
・住まいの構成　・仕上げと色彩

授業の展開（事例）　『はかる』『ひらく』 ▶ P5

3 住まいと社会

住生活に必要なライフライン、地域の中での住まい、まちの良好な景観など、住まいと社会のつながりを学習します。

具体的な内容
・住宅水準、住宅事情　・住宅の需要と供給
・住宅政策　・地域環境、まちづくり

授業の展開（事例）　『つながる』『住み続けたくなるまち』 ▶ P6

4 住まいと環境

気候風土と住まい・住文化、環境と共生する住まい、そして住まいの維持管理のあり方を学習します。

具体的な内容
・住居の衛生、室内環境　・住宅の性能、設備
・環境と共生する住まい　・住まいの維持管理

授業の展開（事例）　『環境と関わりながら暮らす』『住まいを永く大切に』 ▶ P7

＊ 次ページからの事例は、住教育の授業を8つのキーワードで整理したお試しツールで、どの学校の段階（小・中・高）、どの学年からでも展開できるようになっています。各事例の授業時間はおおよそ6～8時間程度を目安にしていますが、いろいろな教科等で関連する部分を取り上げるなど、学校の事情、地域性、学年などに応じてご活用ください。

図2　住教育の領域と実践例

家族と住まい、地域での共生・共創

もともと日本の住宅は、武家住宅から、農家住宅へ、そして戦後の家族中心型住宅へと変遷してきました。その原理は、西山卯三先生の食寝分離《しょくしん》から、住宅公団の公私室分離、性別就寝の流れでもあったわけです。さらにこれを間取りで見てみると、家父長が家の全てを取り仕切った「男の家」から、昼間不在の男たちに変わって主婦が管理する「女の家」へ移り変わるにつれ、ダイニングキッチンが主体となりました。そしていまは、それぞれが自分だけの部屋を作って個別の生活をし始めたワンルームマンションなどに代表される「性別のない部屋」が出てきました。このワンルームを舞台に、ここのところ数年間でいろんな事件が起きているということをどのように考えていくのか、このことは、西川祐子さんの著書『住まいと家族をめぐる物語─男の家、女の家、性別のない部屋』（集英社新書）でも述べられています。また郊外の団地については、三浦展《あつし》さんの著書『「家族」と「幸福」の戦後史─郊外の夢と現実』（講談社現代新書）にも描かれています。これから団地の維持管理をどうするか、団地内の高齢化の問題、そしてそれは、都心のタワーマンションにまで問題が繋がっているのです。高い「住まい力」があれば、そういう住宅を選ぶか問われたと思います。

二　二一世紀型学力のあり方
──二一世紀の人づくり

文科省は、二一世紀の学力のあり方、二一世紀の人づくりを焦点にした教育課程の改革を進めています。その鍵となるのは、「対話する力」「対応する力」「活用する力」「越境する力」です。これからは口を開けている人に

知識を放り込まれるのを待っているだけでは駄目なのです。

私自身は、中央教育審議会の委員として、一九九六年には「総合的な学習の時間」の創設に関わってきましたが、そのときは、「知識伝達の教育から、探究創出型の教育へ変えよう」というのが、合言葉でした。「総合的な学習の時間」を創設した当初は、「ゆとり教育」については、非常に批判的な意見も出ました。けれども、いまは探究型の学習をしている子の方が、学力が伸びているという結果も出ています。

また先生も、児童生徒から学ぶというように、「学び」と「教え」を分離してはいけません。「学び」というのは年寄りも学ぶ、子どもも学ぶ、年寄りでも子どもから学ぶのです。それなのに、知識を伝達する教育がすべてという考え方が多いのではないかと思います。教育（education）の本来の意味は、［e＝外へ］＋［duce＝導く］＋［ate＝させる］→学び手のもつ［能力を導き出す］、という意味です。その人のもっているものを引き出すのが教育であり、知識伝達が教育ではありません。つまり、学びの主体は、自分自身にあるわけです。そして、生活知、おばあちゃんの知恵みたいなものも住まいのなかにはたくさんあります。それと科学知（学校知）を統合していくことが大事です。

「生きる力」とその育成・評価

文科省がこうした教育課程を改革するもととなった契機は、OECD の DeSeCo（Definition and Selection of Competencies）プロジェクトにあります。その鍵となる力として、そこには大きく三つの力が描かれています。「社会文化的に技術ツールを活用する能力」、「自律的に活動行動する能力」、「多様な、あるいは異質な集団で人間関係をつくっていく力」、これからは、このような「生きる力」が問われているのです。しかし、いまなお知識を蓄えた量で測るテストが横行しているのが現状です。

この「生きる力」を、どう教育課程のなかで育成していくか、その評価の仕方も変わってきます（図３）。その方法は、どういう住まいを選ぶか、それぞれの生き方や、価値観を問うことにつながります。すなわち、どのように社会や世界と関わり、より良い人生を送るか、学びを人生や社会に生かし、学びに向かう人間力や力について、これをどう評価に結びつけていくかというのは、教育課程の大きな課題になります（図４）。

二一世紀の状況は先行きが不透明です。そのなかで生きて働いていく知恵、技術の習得、学びを理解して、どのように使っていくかということが大事で、これまでより思考力、表現力、判断力が求められます。そのときには、やはり言語活動がないと思考ができません。体験を言語化し、思考化していくことが大事だということも、文科省の教育課程変革のベースとして実際に謳われています。

持続可能な社会づくりへ向けて

以前、国立教育政策研究所の客員研究員であったときに、持続可能な社会を構築する担い手を育む教育（ＥＳＤ：Education for Sustainable Development）を学校教育で取り組むことを提案しました（二〇一二年）。このＥＳＤの視点に立った学習指導で重視する能力・態度として示したのが、次の七つでした。

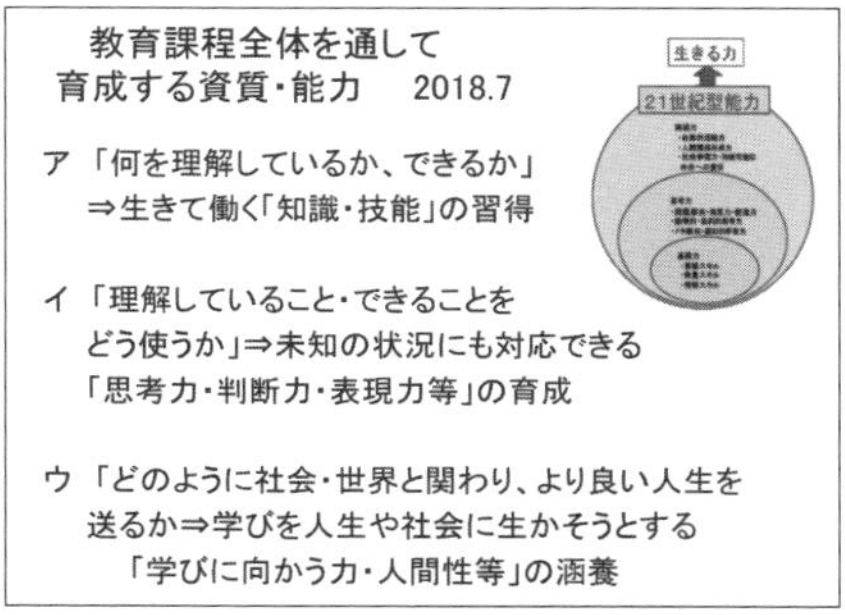

図３　教育過程全体を通して育成する資質・能力

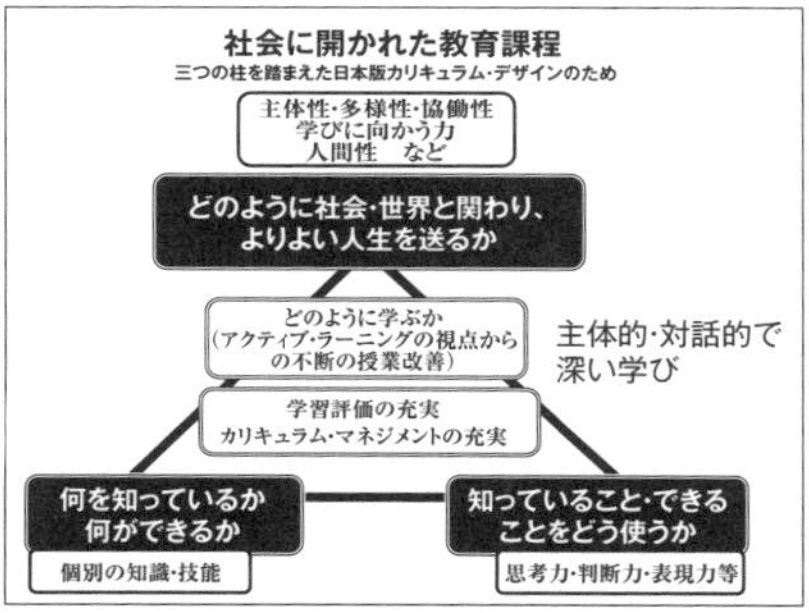

図４　社会に開かれた教育過程

・批判的に思考し、判断する力
・未来像を予測して計画を立てる力
・多面的、総合的に考える力
・コミュニケーションを行う力
・他者と協力する態度
・つながりを尊重する態度
・責任を重んじる態度

持続可能な社会づくりに向けて課題を見出し、それらを解決するために必要なこれらの能力・態度を身につけること。そうして、持続可能な社会の形成者として、ふさわしい資質や価値観を養うとしています。

日本の子どもたちは、幼児教育のときは非常に自己肯定感が高いのに、小学校、中学校、高等学校へと学年が上がる度に、自己肯定感が低くなっていく傾向にあります。まるで「学校化された子どもたち」というのでしょうか。それについて私たちは、どう捉えていくのか考えていかなければなりません。

また、予測困難な時代においては、一人ひとりが未来の創り手となっていくことが大切です。そのために、「総合的な学習の時間」を活用して、小中学校と、高校、大学に進学するに従ってグローバルな課題に取り組むこと、そして、何より自己実現、自己肯定感が大事だと考えています。

持続可能な社会というのは、単に経済が発展すればいいわけではありません。日本がもともともっている自然系・生態系、そこで育まれた文化、社会システムと経済との相互関連によって成り立っているので、地域のもっている資源を生かしながら持続的に発展していくということが求められていると思います。

そこで、こういったＥＳＤの目標や、育みたい力、学び方、教え方も変えていかなくてはいけない、と言ってきました。いろいろな国際学会で発表されてきたものを見ても、やはり、体験を通して生き方を問い直すということが大切と指摘されています。そうでなければ「学びの本質」にはつながりません。そして、「つながり」の重視です。事実だけではなく、対話することや、心と心がつながり、共感するような学び（ホリスティックアプローチ—つながりを考えた全体的なアプローチ）がなければ、行動変容まではいかないのではないかと思っています。そこのところを「近代化」は忘れてきているのではないでしょうか。

三　教材開発

教員の方たちから、「住教育は難しい」という声があり、私はこれまでに住環境教育に関する教材や、学習プログラムをたくさん創ってきました。また一般財団法人 住総研でも、教員研修などの協力をいただきながら、住環境教育に携わる家庭科教員の助けとなるようなことを行ってきました。教材づくりの基本となるのは、プロセス重視型の反省的思考過程で、気づきを促し、自分自身で探求して、考えて、実践して、自分自身が変わるということが大切です。いくつかの実践事例を紹介します。

まず私が大学の教員時代には、住居学の一番はじめの授業で学生に、Ｂ４の色紙を渡し、「これから、住環境をイメージするものを作ってごらん」と伝えます。そうすると、みんないろいろなものを作りますが、巣のようなもの、テントみたいなもの、あるいは、集落みたいなものを作る人もいます。このときに、道具を使わずに、手だけで作ることだけを伝えます。ハサミも、鉛筆も使ってはいけません。それでも丁寧な学生は、ベッドを作り、そこに寝ている自分を表現して心地よい空間をつくる人もいるのです。それぞれの作品に対して、どういう考え方のもとにつくったのかを対話しながら共有していくということを「授業の導入」として行います。

それから、私の教え子で小学校の美術の先生が授業でやったのは、陶土で「自分の住みたい場所」というテーマを与えた工作です。そうすると、共通しているのは、自然の水と緑です。小学生であっても、すでに日本人が住環境に求めるようなイメージが出来上がっているのがわかります。（図５）。

　このように、学びを魅力的にするためには、反省的思考過程が大切になります。すなわち、まず「気づき」、「感動」しなければ次のステップには進めません。そのための関心喚起をどう行うのかが大切です。そして次に「問うこと」です。やはり、自分自身に問わなければ、知識を覚えるだけになります。そして「問い直し」、「自分で調べ」、「考えること」、さらに「物事を引きつけること」。このときに自分の力だけではなく、他人の力を活用しても構わないと思います。それを繰り返してまた一歩先に進むということが、私たちの学びには必要なのです。これをアクションリサーチの概念図で示していますが（図６）、アクションリサーチの考え方には終わりがありません。学べば学ぶだけ、興味も関心も広がっていくことから、自分たちの自信にもつながるのです。

人と環境との関わりから学ぶ

　教育の内容については、環境省のプロジェクトで、環境教育ＥＥ（Environmental Education）から、持続可能な社会づくりを目指す環境教

図５　子どもの住まい観

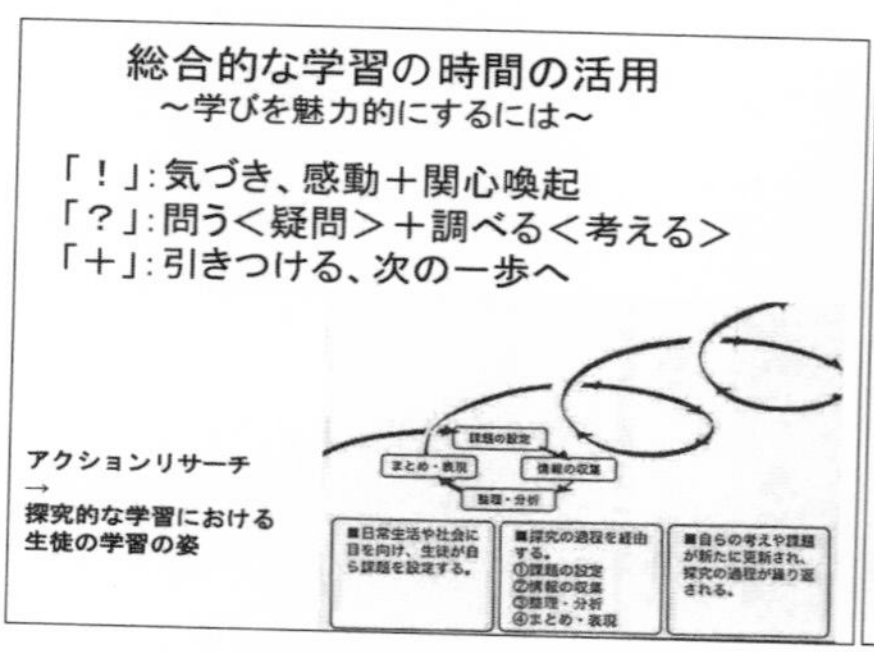

図６　総合的な学習の時間の活用

育ＥＳＤ（Education for Sustainable Development）ということで、人と環境（地域）における四段階の関わりが大事だということをまとめました（図７）。

日本人の自然観については、古くから寺田寅彦が『日本人と自然観』のなかで記しています。なぜ日本の家屋は木造住宅なのか。その答えは、「湿度」なのです。私は、北海道生まれですが、北海道にいるときは、あまりそのことを感じませんでした。しかし、東京の大学に出てきて、スキーをしに新潟の方へ行ってみると、全く湿度が違うということに気がつきました。日本では、床下も風通しを良くして、湿度をいかに抜くかが住居の原則です。日本の住まいとヨーロッパ型の住まいとでは作り方が違うのです。しかし、その原則を忘れてしまっているのが近代で、カビを取るために薬に頼ってしまうようなことが起こっているのです。また同様に、障子や縁側などにも、それなりの根拠があるのです。

こうした日本における環境の基本原理を科学的に捉えた住宅設計が、建築家・藤井厚二（一八八八～一九三八）の実験住宅「聴竹居《ちょうちくきょ》」（一九二八年）（図８）で、その設計原理が結集されています。昨今の住宅は、高気密・高断熱の方向性が高まっていますが、日本には四季があり、外の空気を採り入れることの心地良さや、椅子式の生活になったときの、視線の先がどこにいくのかということについても、この「聴竹居」は示してくれているように思います。この住宅は、いまも京都の山崎に現存し、竹中工務店の管理のもと公開していますので、ぜひみなさんも見学していただければと思います。

また一方で「健康」というのが二一世紀の生き方として重視されていま

教育の内容:EE→ESD

1. 生態系の仕組み
2. 人間の活動が環境（地域）に及ぼす影響
3. 人間と環境（地域）とのかかわり方
4. 人間と環境（地域）とのかかわり方の歴史・文化

<センス・オブ・プレイス>

図７　教育の内容：EE → ESD

図８　聴竹居は環境共生住宅の原型

図９　深沢環境共生住宅

す。国交省と民間の最近の研究では、冬期に室内の温度が「寒くない」ことにより病気のリスクが減り、健康で長生きするという調査報告があります。とくに高齢者の方は、お風呂場でのヒートショックなどの課題がありますから、病気のリスクを低減するという意味で、床下を含めた建物全体の断熱の構造をきちんと行うというのが大事になっていくと思います。

一九九七年に、住民参加型でつくった「深沢環境共生住宅」（図９）では、私も基本計画に参加しました。このとき、都営住宅に住んでいた方達と一緒に対話しながら計画を練りました。以前使われていた柱を再利用し、敷地の樹木も移築し、敷地内を子どもたちが回遊して遊べるような構成で、またそれをお年寄りの方が眺めて過ごせるようなカタチで作られています。このときには、東京学芸大学の附属中学生も一緒になって、環境共生について勉強し、設計者に話を聞いたりしながら、集合住宅の作り方を学習しました。

家庭科は、中学校は一九九三年から、高校は一九九四年から、男女共修が始まりました。このときから私は、中学校の家庭科で使用する副読本『わたしたちの快適な住まい』（全教図）（図10）を作り、中学校の家庭科教員に授業で配布できるようにし、これまで全国に四五〇万冊を配りました。

家庭科の先生で、クラスの人数分欲しいと連絡をくださる人もいます。この副読本の読後感想文コンクールを毎年行っていて、たくさんの生徒がこれに参加してくれています。副読本配布校二万五〇〇〇校に対して、およそ五〇〇〇〜七〇〇〇校の作文が戻ってきます。中学生がこの副読本をどう読んでいるのか、私自身も評価しなければならないので、一つずつ読んでいます。世の動きをしっかりと捉えていると思います。よく新聞を読んでいることがわかるような作文や、孤独死のこと、あるいは祖父母の木造の家と自分のマンションの家とを比較したもの、バリアフリーのことなどを調べたものなど、この小さな副読本から、そのような課題を読み取ってくれていることがわかりました。

図10　中学校の家庭科で使用する副読本

四　カリキュラムデザイン研修
——環境学習カリキュラムのデザイン

基本的に、私は教育の手立てとして、「生き方に学ぶ」、「体感する」、「結びつける」、これがもっとも大事だと考えてきました。それが、いまの文科省の教育改革の方針にも投影されています。発展、発達していくという、あらゆる知識のベースとなる人権教育のなかに、環境教育も入れて、人は死ぬまで学ぶということが必要ではないかと思います。

省エネ建築を学ぶ——エコスクールでの実践

省エネのことについて、実際の学校を題材にして学びのプログラムを組み立てた試みもあります。授業の一環で住宅を改築することは難しいので、学校建築ではどうかということで、地域の技術者にも協力してもらいながら、「エコスクール」（屋上緑化・外断熱・複層ガラスサッシ交換・南側壁面ルーバー設置・体育館にOMソーラーシステム設置）に取り組みました。これに取り組んだ荒川区の某小学校は、プロトタイプの学校建築で以前は庇《ひさし》がなく、校長室は一番暑い部屋になっていました。そこで、校長室の南側壁面に、ルーバー（庇）を設置することにしました。小学校三年生の理科の授業で、季節ごとに太陽がどういう高度になっているのか、夏と冬の日射量の違いなどを習っているはずなのに、実際の建物ではそれが反映されていません。それが結局、日本の知識伝達型の教育の結果なのだと考えています。

庇を設けるということは、夏場の一番熱い太陽を遮《さえぎ》るということで、軒《のき》の出が深いのもそのための作りです。

では海外の住宅ではどうなっているのでしょうか。ヨーロッパの軒の出がない家はどうしているのかというと、暑いときにはオーニング（可動庇）などをつけています。それから日本の町家における縁側の役割や、町家の中庭の役割はどういうものなのかを考えてみるなど、学校を題材に、先生たちにも「カリキュラムデザイン」を考えてもらいました。

また、子どもたちには、太陽の恵みを体感してもらうために「人を暖める方法を考えましょう」と言って、いろいろなことを試してもらいました。校庭にブルーシートを敷き、その上で寝て太陽光を浴びてもらったり、厚着したり、エアダウンジャケットを着てみたりして、その効果を体験してもらいました。そうして、太陽光がどれだけ素晴らしいかということを体験を通して理解することができます。

この学校は、外断熱改修を施工しましたが、エアダウンジャケットというのは、まさに外断熱の概念です。外断熱の原理を体験として理解することができるのです。しかし一方で、外断熱をすると湿度がいろいろないたずらもするので、どういう事象が起こるかも学んでもらわなければいけません。子どもたちに、熱の特性を調べる実験をやってもらいました。ペットボトルに白いテープが貼ってあるものと、黒いテープが貼ってあるものとで、白熱灯をあてて温度がどうあがるかというような実験をやってもらいます。この実験を最前列で見ていた生徒が、夏の自由研究では素晴らしい成果をあげていました。

それから、エコ改修について設計者に直接話を聞きました。実際にこの学校で外断熱としてどんなものを外壁に張っているのかなどの説明をしてもらいました。

秋になるとエコフェスティバルを開催し、地域の方に学校に来てもらって、子どもたち自身でこのエコ改修について説明するという機会をつくり、言語活動に結びつけた展開としました。この学校の体育館はＯＭソーラーシステムを採用していますが、これについて、子どもたち自身に模型を作ってもらい、太陽光で集めた暖かい空気を床下から出しているということを地域の方に説明しました。また、複層ガラスについても、二重ガラスの下にアイスノンを入れて、冷たさを遮っているという説明を、子どもたちのアイデアで行いました。その後も、この学校では、さまざまな行事をこの体育館で行い、冬期に暖房器具がなくても非常に快適に過ごすことができることを体感し学んでいます。

緑の効果と原理を学ぶ

また、次に紹介する学校は、荒川や隅田川の近くなのですが、子どもたちが自分たちでビオトープを作りました。どんなビオトープにするか絵を描き、それを荒川区の方が綺麗な図面に起こしてくれました。それから自分たちでデッキの床や芝張りもしました。うまく川の水が流れるか心配していましたが、上手に流れています。この川に、メダカやプールから蛍のヤゴなどを移して、ビオトープが完成し、ここには毎年トンボが来て卵を産んでいます。

夏には、学校に作った「緑のカーテン」で、その効果と原理について学習しました。このとき、緑のカーテンを作っただけで終わっているようでは、次の発展がありません。なぜ緑のカーテンは涼しいのか、ビニールのグリーンカーテンじゃだめなのかという科学的根拠まで問わなければ意味がありませんが、これは簡単な実験で子どもたちに見

図11　グリーンカーテンはなぜ涼しいか

せることができます。先生たちに、朝、学校に来たらすぐ朝顔の花や葉っぱなどにビニール袋をかぶせておいてもらうのです。そうすると授業のはじまる頃には袋の内側に水滴がたまっています。グリーンカーテンが涼しいのは、この「蒸散作用」によるものだと気づくように「深い学び」の展開をするのです（図11）。

そうして次に「町のなかに緑は必要ないの？」という問いかけに発展するのです。この原理を町にまで広げていかなければ、地域は涼しくなりません。学校だけやっても意味がないというようなお話を展開してもらいます。これを小学校四年生の授業でやってもらうのですが、これだけでも十分な「住環境教育」の授業になるのです。

そのほかにも、さまざまな授業づくりのヒントとなるような学習プログラムを考えてきました。一般社団法人住宅生産団体連合会の「教育とすまい・まち」のホームページでは、私と、そのほか小中学教員、まちづくりプランナーなどを含むメンバーでアイデアを出し合って、さまざまな住環境教育の学習事例を紹介しています。はじめのころは、月に一〇〇〇件から二〇〇〇件のアクセス件数でしたが、いまでは月に二万件ほどのアクセスがあります。だいたい一年の閲覧数の動きを見ていますと、先生たちが教材づくりをしている様子がわかります。実践アイデアとして「絵本はおもしろい」や「まちは何色？」「トイレの世界へようこそ」など、さまざまなトピックを用意していますので、ぜひ一度検索してみてください。

景観まちづくり学習

それから景観も大事だということで、景観まちづくり学習助成を行っている、一般財団法人都市文化振興財団において、景観法（二〇〇六年一二月公布）に基づき、「景観まちづくり学習」のモデルプログラムを創りました。「身近なまちを題材にして景観まちづくり学習に取り組みませんか？」と、これに準拠して学校で授業をしてくれたところに、年間四〇校に一〇万円の助成金を出すことで公募しています。二〇一九年は前期だけですでに四〇校の応募がありました。応募してくれたところには、もっとこういう風にしたらいいのではないかというような、さらに授業展開がしやすくなるようなアドバイスやコメントを書いて実践に活かしてもらっています。

それからゴミ問題についても、一般社団法人産業環境管理協会資源・リサイクル促進センターでは、「小学生のための環境リサイクル学習ホームページ」として、ゴミ問題についても子どもたちが考えられるようなものを作ってもらいました。これも、先ほど紹介した反省的思考過程（気づき→調べる→考える→もっと調べる→やってみる→伝える）に基づいたものを、高月紘先生（京都大学名誉教授）のイラストを使って紹介しています（図12）。また、小学生のみんなから3R（リデュース、リユース、リサイクル）をテーマにした新聞、工作、ポスター、夏休みの自由研究などの作品を募集し、作品を発表しています。この3Rというのは、はじめにリサイクルありきではありません。まずはゴミを減らすことリデュースを考えていくことが大切です。

また、絵本も教材になります。バージニア・リー・バートン作『ちいさいおうち』（岩波書店）（図13）は、丘の上のちいさなおうちが主役で、よく考えてみれば深刻なお話です。はじめは丘の上から、遠くの街の灯を眺めて「まちに住んだらどんな気持ちがするのだろうか」と想像を膨

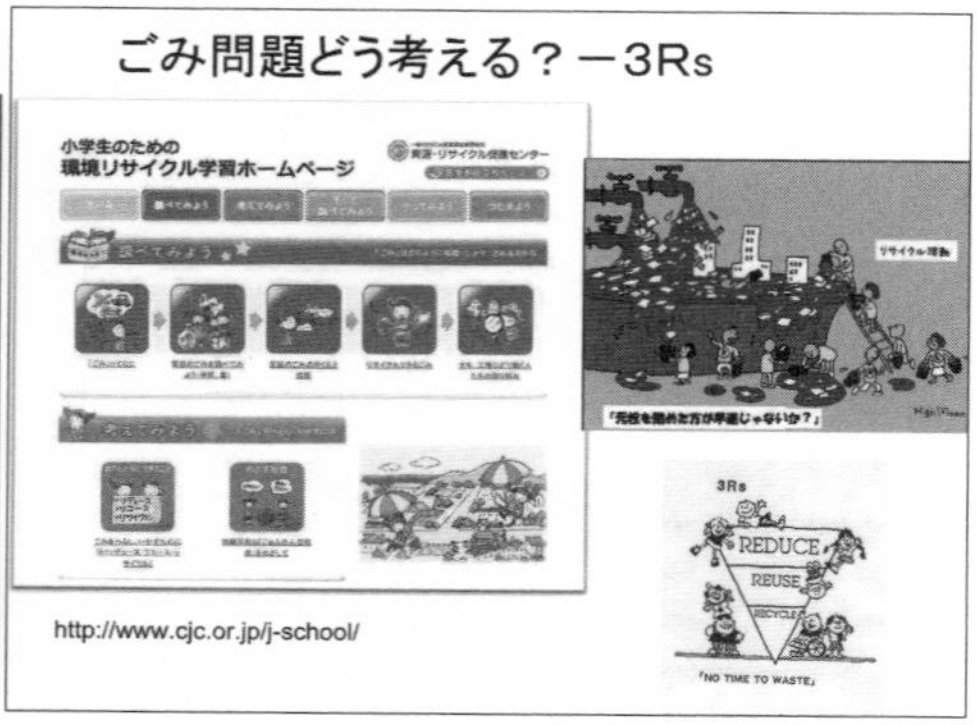

図12　ごみ問題をどう考える？

図13　絵本「ちいさいおうち」

らませていました。次第に都市化の波に飲み込まれ、ちいさなおうちは、ビルの谷間に押し込まれてしまいます。そこで、おうちはまた昔のような自然に恵まれた田園に引っ越しをするというお話です。

それから、デンマークの絵本『黄色いおうち』は、三階建の集合住宅に六戸の部屋があり、それぞれいろんなライフスタイルでの暮らしぶりが、それぞれの住戸の扉を開いてみるようにページが開くものです（図14）。それから、『三びきのこぶた』の絵本のパロディとして、『三びきのかわいいオオカミ』というお話もあります。どれも教材になるような題材ですので、ぜひ図書館で見てほしいと思います。

それから、実際にまちに出て発見（気づき）・学ぶということで、仲間と一緒に生み出した「まちワーク」というものがあります。これは文京区で、樋口一葉が実際にどの道を通っていたのか、どこの井戸を使ってどのように借家で暮らしていたのかなどを、東京大学の学生に一緒に案内してもらいながら散策し、子どもたち自身で自分たちのまちがこれからどうなってほしいのか「まちの宝探し」をしながら歩くというものです。

それから、間取り教材も作りました。「平面計画シール」（教育図書）（図15）は、シール教材ですが、いまはタブレットでも使えるようにしています。それから温暖化防止活動プログラムも作りました（図16）。昨今、地球環境問題がクローズアップされていますが、学校教育においては、さまざまな学習を通して最後の結論が「こまめに電気を消しましょう」という行動育成しかできていない学校が大変多いように思います。

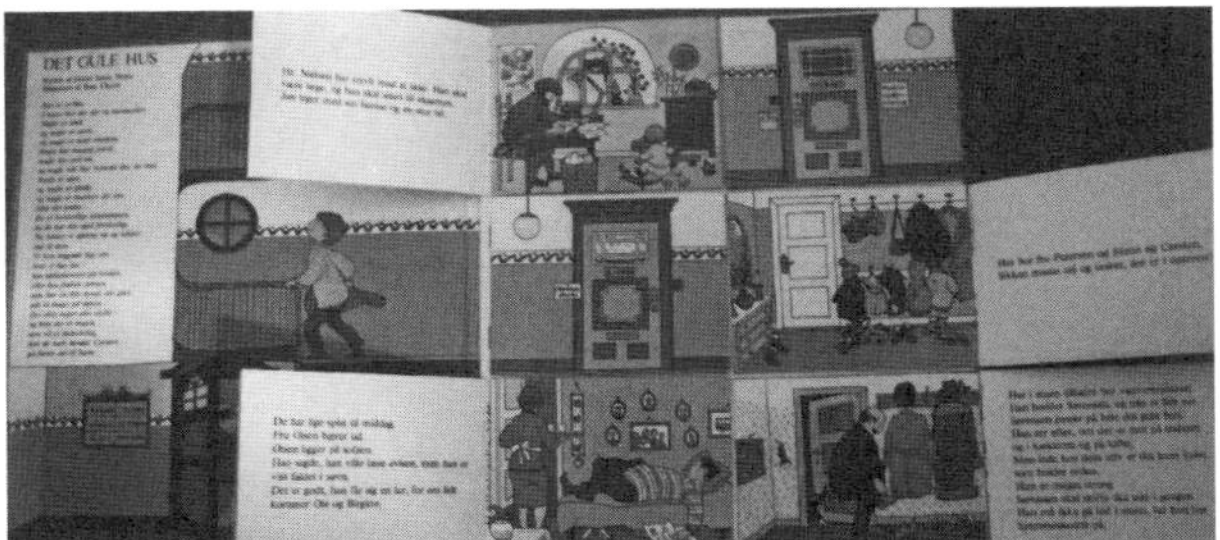

図 14　デンマークの絵本「黄色いおうち」

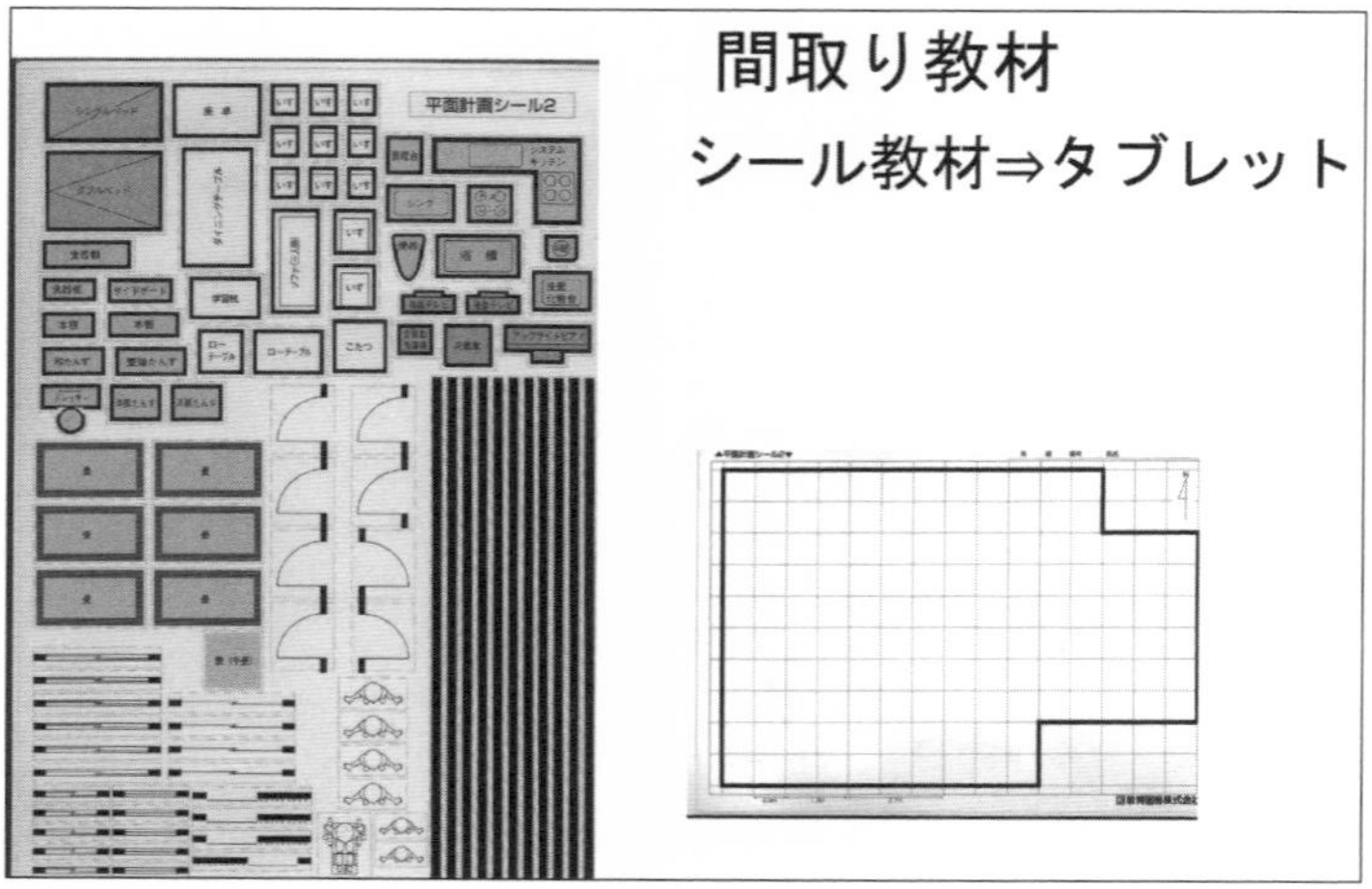

図 15　間取りのシール教材
（左の家具・畳などのシールを右のシートに貼り、間取りを考える）

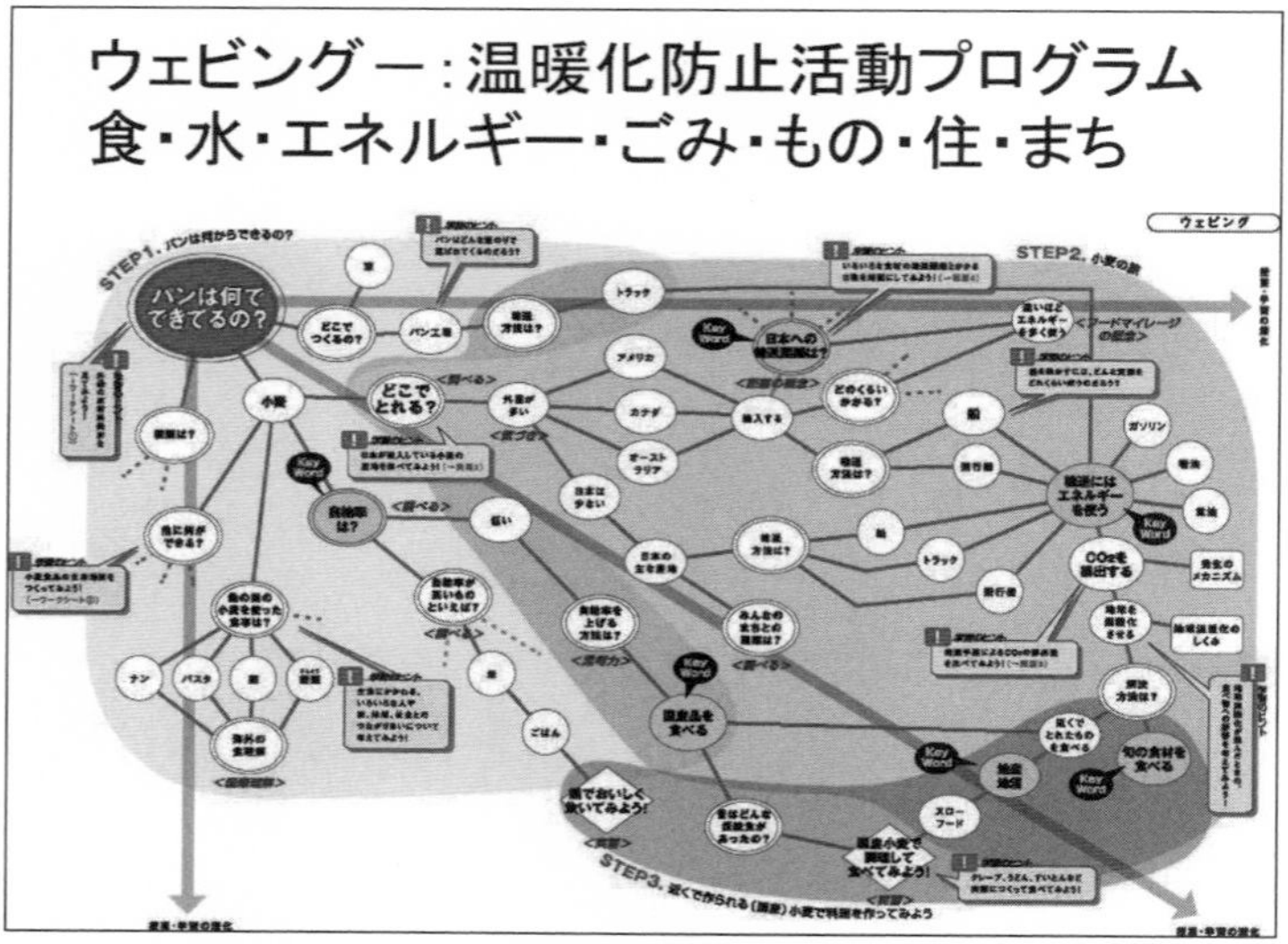

図 16　ウェビングによる温暖化防止活動プログラムの考え方

たとえば、こんな「問い」かけからも、考えを深めることはできます。先生が「パンは何でできているの？」と質問します。すると生徒は「小麦」と答えます。そして、次にこう問いかけてみてください。「じゃあ、日本の小麦粉の自給率はどれくらいか知っていますか?」みなさんは、おわかりかと思いますが、約一三〜一四%です。それでは、あとの残りはどこからくるのかわかりますか? 全て海外から入ってきているのです。海外ということは、その国の水を使う（仮想水）し、畑も使います。それらを運んでくるときには、それだけエネルギーも使いますし、そうするとますます温暖化に加担することになるのです。節電するだけでは、環境共生とは言えません。そういう学びと発想が欠かせないのです。

そして、学校の先生の方もなかなか住まいのことを教えられないということもありますので、教える側である先生たちにも力をつけていただけるように、一般財団法人 住総研に協力をいただきながら、「すまい・まち学習」教育実践研修会を毎年行っています。昨年（二〇一九年）の三月で六回目の開催となりました。実際に家庭科教員の方たち約七〇名に集まっていただき、座学や、ワークショップを通して、実践力を養っていきます。それとあわせて、住教育授業に取り組む小・中・高または団体に対して住総研からの助成も行っていますので、是非ご活用いただきたいと思います。

五　市民教育としての協働経験の可能性

ユネスコが設置した二一世紀教育国際委員会の報告書「学習：秘められた宝」（一九九六年）では、二一世紀型の教育方針として学習の四本柱が提言されました。

・知ることを学ぶ
・為すことを学ぶ
・他者と共に生きることを学ぶ

・人間として生きることを学ぶ

これからは、学校の子どもだけではなく、市民教育としての学びが必要になるのではないかと思います。そこでは、「手段としての勉強」ではなく「協働経験としての学び」が必要です。「教える→学ぶ」という一方的な関係ではなく、学び合う関係性、相互的対話関係が大切です。多様な価値観の違いを超えて、いろんな表現があっていいと思います。

実は、私はいま東京都武蔵野市に住んでいますが、市のクリーンセンターの建て替えを委員長として市民の方と対話型で、八年がかりで取り組みました。建物のデザインも住民の意見を取り入れて、武蔵野の面影、雑木林が並んでいるような外壁のデザインにして、グッドデザイン賞もいただきました。これを見た地域の方からは、「美術館が建つのかと思った」と言われるような外観で、それが市役所本庁舎の隣にあるクリーンセンター（ゴミ焼却施設）なのです。

ここでは、絶対にいままでのような工場建築をやってはダメだということで、行政の方も非常に時間を割いてくださり、市民の皆さんと喧々諤々《かんかんがくがく》やりながら、とても素晴らしい建物が完成しました。そして、役割を終えた旧施設については、これも住民との対話のなかから、環境のことが学べる場所「むさしのエコreゾート」として整備することが決まりました。

市役所の会議室で行う対話型の議論のなかでは、私も意見をはっきりと言います。けれども、二次会の会場である中華料理屋さんでは、食事とお酒を交えながら、「さっきはごめんね、せっかく提案していただいた件を、まったく別の方向にしてしまって」「だけど、こういう考え方もあるでしょう?」などと、また違ったトーンで対話を続けていきました。

私たちは地域で「共に」生きている人間として生きることを学ぶ場を創ろうとしたのです。「住まいやまち」

のなかで、私たちが生きている存在感を見つけていかなければ、「生き方教育」とは言えません。一人ひとりが自己実現をしていくなかで、学びの意義をきちんととらえる。それは多様な価値観のもとで「新しい価値を創り」、地域・まちの在り方の議論を重ね「進化しながら磨く」という場が必要と考えております。

社会共通価値の共創

大阪書籍の国語の教科書に、司馬遼太郎著「二一世紀を生きる君たちへ」という『十六の話』（中央公論社一九九七年）のなかの文章が掲載されました。司馬がいう「人間は自分で生きているのではなく、大きな存在によって生かされている。」と、二〇世紀で失った「自然へのおそれ」に対し自然への素直な態度が二一世紀への希望となるのではないかと述べています。それから、吉野源三郎の『君たちはどう生きるか』（岩波文庫一九八二年）は、最近漫画として新たに刊行されベストセラーにもなりました。ここには、思考回路の活性化（Webbingの発想）と、「学ぶ」こと「問う」ことが述べられています。

また、「地域を創り、育てる学力」については、兵庫県の小学校教諭である東井《とうい》義雄さんの著書『村を育てる学力』（明治図書一九六六年）に見出すことができます。日本の良いところを共有化しながら、みんなで日本を育てる力をつけなければ人育てにならず、「住まい・まち」が育っていかないのではないだろうか。〝日本を見捨てる学力〟では駄目なのです。

また、ひと言に日本といっても、北は北海道から南は与那国島まで、「Sence of place」は違います。多様な文化・価値観を認め合って、対話型で学びを進めていくことが、ひいては日本の文化というものをつくっていくことになっていくのではないかと思います。

このような想いで、私はこれまで住環境教育の普及に取り組んできました。

海外の学校での住環境教育
――イギリスを事例として

小澤紀美子（前掲）

一　はじめに

「何でも見てやろう」という情熱がくすぶっていた若いころ、高齢者と若い方々の交流を含めた「居住のあり方」を調べるために、カメラを入れた大き目のバッグを肩から提げて北欧の団地内を歩いていると、北欧系の人ではない方から「どこか働くところはないか」と声をかけられたことがあり、外国人労働者を受け入れて共生している政策に驚いたことがある。

そういう体験を積みながら北欧の街を歩いていて楽しいのは、さまざまな暮らしぶりが窓を通して伺い知ることができることである。カーテンのつり方、窓飾り、花の鉢の置き方など、ウチを意識しているだけでなく、ソトに向けた個性の表出は豊かな生活の表現でもある、と感じていた。さらに暮らしは、私的なウチの空間の充実だけでなく、「公」と「私」との境界領域に「共」とも言うべき空間の充実をはからなければならないと考えているようだった。

したがって暮らしを考えるには住まいという器だけでなく、住まいを取り巻く居住地の環境も視野に入れた広い概念でとらえ、街区まで含めて考えるべきで、さらに人工的な環境も含めた環境教育が必要という立場で「住環境教育」という言葉を用いている。

本稿では、日本の学校教育のように学習指導要領が設けられているイギリスを中心に述べていきたい。

二 〝イシュー〟(問題解決のための課題)として学ぶイギリスの住環境教育

二―一 イギリスの「環境」への取組みの歴史的視点

イギリスの環境教育はパトリック・ゲデスに始まるが(1)、イギリスの教育に大きな影響を与えたのは次の二つの審議会のレポートである。一つは、初等教育に関するプラウデン・レポート〝Children and their Primary Schools〟(一九六七年)で学校教育の「環境の活用」がうたわれ、農村から都市にまで拡大・進行してきた環境破壊に対する危機意識と相まって、教育界において環境教育の本格的な取組みが始まっている。二つ目は、一九六九年の環境計画の意思決定過程における住民参加の手続き、機構を検討したスケフィントン・レポート〝People and Planning〟が都市計画を義務教育に組み込むべきとして、多様なチャリティ財団によって環境教育への支援が行われている。

一方、国際的な環境教育の動向では、環境教育の原則としての「トビリシの環境教育の原理」(一九七七年)が受け入れられている。一二の原理で成り立っているが、関連する視点は、①環境の全体性――自然と人工、技術と社会(経済、政治、文化、歴史、倫理、審美)の側面――の考慮、②学校教育、学校外教育を問わず、就学前から生涯にわたり継続して、③全体を見通したバランスのよい視野を得るために、各学問分野に依拠しつつ学際的なアプローチをとり、④学習者の環境問題の現象や原因の発見を支援し、⑤環境問題が複雑に絡み合っていることと、そのために批判的思考や問題解決技能の開発の必要性を重視した展開で、⑥実践活動や直接体験を重視し、多様な手法や学習環境を活用する、となっている。住環境にかかわる内容を「知る」のではなく、課題の相互関連性を批判的に分析し、思考し、解決に向かうのである。

こうした理念が一九八九年のナショナルカリキュラム策定に受け継がれている。環境教育の理念として、①知識・理解スキル獲得の機会をもたせること、②環境に対する多元的な見方を学習させること（具体的には、物質的、地理的、生物学的、社会学的、経済的、政治的、科学技術的、歴史的、審美的、倫理的、精神的な観点から説かれている）、③気づき・好奇心を喚起し、問題解決への参加を促進させる、となっている。

環境教育は、単に環境問題について（about）教えることではない、とされていたのである。そうしてナショナルカリキュラム策定時にクロスカリキュラ・テーマとして環境教育・市民教育・健康教育・産業と経済の理解・キャリア教育の五テーマが設定されている。

さらに環境教育は単なる自然保護教育ではなく、「人工的な環境にかかわる内容」も学ぶものである。すなわち「環境」の概念は、包括的で社会的・文化的環境や人工的環境も含まれている。例えば、資源枯渇やエネルギー危機、温暖化といった否定的な問題として「知識を伝達する」のではなく、自然や生態系を「守る・管理する」と共に、いかにBuilt-environment（人工的な環境）を「つくり」「マネジメントする」か、という発想を取り入れている。さらにあらゆる教科で現実に生きた環境とのかかわりの中で学習していくプロセスが重視されていて、"Nonfragmented Approach"（つながり）による環境に対する態度育成や倫理観の醸成、行動変容を目指していた。

その方法と内容は、①環境を構成する物的、社会的、文化的諸要因の相互関係を明確にし、②環境の影響を調整する方法としての分析と総合化を学び、③調整によって導かれる価値を認識し、④環境形成をめぐって必ず表出する利害の対立とその調整について理解し、⑤人間が住むにふさわしい環境形成（計画と実施）に積極的参加できる態度と資質を育成する、である。

さらに二〇〇二年のナショナル・カリキュラム改定で、キーステージ三、四の教科は、次のようになっている。[注]国語（英語）、数学、科学、デザインと技術、情報とコミュニケーション技術、歴史、地理、現代外国語、アートとデザイン、音楽、体育、シティズンシップ、で現在は少し変更があるが、日本の学校の教科の構成とは異なる。

イギリスの環境教育に関する基本的な考え方は、日本の環境教育指導資料（一九九一年：中学校・高校版）にも影響を与えていた。[2]具体的には、「つけたい能力」としては、①問題解決能力、②数理的能力、③情報処理能力、④コミュニケーション能力、⑤環境を評価する能力で、「つけたい態度」としては、①自然や社会事象に対する関心・意欲・態度、②主体的思考、③社会的態度、④他人の信念、意見に対する寛容さ、である。ただしイギリスでは、「つけたい能力」に「個人と社会にかかわる能力」が加わり、「つけたい態度」として「エビデンスと理性的な論争の尊重」が加わっていて、④の「他人の信念、意見に対する寛容さ」と共に日本の教育界では理解しがたい態度といえる。特に、日本との決定的な違いは「Critical analysis and thinking」[3]に関してである。「エビデンスと理性的な論争の尊重」に関する「客観的事実にもとづく批判性」に関して日本人には理解できがたい学びの展開となっている。日本では、「内容」を知ることに重点が置かれている。

二―二　教育と持続可能性への視点

一九七二年、ストックホルムで開催された国連人間環境会議で採択された「人間環境宣言」では、環境教育の目的を「自己をとりまく環境を自己のできる範囲で管理し、規制する行動を、一歩ずつ確実にすることのできる人間を育成することにある」という理念を打ち出し、この理念により国際会議が重ねられ、今日の国連の二〇一五年のSDGs（二〇一五年九月の国連サミットで採択され、国連加盟一九三か国が二〇一六年から二〇三〇年の一五年間で達成するために掲げた目標）に至っている。

特に、持続可能性のための教育の必要性が国際的に周知されたきっかけの一つに、一九九七年ギリシャのテサロニキで行われた「環境と社会に関する国際会議：持続可能性のための教育とパブリック・アウェアネス」がある。

この会議の成果である『テサロニキ宣言』において「持続可能性のための教育」は、内容として環境だけでなく貧困、人口、健康、食料の確保、民主主義、人権、平和などの問題をも包含することが確認されている。現代社会の不公正な現状を変革させて、将来世代にわたって持続可能な社会を創っていくことが必要であり、そのために「教育」は重要な役割を担い、社会に対するさまざまな権利と責任をあわせもつ「市民性」(citizenship)の育成が求められていた。

そこでイギリスでは「クリック・レポート」[4]による答申を受けて、ナショナルカリキュラムが改訂され、新教科「シチズンシップ」が誕生し二〇〇二年九月から正式に導入されている。具体的には、「コミュニティ」「多様な社会」「市民であること」「家族」「活動の中の民主主義」「市民と法」「仕事、雇用と余暇」「公共サービス」といった内容を複数の教科の目標と関連させて体験型学習として展開されるものである。さらに全キーステージ(四段階)を通じて、探求および批判的分析・思考と議論、交渉と和解、学校や地域社会の活動に参加に不可欠なスキルを身につけていくのである。

こうしたイギリスの「教育」を概観すると、「概念の形成」に重点が置かれ、実社会を視野に入れた展開が実践されている。一方、日本の教育は「過程―産出モデル」のように環境や地域の課題に関する知識を与える教え方が多く、環境への認識や環境行動への変容を重視したり、課題を多様な意見、世代で解決し、「共創」していく発想は少ない。イギリスでは、「反省的思考＝探究」(5)による指導者と学習者がともに学びあう関係性や意識・行動の変容のプロセスが求められているのである。

具体的には、まず、○問題を認識し〈気づき・関心〉⇓○その問題の構造や要素の相互関係を明らかにし〈知識〉⇓○分析に必要な、あるいは予測のための情報を収集し〈意欲〉⇓○それらの情報を分析して〈意欲・思考力〉⇓○解決のための代替案を探り〈思考力〉⇓○その方策がもたらす結果を予測・評価し〈思考力〉⇓○解決案を選択する〈判断力〉、といったフィードバックをともなうプロセスをたどる。〈　〉内に示すスキル育成を目指す環境教育はプロセス重視型の学習として実施していかなければならない。

このプロセスは「なぜ」「どうして」という疑問や好奇心から出発して「関心の喚起（気づく）→理解の深化（調べる）→思考力・洞察力（考える）→実践・参加（変える・変わる）」といったフィードバックをともなう学習過程（J・デューイの反省的思考過程）をたどり、それは螺旋状的に展開される。すなわち、ロジャー・ハートの言うアクション・リサーチでもある(6)探究的プロセス、調べる、質問をする、深く考える、話す、アイディアを出す、創る、説明する、行動を起こす、などの活動による参加型・体験型学習によって問題解決能力を育成していくことになるのである。

三　ＥＳＤ（Education for Sustainable Development）を通して教育の質を高める

文部省は一九九五年四月に第一五期中央環境審議会を設置し、「二一世紀を展望した我が国の教育の在り方について」を諮問し、一九九六年七月第一次答申が策定された。筆者も審議会の専門委員として参加していたが、この審議会で「総合的な学習の時間」が創設された。環境教育、国際理解、情報教育、健康・福祉などがこの「総合的な学習の時間」で扱われることとなった。

この「総合的な学習の時間」は、伝統的に我が国の教育が知識や技能を教師から伝達する、結果のみを重視する「何を学んだ」かを重視し、「どう学ぶ」かといった視点からの教育が行われてこなかったことを意味する。そこで量的に測定できる学力だけで子どもを序列的に評価するのではなく、他人と共感できる豊かな人間性を育み、主体性を確立して自ら課題を見いだし、考え、行動し、よりよく問題解決する能力を付けていかなければならないとして、二〇〇二年四月から実施されたのが「総合的な学習の時間」である。

これからの子どもの学びは試験に応ずるために一方的に知識や文化を注入（伝達）するのではなく、一人ひとりの考えの道筋や興味・関心が異なることを前提として、子どもの思考態度や探究の方法を豊かに醸成すること、主体的に学び続ける能力を育成することが求められている。さらに「持続可能な地域・社会づくり」をめざしたＥＳＤを通して（through）ＳＤＧｓへ貢献していくことが求められているのである。

そこで（一財）住総研において小・中学校及び高校における持続可能な暮らし・地域・社会づくりをめざした住環境教育の授業づくりへの助成と「『住まい・まち学習』教育実践研修会」を開催し「教員のカリキュラム実践・デザイン力」を磨く取組みを行い、その成果をＨＰで掲載して共有し、成果を生み出している。

〈注〉

キーステージ：イギリス（ここでは人口の大部分を占めるイングランドの教育制度に基づいている）の小学校・中学校の学年は、キーステージ（ＫＳ）として四段階に分かれて科目や対応すべき能力育成が設定されている。具体的には、ＫＳ一：五〜七歳（一-二学年）、ＫＳ二：七〜一一歳（三-六学年）、ＫＳ三：一一〜一四歳（七-九学年）、ＫＳ四：一四〜一六歳（一〇-一一学年）である。政権による見直しもされているが、本稿での記述は、二〇〇二年の教育法に基づいている。

〈**参考文献**〉

（1）パトリック・ゲデス（西村一朗訳）『進化する都市――都市計画運動と市政学への入門』鹿島出版会、二〇一五年

（2）小澤紀美子「環境教育資料の重層的継承」『環境教育』VOL.17-2、二〇〇七年

（3）小林章夫「教育とは――イギリスの学校から学ぶ」NTT出版、二〇〇五年

（4）バーナード・クリック（関口正司監訳）『シティズンシップ教育論――政治哲学と市民』法政大学出版、二〇一一年

（5）D・A・ショーン（佐藤学・秋田喜代美訳）『専門家の知恵――反省的実践家は行為しながら考える』ゆるみ出版、二〇〇一年

（6）ロジャー・ハート（木下勇他監修）『子どもの参画――コミュニティづくりと身近な環境ケアへの参画のための理論と実際』萌文社、二〇〇〇年

大学新入生へのマナー講座

岩前　篤（近畿大学 教授）

例年、新入生三〇〇名ほどに対して、大学生の生活のマナーについて六〇分ほどの講義を行っています。子どもで入学してきて大人になって卒業していく大学生は、基礎学力は十分ですが、筆者が毎回驚愕するほど世の中のことを知りません。毎朝改札の横であいさつしている駅員さん、門の横に立って挨拶している守衛さん、学生たちの周囲にいるたくさんの人、一人一人が、この社会の中で大きな役割をもっている一人の人間であることを意識させることからマナー講座は始まりますが、多くは、日々の暮らしの中のマナーです。

学内での授業受講マナーについては省略しますが、登下校時や下宿でのマナーをいくつか紹介します。

一　登下校時は三人以上、横になって歩かない。付近の一般住民に気を遣うこと。

大学生に対してなんて基本的なことを言ってるのか、と思われるでしょうが、これを一度言っておくと、登下校時に注意がスムーズにできます。毎朝毎夕、五〇〇〇人以上の学生が往来するので結構な交通障害です。

二　電車の中では大声でしゃべらない、周囲の人の迷惑になるようなことはしない。

若い盛りですから、話に夢中になると、場所はお構いなしです。一度、電車の中で、筆者の授業の悪口を延々と聞かされたことがあります。もちろん、しゃべっている学生たちは教授がすぐ横に立っていることは気づいていませんでしたが。

三　自転車の事故にはともかく気をつけること。

自動車は保険で対応されることが多いですが、自転車は任意保険（一部では義務化も進んでいますが）がほとんどなので、賠償額が非常に高くなりがちです。国内での賠償額の最高は約一億円です。また放置された自転車に乗ることは窃盗行為になります。

四　下宿での諸注意点。

ゴミ出し、深夜の騒音など下宿のルールをよく知って守ること。スピーカーを床に直に置くのは階下にうるさいし、そもそも音が良くない。耳の高さに置くこと。訪問販売、ネットビジネスあるいは違法・脱法薬物の勧誘にはくれぐれも気をつけること。

五　学生間のハラスメントにも気をつけること。

学内調査では、学生がハラスメントを感じる相手の八割は同級生や先輩です。飲み会での飲酒の強要は絶対にやめること。

六　ＳＮＳにおける人権の尊重、公序良俗の遵守意識の徹底。

些細と思われることも多いですが、こういったことに全く触れないで大学生活を始めるのと、少しでも知っているのとでは、行動も損得も変わると考えています。

第3章

おとなの住まい力に求められるもの

インスペクションと住まいの燃費
――必要な知識は時代とともに変わる

岩前 篤（近畿大学 教授）

1．住まいの普遍性と暮らしの時代性

この三年、「おとなの住まい学」について考える機会を頂戴しました。筆者の専門は建築環境工学であり、その場に集われた他の先生方とは学術専門分野が異なるため、建築計画の先生方の研究内容、視点は非常に新鮮で、毎回、興味深いテーマと知見を学ばせていただきました。本稿を書くにあたり、自分の役割について思考を巡らせていたのですが、二つの視点の交わりの部分を対象とすることに致しました。一つは、環境工学的な視点、もう一つは、生涯教育に関わりますが、時代と共に更新される、あるいは全く新しく学ばなければならない知識がある、という視点です。

暮らしと住まいについて、一般の社会人の方々が何を学ばなければならないのか、これの俯瞰は別の稿で詳しく述べられていますが、なぜ、学ばなければならないのか、この問いかけについて、改めてお答えしておきます。「必要な知識が時代と共に変わるから」がその答えです。

三〇年ほど前になりますが、先祖代々、大工の家系を継がれている方から、「私は家を作る。どのように住みこなすかは、住まい手の問題である。自分は、先祖代々の家づくりを変えるつもりは一切ない」という力強い言

葉をいただきました。バブル期の目まぐるしさの中で、変わらないものと変わるものについて初めて考えを巡らした瞬間だったかもしれません。確かに住まいの基本的な機能、雨露をしのぎ健康と財産を守る、は昔も今も変わっていません。その意味で、住まいの普遍性は一定、必ず存在すると思います。一方で、昔はなかったエネルギー消費の抑制や、資源の効率的利用など、社会の熟成に伴って新たに発生した命題の解決が暮らしに深く関与してきているのも事実です。

ちょうど、この稿を書いている今、テレワークが注目を集めています。以前から言葉は存在していましたが、新型コロナウイルス対策により、ライフスタイルの一つから、社会的命題に一気にその位置づけが変わりました。職住一体、古き良き京の都の有り様が「再び」、これからの社会の基本になるのでしょうか。

当然、省エネ行動やテレワークなどは、明らかに暮らしを変えます。変わる暮らしをサポートするように、住まいもその形態を変えざるを得ません。

こういった暮らしの変化に対応するためには、その原因と適した解決法を知ることが有効です。つまり、大人のために、こういった変化への対応に関係する知識の学びが大切になるということです。

参考に、表1に国交省住宅局から二〇一九年の一月から一二月の一年間に発表された報道資料の集計を示します。

合計で一六五件、週に三件程度の発信数です。どれも国が率先して取り組む課題に関係していますから、いずれも重要なものばかりです。筆者の研究室で、表1に示す分類に整理したところ、一般向けの発表が四分の一でした。一月の

表1　国交省住宅局からの報道発表件数 2019 年
（出典　国交省 HP）

合計（件）	165	割合
一般向け	39	24%
企業・行政向け	45	27%
委員会開催通知	43	26%
補助事業関係	38	23%

例をあげますと、表2になります。

住宅事業者向けに作成されているものもありますが、内容として、私達の暮らしに関係の深いものばかりです。国として解決を図るアクションの結果ですから、これらはすべて、従来とは異なる新しい社会的支援制度、あるいはあるべき方向などを示していると考えられます。すなわち、これらすべてが「おとなの住まい学」に関して有用な〝新しい情報〟なのです。

これらすべてを解説することは不可能ですが、筆者の専門分野に関係の深いものを二つ取り上げ、次節以降に示します。具体的にはこの数年で存在感を増しつつある「インスペクション」と、「住まいの燃費表示」について、その背景と共に意味を説明します。

他にたくさんある中での二つですが、家の耐久性やエネルギー効率など、様々なものがこれらに関係しています。また、中古住宅市場の活性化に深く関係していますので、これからの都市計画、あるいは空き家対策など、建築計画のたくさんのテーマにも関係が深い二つです。

表2　国交省住宅局からの一般向けの発表資料（2019年1月）

1/15	消費税率引上げに伴う住宅取得支援策などの説明会を全都道府県にて開催します！ ～2月1日（金）より、国土交通省担当官が説明～
1/16	違法貸しルーム　是正は進んでいるものの、約8割が是正指導中 ～建築基準法違反の是正状況等の調査結果をとりまとめ～
1/24	住宅内の室温の変化が居住者の健康に与える影響とは？調査結果から得られつつある「新たな知見」について報告します ～断熱改修等による居住者の健康への影響調査　中間報告（第3回）～
1/28	「人生100年時代を支える住まい環境整備モデル事業（新設）」、「サービス付き高齢者向け住宅整備事業」等の説明会を開催します！ ～2月26日より全国7都市にて説明会開催、本日より参加受付開始～
1/31	パリ協定を踏まえた住宅・建築物分野の温室効果ガス削減目標の達成等に向け、答申でとりまとめられた省エネ施策に取り組んでまいります。 ～今後の住宅・建築物の省エネルギー対策のあり方についてのとりまとめ（第二次答申）～

2. インスペクションの意義と実際

日本の住宅の使用年数が短いことは良く知られています。この話が出始めた一九八〇年代後半頃の世帯数はおよそ四〇〇〇万、新築住宅戸数が一二〇〜一五〇万戸でしたから、世帯数を年間新築住宅戸数で割ると二五〜三〇年程度となります。現在は五三〇〇万世帯に新築九〇〜一〇〇万戸ですから、大雑把に計算すると五〇〜六〇年程度となります。平均使用年数を求める最も簡単な方法なので、本来は実態に基づいた詳細な調査を行う必要がありますが、短い期間で相当伸びていることは事実かと考えられます。しかしながら、欧米社会は八〇年から一五〇年、これらに比べるとまだまだ日本の住宅の使用期間は長くありません。ちなみに、この期間を「耐用年数」と表現する場合がありますが、ほとんどの家は人為的に解体しているので、寿命がきたような表現は誤解を生むと思います。高耐久を謳う住宅が実際に長期間使用されているかは、未だ立証されていないと思います。

短い期間で人為的に解体することも含め、住宅の使用年数が短いことは、中古住宅市場が活性化していないこととほぼ同意です。なぜ、日本は海外に比べ、新築を重んじ、中古を疎んじるのでしょうか。多くの研究者がこの謎に取り組んできていますが、一つの大きなヒントになるデータが国交省から示されています。

図1は、我が国における住宅投資額の累計と、住宅資産額の推移です。七〇年代から増え始めた資産額は九〇年代なかばにほぼ飽和し、それ以

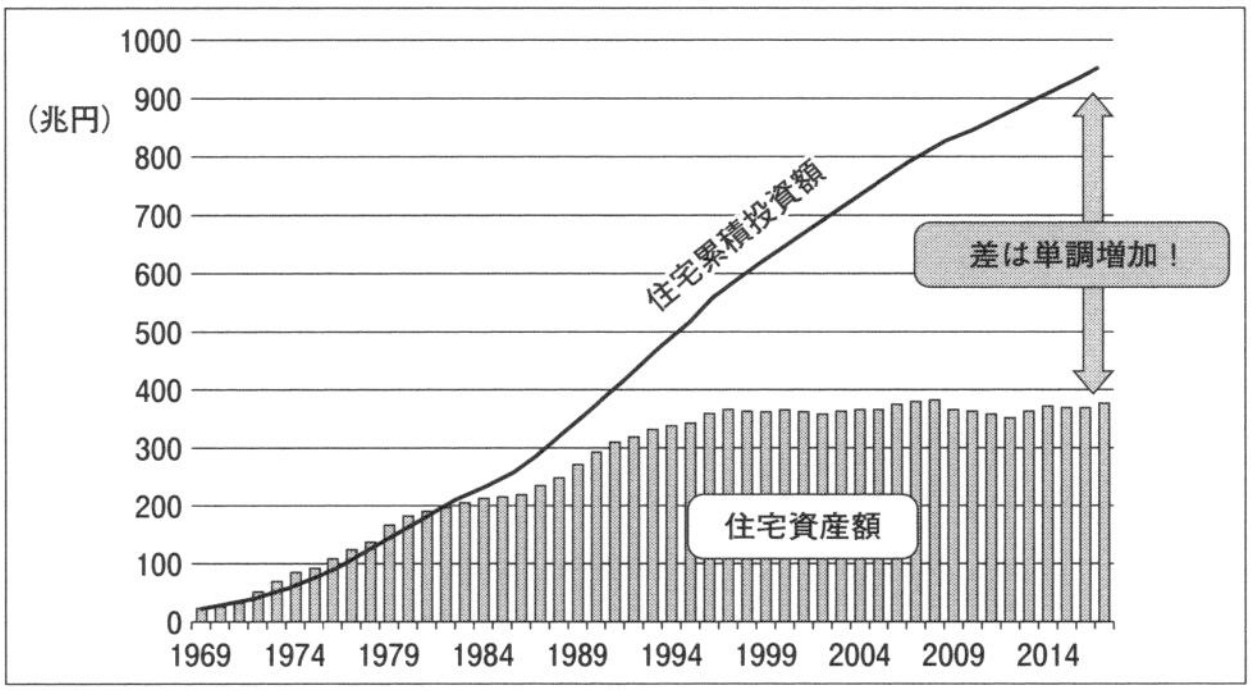

図1　日本の住宅累積投資額と住宅資産額の推移
（出典：内閣府「国民経済計算」）

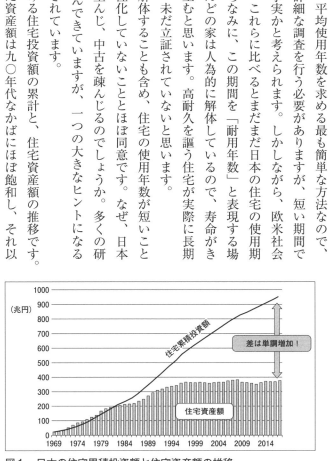

降、概ね変わりません。一方で、投資額は年々加わりますから、累計は当然、単調増加しています。今や、その差は二倍以上の開きとなっています。こんなものだろうと思っていましたが、図2に示すアメリカの実績を見ると驚かされます。なんと、資産額は順調に増加し続け、投資額より増えているのです。つまり、古い住宅が資産としての価値を維持、あるいは増加させていることになります。アメリカでは新築した住宅が年月を重ねても金融価値を保持するとなれば、わざわざ壊す必要はありません。転売すれば良いだけです。かくして、中古市場が確固たるものとして存在し続けます。対して、日本は年月を経た家は経済価値がなくなるので中古住宅としての買い手がなかなかつきません。結果としてごく自然に、家を解体する、あるいは空き家が増加することになります。

図3は空き家の増加、実績と予測を示したものです。あと一〇年ほどで空き家率は三〇％、つまり両隣のいずれかは空き家となることを示しています。地震・台風などの自然災害時や防犯対策、治安維持に不安が大きくなり、この予測が実態になる前になんらかの抑制の手立てが急がれます。

参考に図4に国ごとの国民一人当たりの年間住宅投資金額を示します。日本は欧米のおよそ半分しか使っていません。物価の差異はありますが、二倍ほどではないので、日本人は住まいにお金を余り使っていないことになります。

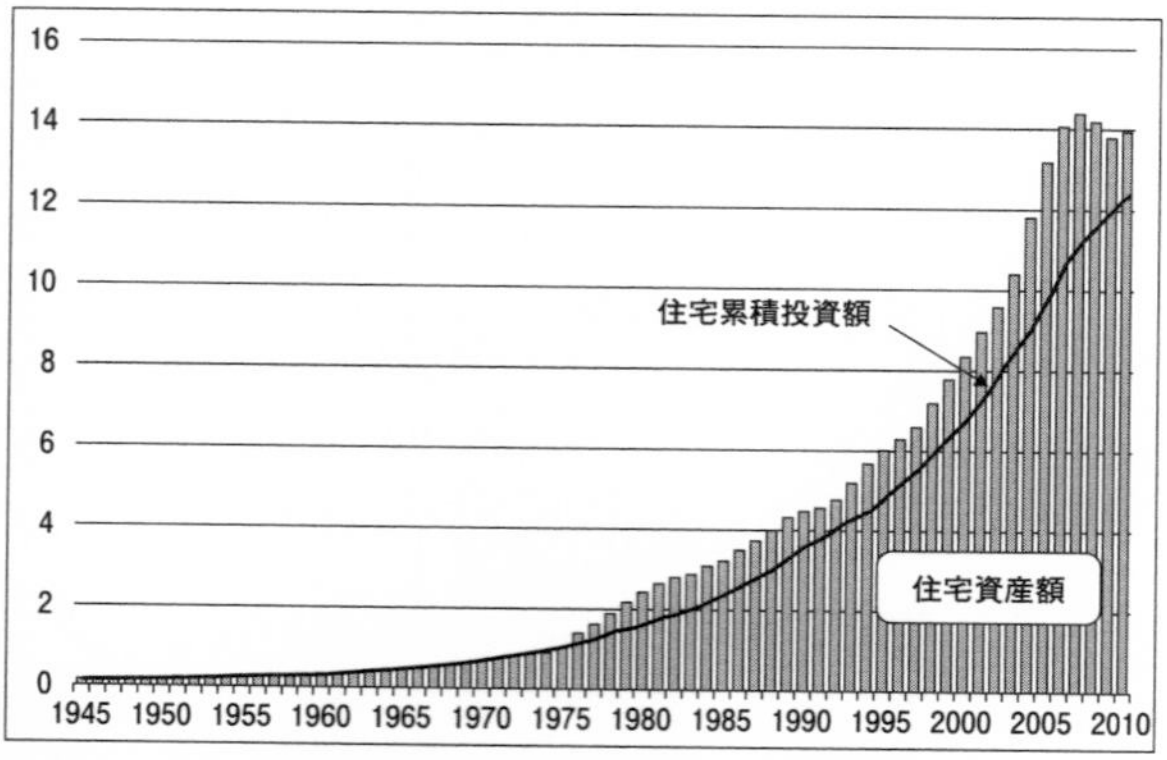

図2　アメリカの住宅累積投資額と住宅資産額の推移
（出典：米国商務省、FRB 資料より、野村資本市場研究所作成資料）

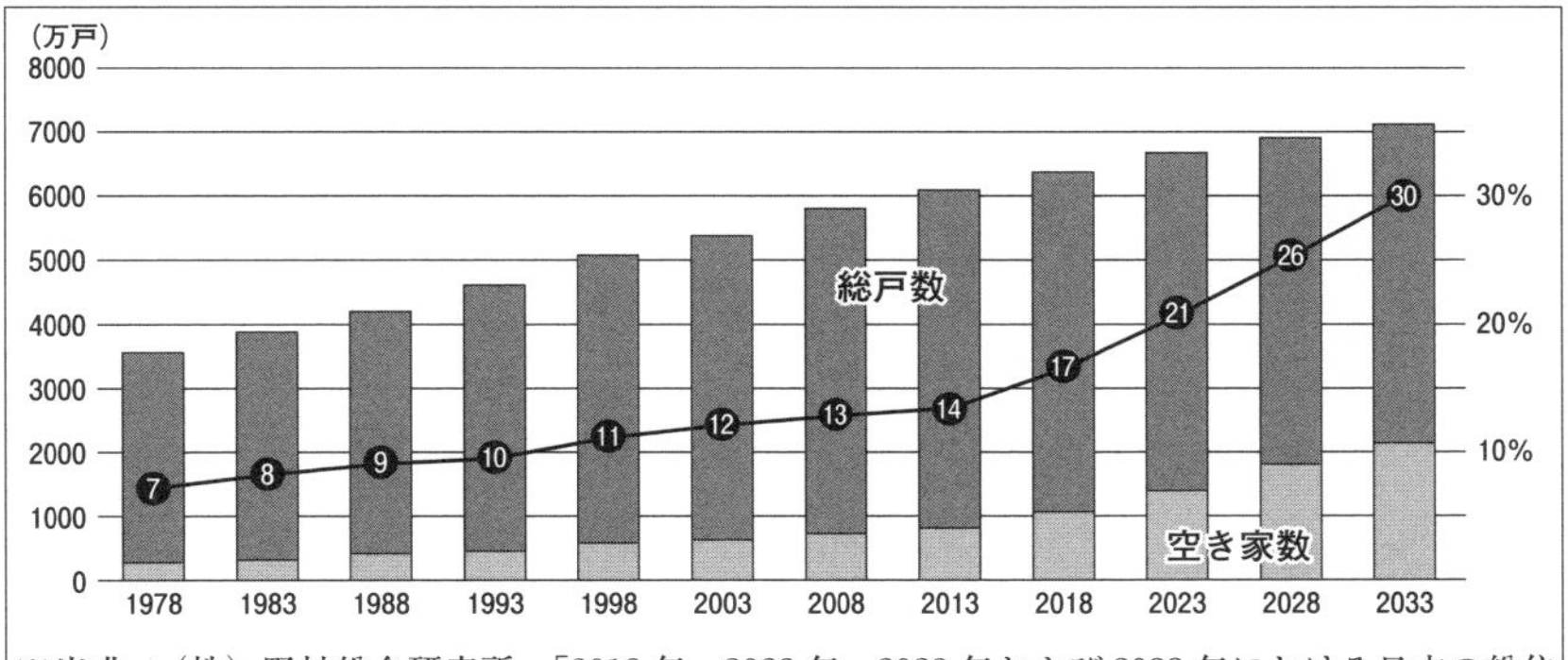

※出典：（株）野村総合研究所　「2018 年、2023 年、2028 年および 2033 年における日本の総住宅数・空き家数・空き家率（総住宅数に占める空き家の割合）の予測」2013 年発表
注、2018 年の発表では施策の効果か、空き家率が 2013 年に比べ 0.1% の増加にとどまっています。

図３　空き家の実績と予測

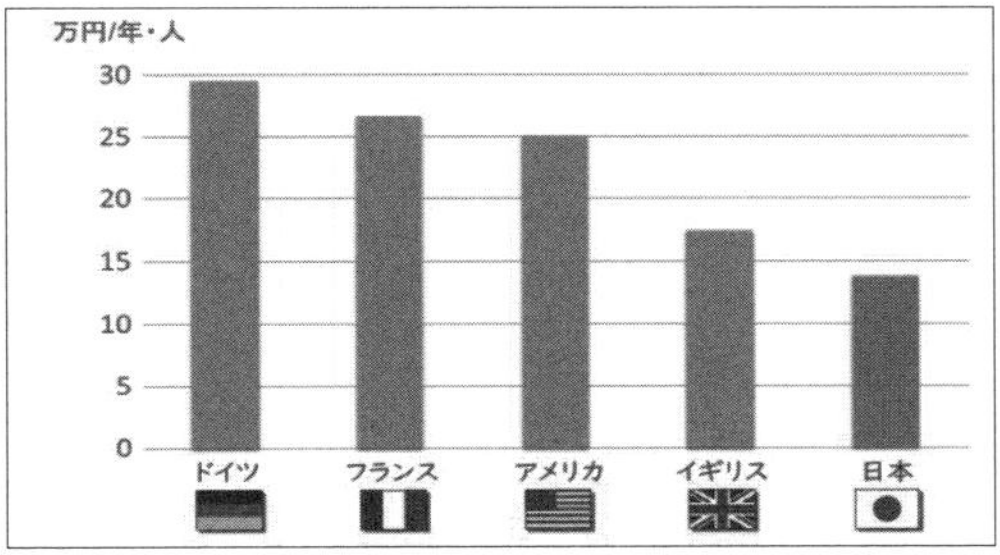

図４　国民一人当たりの年間住宅投資金額
（出典：国土交通省「平成３０年度住宅経済関連データ」）

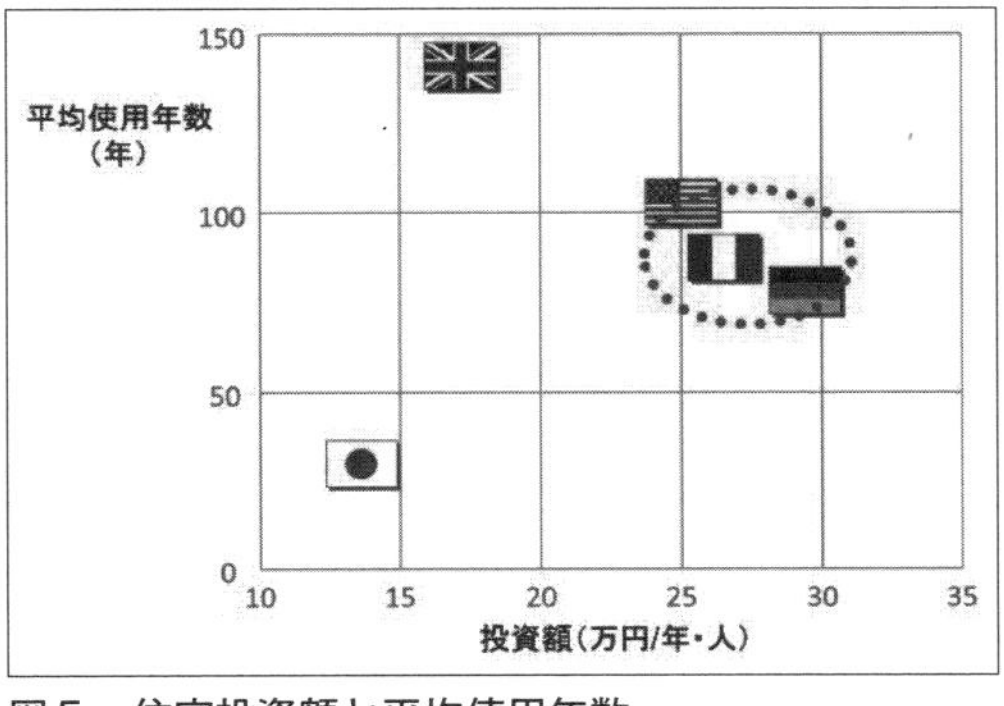

図５　住宅投資額と平均使用年数
（出典：国土交通省「平成３０年度住宅経済関連データ」）

図5は、住宅投資額と平均使用年数の相関です。平均使用年数が特段長いイギリスは別として、欧米の先進国はおおむね同じ位置にあります。日本の住宅の使用年数を伸ばすためには、もっとお金をかける必要があるのかもしれません。

図6は中古住宅を買わない理由を聞いた結果のまとめです。「新築の方が気持ち良い」が最も多く、同意の割合が目立っていますが、それ以外は同意率は余り変わりません。色を濃くしていますが、「新築より問題が多そう」「心理的に抵抗感がある」「後から欠陥がみつかると困る」「性能がよくわからない」について共通することは、購入時点での性能が明確になればこれらへの不安は相当減少する可能性があるということです。中古住宅の性能の可視化が市場の活性化に大きく寄与することが期待されます。

インスペクションとは、Inspection、言葉の意味は「点検、検査」ということですが、中古住宅の傷み具合を専門家が調べ、明らかにすることで耐震性や耐久性の点での不安を少なくする制度です。二〇一八年に宅地建物取引事業法（宅建事業法）が改正され、中古住宅の売買時にインスペクションを実施することが望まれるようになりました。インスペクションといっても様々な内容があり、簡易的なものから非常に専門的なものまで段階が複数ありますが、宅建法で規定されたものは簡易な現状調査に属します。

図7はそれの概要です。中古住宅の売買に携わる事業者は、売り主に対して媒介契約を交わす際に、インスペ

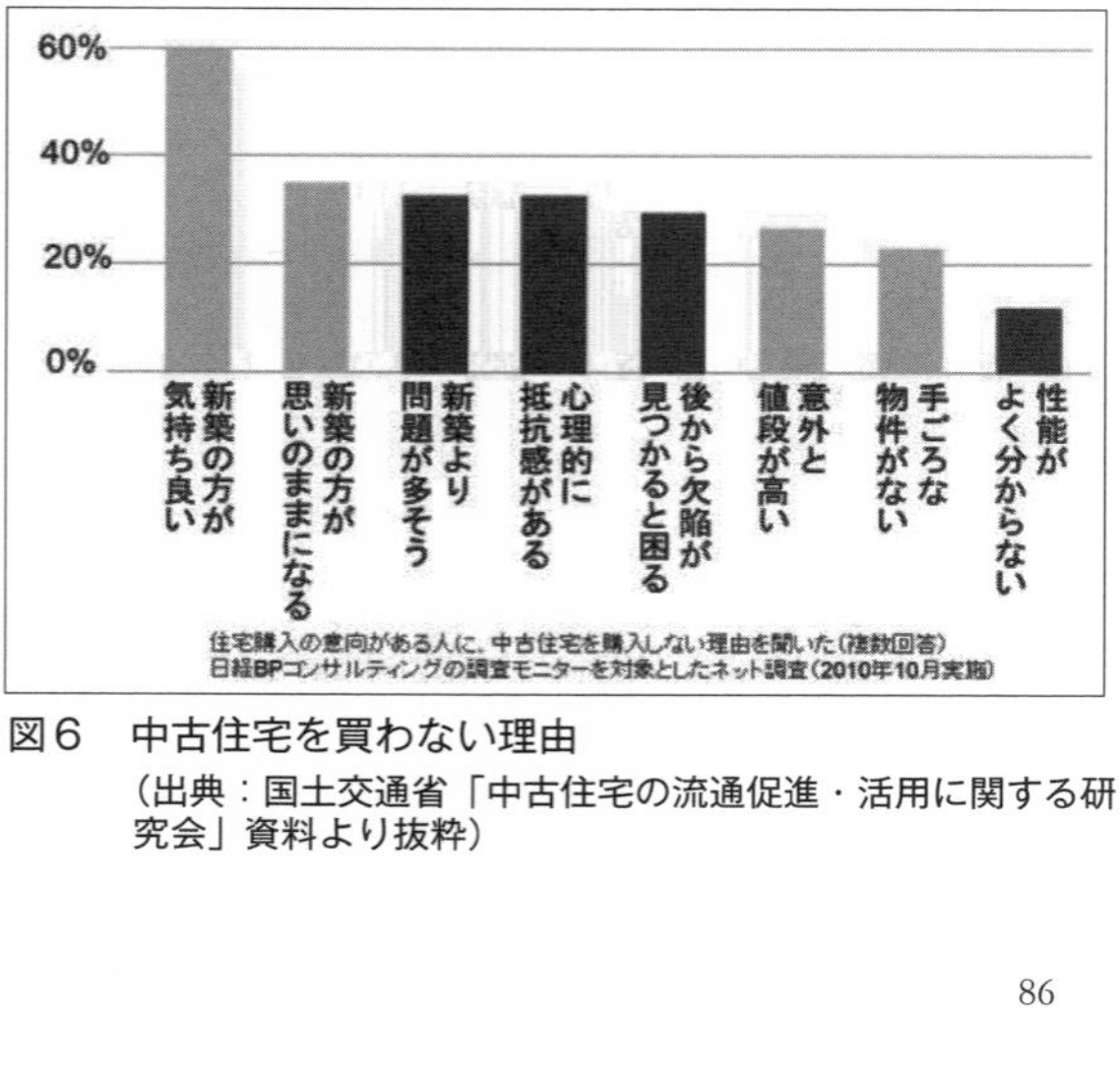

図6　中古住宅を買わない理由
（出典：国土交通省「中古住宅の流通促進・活用に関する研究会」資料より抜粋）

クションの説明義務が課され、売り主に対して、インスペクションの意義を説明し、売り主が実施に同意すれば、インスペクションの専門業者を斡旋することが要求されています。

専門業者がインスペクションを実施した後は、買い主への重要事項説明の際に結果を説明しなければなりません。売買契約締結の際には、売り主・買い主共に現況を確認し、媒介業者から書面で交付されることになります。売買契約の際には他にも多くの書類があり、ただでさえ面倒な説明を聞き、理解する努力を払わなければなりませんが、さらにインスペクションに関する部分が単純に増えることになります。

筆者も二〇一九年秋に中古マンションの一室を売却することにしたのですが、その際に不動産会社の担当者に丁寧に説明を受けました。また、その会社はインスペクションを実施することを原則としており、売り主様に同意をいただく努力をしていると、担当者は言いにくそうに言っていました。インスペクションに要する経費、およそ一〇万円は売り主の負担です（経費は状況で異なるようです）。個人的には苦しいところですが、社会的責任感から、筆者は担当者に同意しました。担当者の安堵した顔を忘れられません。実際、媒介する不動産会社によって、インスペクショ

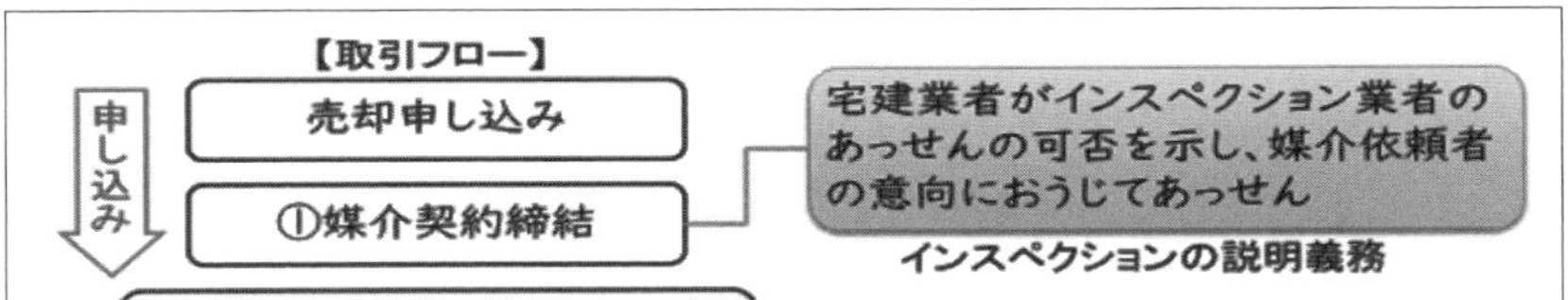

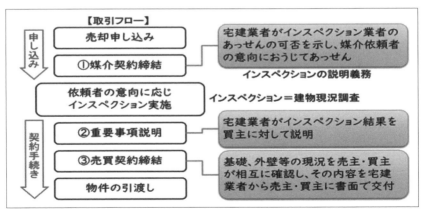

図７　宅建事業法におけるインスペクションの概要
（出典：大西倫加氏〔さくら事務所〕講演資料より）

ンの実施割合に大きな差があるようです。インスペクション制度ができた背景からは、できるだけ多くの売り主が実施すべきであることは論を俟《ま》ちません。その点で、インスペクションを強く勧める媒介業者が「正しい」ことを多くの人が認知すべきです。

具体的にインスペクションで分かることを表3に示します。

現段階のインスペクションでは、視認ならびに打音検査などの簡易的で即時性が高い手段が主になっています。海外では、より高度な専門機械を使用した精度の高い検査を制度化している国もあります。日本もいずれ、今の制度が一定以上の普及実績を示せば、そういったことも実現するかもしれません。現状の検査でも従来以上の性能の可視化に有効ですが、精度が向上すれば、さらに信頼性が増します。そのためには、まず、利用実績を積み上げることが重要です。

表3　インスペクションの確認範囲

1	著しい建物の傾き
2	不同沈下している可能性
3	雨漏りの形跡
4	屋根、外壁の著しい劣化の有無
5	著しい施工不良の有無
6	構造耐力上主要な部分の著しい損傷
7	軀体の腐食、変形の有無
8	屋内給排水管の著しい劣化
9	より詳細な調査を行う必要のある箇所の有無

3．住まいの燃費

私達の日常の暮らしでは、電気やガスなどのエネルギーを必ず使用します。慣れない土地で新しい住まいに引っ越した直後、甘酸っぱい期待を覚えながらも、不安も大きく感じている中で、カーテンもまだない部屋で電灯がついた時、コンロのスイッチを捻って青い炎が小さく踊るのをみた時に大きな安堵を覚えた経験をもつ方は少なくないと思います。現代の生活では朝から晩まで、まさに二四時間、私達はエネルギーを使っています。

その使用するエネルギーが家ごとに大きな違いがある、ということを意識している人、知っている人は余り多くありません。いわゆる光熱費は暮らしに応じて大きく異なります。お湯をやたらたくさん使用する家庭、電気代が月に一〇万円を超える家庭、もちろん使い方によって異なるのは当然ですが、どのような家に住むのかによっても異なります。一般的な家庭では使用するエネルギーのうち、およそ三割が暖冷房、空調に、給湯も同じ程度、残り四割が照明や家電機器に使われています。

その三割を占める暖冷房に要するエネルギーが、まったく同じ暮らしをしていても家の断熱性能によって大きく変わります。この程度を表す指標が「住まいの燃費」という考え方です。

図8は一軒の住宅の建設から廃棄までの生涯で費やすコストの模式図です。家を建てる時には建設費を気にすることが一般的ですが、運用費の多くを占める光熱費について留意する人はまだまだ少数です。

断熱性能を上げると、必要な暖冷房費は少なくなります。北欧、ドイツに前例が多いようですが、高断熱を極めると暖房に必要なエネルギーはなくなり、暖房費はタダになります。日本国内でも先鋭的な住宅会社により、このレベルの住宅が建てられ始めています。

「エネルギーパス」と名付けられた住まいの燃費を住戸に表示するシステムを最初に考えたのはドイツですが、フランスは数年前から全国の公営住宅に義務化し、今では一般の住宅もこの表示をし

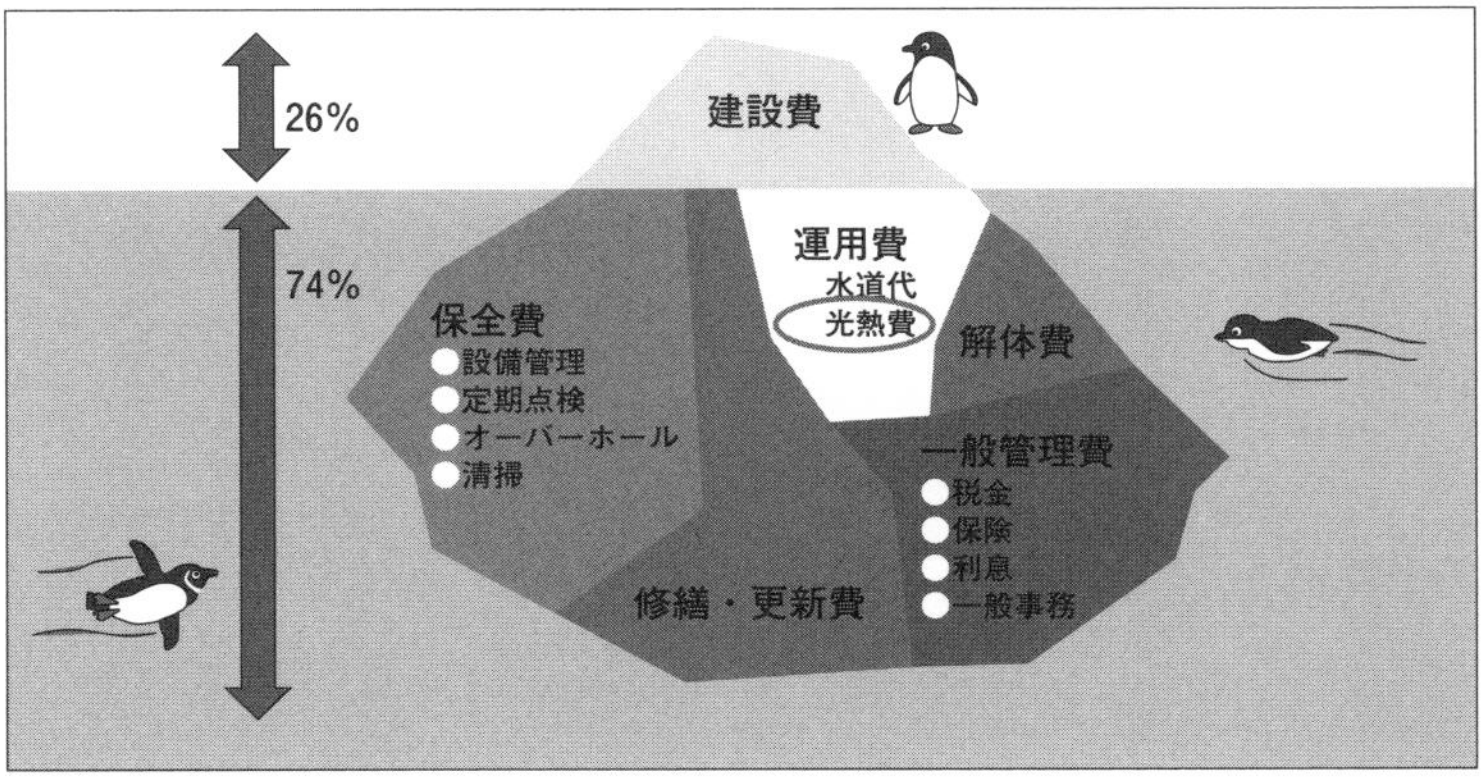

図8　住宅のライフサイクルコスト
（出典：大西倫加氏〔さくら事務所〕講演資料より）

ています。図9は二〇一四年のパリ市内の不動産紹介ショップのショーウィンドーの様子です。日本と同様の場所、床面積、特徴的な写真と併せて、エネルギーパスがすべての住戸に示されています。図10はそれの一部の拡大です。左側がエネルギーに関する表示、燃費最高のAから最低のGの七つのグレードの中で、この対象住戸が真ん中のDグレードに属していると読み取れます。右は同様ですが、こちらはCO^2の排出量を示しています。実際にパリの人々がアパートを選ぶ際にどれほど参考にしているかまでは分かりませんが、これだけ多くの紙面を割いて表示する努力を業界全体がしていることが印象的です。

一方、日本において、住まいの燃費を積極的に表示するようにしているのは、現在、県単位では長野県だけです。長野県では、すべての建築物の新築時にエネルギーパスを表示することが努力義務となっており、性能の高さを自負する地域の住宅会社を中心に燃費が表示されています。努力義務であってすべての建築物で表示されているわけではありませんが、性能の高いものは表示されていますから、表示されていない建物の性能は憶測可能です。

わが国でクルマの販売時に車種やグレードごとの燃費が表示されるようになったのは一九七三年、第一次オイ

図9　パリ市内の不動産仲介業者のショーウィンドー（2014年9月）（筆者撮影）

ルショック直後のことでした。今ではごく当たり前ですが、それまでは考え方もなかったようです。馬力やトルク、乗車人数、荷物搭載容積など、さまざまな特性に、新たに加わった燃費という指標は、エンジンや排気ガス排出機構などの極めて精緻な工夫を重ねて徐々に改善され、一九九七年に電気モーターを追加搭載したハイブリッド車の商用化により大きな幅ができ、以降、車を選ぶ際の重要な指標になっています。

住まいの燃費は、新築時には建て主の意思に依存しますが、中古売買の際にはインスペクション同様、住宅の性能可視化の大きな一つです。すなわち、中古市場活性化への効果が期待されます。

4．おわりに

住まいの燃費が日本全国の住戸に表示されるのはいつのことでしょうか。インスペクション同様、どれだけ多くの人が関心を持つか、に依存しています。空き家問題をこれ以上大きくさせないために、中古住宅の活性化は急務であり、その意味で今日、建設されている建物から表示される

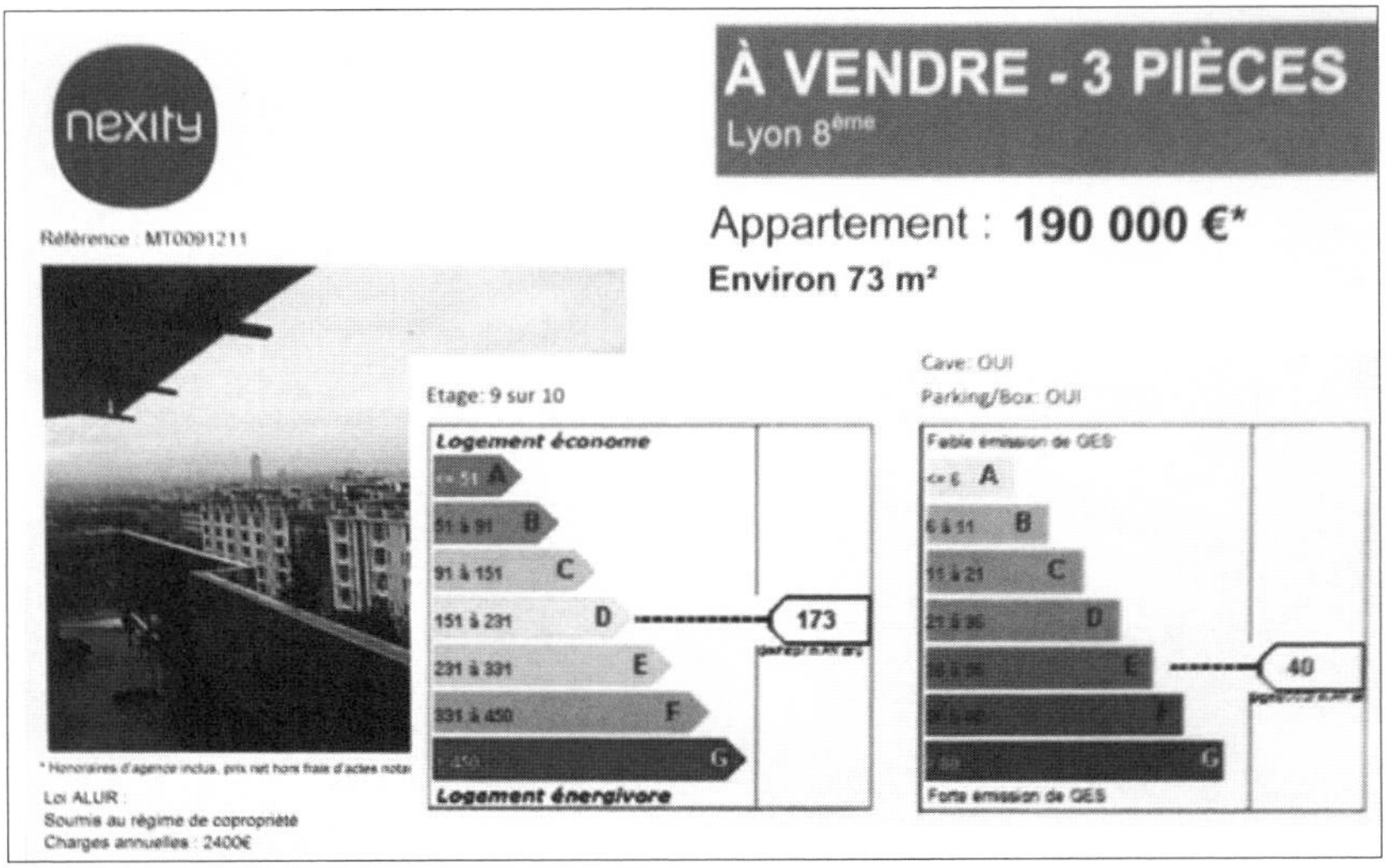

図 10　図９の一部の拡大

べきです。知らなかった、聞いてなかった人も多いと思います。少しでも多くの人に認知されるべきテーマはこれら以外にも無数にあるでしょう。肝心なことは、住まい、暮らしも日々、新たに勉強しなければならない、という考え方が一般化することです。残念ながら、すべてを専門家に任せ、自分の暮らしにさえ責任を持たない人が少なくありません。何か起こってから、行政や自然のせいにするのではなく、普段から知識を集め、経験を積んで暮らしの上級者になれるように不断の努力をすべきかと思います。テレワーク主体となり、通勤時間が減少したら、ぜひ、考えていただきたいと思います。

謝辞　インスペクションの実状につきましては、さくら事務所の大西倫加代表に多くをご教示いただきました。記して謝意を表します。

〈**参考資料**〉

（1）国交省住宅局報道発表資料
（2）さくら事務所大西倫加氏講演資料

生活共同の場としての住まいを考える
――ライフステージと住生活をめぐる課題から

檜谷美恵子（京都府立大学 教授）

はじめに

住まいで暮らすことを当然のことと考えている私たちは、普段の生活で、どこで誰とどのように住まうのかをあらためて考えたりはしません。ましてやそれについて学ぶ必要があると意識することもありません。それでも高齢期を迎えるときや、子どもをもち、育てるという段階で、住まいと結びつく課題に直面することがあります。転職や退職等のライフイベント、就職や結婚、離婚等による世帯分離、加齢や病気・事故で身体機能が虚弱化するとき、あるいはまた、災害で住まいを失う、住み慣れた場所を離れざるを得なくなるとき、住まいの大切さはもとより、住まいをめぐる課題に気づかされます。

本章では、〝高齢期を迎える〟、〝子どもを育てる〟、〝就職や就学を転機に親元を離れる〟という三つのライフステージにフォーカスして、住まいと住生活をめぐる課題を探り、そこから、住まいについてどのような学びが求められるのかを考えてみたいと思います。

揺らぐ家族と住まいの役割

住まいは、様々な役割を担っています。住まいは私たちの命や健康を守るシェルターであり、また毎日の生活を成立させる基盤でもあります。生活を営むうえで重要な単位である世帯が生計と住まいを共にする集団とされているように、住まいはその内にいる者同士の生活共同の場であると同時に、地域での生活共同の単位を確定する役割を担ってもいます。

他方で、住まいには家族という親密圏の形成とその保護という役割が期待されてきました。家族の生活の器と形容されるように、住まいはプライバシー保護を第一義とする私空間とみなされています。この見方がひろく受容されているからこそ、住まいの独立性を高め、家族以外の他者からの干渉や介入を極力抑制、回避したいという願望が生まれ、またその願望を叶えることが当然視されるのです。親密圏としての家族と、地域社会で生活共同の単位となる世帯のいずれにも住まいは深くかかわっています。

住まいはまた、そこに居住する住み手の情報を伝達する役割を果たしています。住まいの意匠や間取り、設備等は、住み手の生き方やこだわり、社会的ステイタスを表現します。のみならず、社会で共有されている規範を表現し、それを浸透させてもいます。

そのひとつが家族です。戦後、主流となった家族モデルは、夫婦と子どもで構成される小規模で親密な核家族です。そこでは、夫が外で稼ぎ、その賃金で家族の生計を賄い、妻は家庭にとどまり、家事や子育てを担うという性別役割分業が想定されています。日本でこの家族モデルが二〇世紀後半以降ひろく受容されるようになった背景には、先行してそのライフスタイルを実践していたアメリカ社会の豊かさへのあこがれがあったと考えられます。住まいはこの家族規範を可視化する空間で、そのイメージが戦後の住まいのあり方を動かしていき、またその過程で、この規範を強化することにも寄与してきました。日本では、未曽有の住宅不足を経て進んだ急激な都市化が、新設住宅を大量に供給するフロー中心の住宅市場の構築を促し、新しい住宅モデルが急速にひろがりました。

この規範は教育の場にも持ち込まれました。戦後の学校教育で、家庭科は民主的な家庭生活について男女で学ぶ教科として誕生したものの、性別役割分業を含意する家族規範がひろがる一九六〇年代以降は、小学校以外では女子のみが学ぶ教科となりました。この状況が見直されるのは、女性に対する差別の撤廃という観点から、一九八九年に男女共修が方向づけられてからです。全面的な男女共修が実現したのは一九九四年です。その後の家庭科の学習は、高校生が家族の多様化を受容する素地となったと評価されていますが(注1)、折しもこれは、家族のあり方が揺らぎだし、その多様化が進んだ時期と一致します。

単独世帯の増加に示されるように、家族と住まいとの関係性はその後も大きく変化し、今日では、家庭に専業主婦と未成年の子どもがいて、夫婦が協力し合って生活するという戦後の家族像はもはや主流とはいえなくなりました。生活共同の単位である世帯が縮小するなかで、家事代行をはじめとする生活サービスも増えました。他方では、シェルターとしての住まいさえも確保できず、路上や施設での居住を余儀なくされる者、定住する住まいをもたない者もいます。家族の崩壊は、脆弱な個人を大量に生み出しています。

こうした状況は、人々の住まいに対する考え方や要求にどのような影響を与えているのでしょうか。

郊外住宅地に住む団塊世代高齢者の住まいの現状と意識

戦後造成された大規模な郊外住宅地には戦後生まれの団塊世代が多数居住しています。昨年(二〇一九年)の秋、そうした住宅地の一つである関西の郊外住宅地で(注2)、居住者の住意識や居住実態を探るアンケート調査を実施しました。

対象とした住宅地は主要鉄道駅から六キロメートル以上も離れた山間部に位置し、既成市街地から切り離された典型的な郊外住宅地で、戸建住宅のエリアと共同住宅団地があります（図1）。一九七〇年代後半から八〇年代にかけて造成された住宅地を核として、その奥手には最近開発された新しい戸建て住宅地がひろがっています。戸建て用に分譲された宅地は区画が大きく、車二台分のガレージをとってもなおゆとりのある敷地規模で、十分な広さの庭付きマイホームが建てられます。その後分譲された区画、とくに近年の建売分譲区画はやや小ぶりになっているものの、全体としてみれば閑静な佇まいの良好な住宅地といえるでしょう。住宅地にはまた分譲マンションで構成される団地が二か所あります。いずれも階段室型の中層共同住宅群で、こちらも隣棟間隔が十分にひろく、周囲に緑があふれる良好な住環境です。

図１　調査を行った郊外住宅地

初期の開発主体は大手の事業者で、販売当時の主要なターゲット層は、子どものいるファミリー世帯、妻は専業主婦、夫は大企業に勤めるホワイトカラーという中流家庭です。ちょうど現在、七〇歳代に達している団塊の世代がそのライフステージに入っていました。都市部の住宅事情がなお厳しかったこの時代に、ゆとりのある住宅を取得しようとすれば郊外に向かうしかありません。郊外の戸建持家は、住宅すごろくの「上がり」である夢のマイホームです。そこに住まいを求めた理由としてもっとも多く挙げられたのは、住環境のよさと部屋数が多い広い住宅を持家として取得できることでした。

それから四〇年以上経過した現在の住宅地の様子は、入居当時とは大きく異なっています。まず、そこに住む人口や世帯が様変わりしました。高齢者が増え、子どもが減りました。調査回答者の属性で最も多かったのは、七〇代前半の夫婦のみで構成される世帯でした。

別の変化は、建物の高経年化や空き家の増加です。住宅の建築時期をみると、建築後四〇年以上経過している住宅が半数近くを占めました。建物が古くなるなかで、リフォームや建て替えも行われているものの、取り壊さないまま売却され、居住者が入れ替わった住宅もあります。住宅の取得方法で最も多かったのは新築注文で全体の四割強を占めましたが、次いで多かったのは中古住宅の購入で三割弱を占めました。

こうした変化を居住者はどのように受け止めているのでしょうか。住宅地に長く居住している高齢の居住者ほど、「空き家の増加」「一人暮らし世帯の増加」「少子高齢化」などを不安視していました。また「坂道の移動」や「医療施設の少なさ」を問題視する人も多くみられました。

全体で最も多く挙げられた住宅地の問題点は、駅が遠く、交通の便が悪いことです。それは住宅を購入するときにすでにわかっていたことです。おそらく若いころは自家用車があれば問題ないと考えていたのでしょう。開発が進めば軌道が延伸されるとの楽観的な期待があったのかもしれません。しかし、いまとなってはそのような展望はもてません。主要鉄道駅と住宅地を結ぶバスの便は少なく、時間もかかります。大半の住民はいまもマイカーで移動しており、バスを利用した経験が一度もないという居住者もいます。それがマイカーへの依存、そして先行きへの不安を高めています。

他方で、この住宅地では自治会活動が活発で、近所付き合いや町内会活動の停滞を不安視する者は少なく、地域に知り合いが多いという郊外住宅地ならではの特徴は持続しています。この点は居住の安心を高めることに多少なりとも寄与しているようでした。

調査回答者の八割は、現在の住宅、住環境を「満足」もしくは「まあ満足」と評価しています。他方で、今後もここに住み続けるかとの問いには、「住み続けたい」は六割で、「わからない」が三割強にものぼりました。「わからない」という人は、長年住み続けている住宅や緑豊かで静かな住環境は気に入っているものの、住み続けることには不安があるのでしょう。

住み続けたいと考える人とそうではない人との違いはどこにあるのでしょうか。調査結果からみえてきたのは、居住者の意識は住まいに対する働きかけと関係している、ということでした。リフォームという働きかけの頻度と定住意識に正の相関がみられ、住宅改修に何度も取り組んでいる者ほど、今後も住み続けたいと考える傾向がみられたのです。リフォームを行った理由として最も多くあげられたのは「きれいにする（不具合や痛みを直す）」で、ついで「内装や設備を新しくする」、「使いやすさの向上」と続きます。「高齢期の住みやすさ」も上位にあがってはいますが、突出して多いわけではありません。現住宅に住み始めてから実施したリフォームの回数には、住み手が高齢期に入る以前から住まいに関心をもち、行動してきたことが反映されています。そして、それが住み続けたいという意識につながっていると推測されます。

空き家の増加は、転出者が増加していることを示唆しています。調査では、今後の住み方や希望する住み替え先を尋ねています。子世帯との同居をあげる人はきわめて少なく、最も多かったのは、「駅の近く」の分譲マンションやサービス付きの高齢者住宅で、これらをライフステージに合った合理的な選択肢と捉えているようでした。

他方で、この住宅地をもっと住みやすくしたいと考え、まちづくり協議会をつくり、活動する居住者もいます。ただ、活動を広げるには課題もあります。調査を行った前年に大規模な地震災害があったことも影響して、防災まちづくりに対する関心や、一人暮らしの高齢者の見守り、空き家対策等への関心はいずれも高かったものの、こうした取り組みに参加したいという人は少なかったからです。支え合いに対する関心をどう実践に結びつけていくのかが問われています。

子育て世帯の住環境とその評価

高齢化と並んで社会的対応が急がれている課題は少子化です。その動向が着目されていた団塊ジュニア世代の出産適齢期が過ぎ、マクロな少子化は今後しばらく止まりそうにもありません。人口減少社会に突入し、危機感をもった行政は、保育所の増設はもとより、様々な分野で子育て支援に取り組むようになっています。

住まいや住環境の分野も例外ではありません。若年子育て世帯には家計に余裕のない世帯が多く、家計に占める住居費は大きな負担となっています。他方で、世帯の負担能力に応じた低廉な家賃の公営住宅は、応募倍率が高く、なかなか入居できません。そこで、若年子育て世帯の入居を促し、高齢者に偏った人口構成を是正する取り組みがすすめられています。さらに、子育て環境整備の一環として、公営住宅の建て替えや大規模改修の際に、子育て世帯のニーズに対応した間取りや仕様を検討する自治体もあらわれています。子どもの成長に応じて、間取りを変更できる仕様の住戸や、外で遊ぶ子どもを見守りやすい住戸配置、共用空間の整備などです。

二〇一八年に、子育て支援という観点から整備された公営住宅団地の共用空間に着目する調査を実施しました。(注3) 団地には、二つの住棟に囲まれ、前面道路に開いた開放的な広場と植栽空間からなる大きな中庭があります。ウッドデッキの張られた広場（テラス）は、団地の催しや子どもの遊び場として活用するに十分な広さを備えています（図2）。共用施設の集会所は、広場に面して設置されており、掃き出し窓を開放すると一体的に利用できます。二階平面上には、二棟を行き来できる渡り廊下があり、その延長線上にも広いテラス空間があって、中庭をよく見渡せます。また、前面道路を挟んで保育所があり、さらにその隣にはボール遊びができる大きな芝生広場が整備されています。団地の隣にはコミュニティ・センターもあります。

住戸数は一五〇戸、うち三〇戸は可動収納間仕切りを備えた子育て対応住宅です。一般住戸には一八歳未満の子どもをもたない世帯も応募できますが、調査時にはそこにも子どもをもつ家族世帯が一定数、居住していたため、合わせると子育て世帯が世帯総数の三分の一程度を占めていました。またその半数以上が母子世帯でした。

この団地で実施した居住者アンケートからみえてきたのは、子育て世帯は保育サービス以外にも親や周囲からの支援を受けて生活しており、地域交流や近所での互助を求めていることです。とくに、〝家庭以外に親子の居場所がある〟、〝地域の子育て情報が入手できる〟、〝日常的な近所付き合いや地域のイベントで他の子育て世帯との交流が生まれる〟、〝地域の人と気軽に集まれる場がある〟ことが評価されており、それらを評価する者ほど居住満足度が高くなっていました。

図２　子育て支援団地の共用空間

現在の住環境に満足している世帯は全体の六割強でした。子育て世帯同士の交流は、会えば挨拶や立ち話をする程度の軽い付き合いが多いのですが、付き合いの程度や方法は親の年齢によって差がありました。二〇代の若い親は、もっぱらメールやSNSを利用しているのに対して、三〇代後半から四〇代の親は、お裾分けをしたり、互いの家を行き来したり、といった交流があります。年齢の高い親ほど、地域の子育て情報を入手して、親子で参加して楽しめるレクリエーションやイベントに参加しており、それが居住満足度につながっているようでした。

調査を実施していた頃、団地を訪れると、子どもたちが中庭で元気に走り回って遊んでいる様子を確認できました。それが、翌年に訪れたときには、大きく「ボール遊び禁止」と書かれた張り紙がいたるところに貼られ、子どもの姿が少なくなっていました。話を伺うと、ボール遊びで窓ガラスが割れるなどの被害がでたためだ、ということでした。

二〇一九年に団地の集会所で開催したワークショップでは、子どもたちのために集会所を活用する方法や中庭から前面道路への子どもの飛び出し防止対策、また幼児を含む小さな子どもたちの居場所づくりについて議論しました。話し合いのなかで、参加者はいずれも、家庭以外で子どもが安全に遊び、学べる場を求めていました。しかし、その実現に向けて、ルールづくりや調整の労をとることには消極的で、親しい間柄であれば助け合いや協力ができるものの、そうではない居住者も多い団地自治会という場で議論することに抵抗があるようでした。仕事と家事、子育てに追われ、時間的余裕がないという事情も関係しているのでしょう。しかし、問題はそれだけではありません。背景には、地域での生活共同の経験が乏しい、あるいはそのスキルが不足しているということもあるようです。

出産後も働く女性が増加し、地域や家庭で子どもの世話をみることは以前より難しくなっています。なるほど、子どもを預かってくれる保育所等の施設は格段に増え、塾や習い事に通う子どもたちも多くなりましたが、子どもたちが地域で安心して過ごせる居場所や同じ年頃の友達と遊ぶ機会が要らなくなったわけではありません。むしろ、切実に求められる状況があります。またそれは、空間や環境の整備に止まりません。調査した団地のように、子どもたちを見守れる豊かな空間があっても、それらを有効に活用できるとは限らないからです。

ＣＯＶＩＤ－19と向き合うなかで、私たちは、住まいはもとより、その先にひろがる身近な生活空間が豊かで安心できる場所であってほしいとの思いを強くしています。地域で共に住む多様な他者、とくに社会的な配慮を必要としている人々を包摂する生活共同の働きかけや取り組みは、これまでにも増して、求められているように思います。

シェア居住を求める若者の住意識と課題

大都市では近年、台所や食事室、また浴室、トイレなど、生活に欠かせない設備や空間を他者と共用するシェアハウスが増えています。背景には、大都市の中心市街地で供給されている借家の家賃の高さがあります。このためか、家電や食器等の家財をもたなくても即座に生活が始められるシェア居住は、住居費を節約する住まい方と捉えられることが多いようです。他方で、シェア文化に関心をもち、シェアハウスでの他者との共同生活を指向する動きもあります。たとえば、外国人と一緒に暮らして多文化に触れることを楽しみたいというニーズや、設備の整った共用キッチンで仲間と一緒に料理をしたいといったニーズが顕在化しています。学校や職場とは異なるもうひとつの関係性をつくりたいというニーズもあります。こうしたニーズは、親の家をでて暮らし始めたばかりの若者に多くみられます。

二〇一八年、特徴のあるシェアハウスを複数件、運営する事業者にお話を伺う機会を得ました。そのひとつは、「ホテルのような住まい」というキャッチで、若者に好まれそうなスタイリッシュなデザインのシェアハウスでした。以前、寮だった建物を改修し、シェアハウスにしたもので、各室に用意されているのは洗面設備だけで、共用のトイレ、浴室、台所がフロアごとに設置されています。また、一階にテナントとして入っている喫茶店と提携し、食事も提供しています。入居者は学生や会社勤めの若者です。

ここでは、共用空間の清掃は運営事業者が行っており、このため、掃除のやり方でもめることはありません。それでも運営事業者には様々なクレームや相談が寄せられるそうです。そこで、事業者側では、入居者を決めるときは、まず面接を行い、そこでじっくりと話を聞いてこの人なら大丈夫という人を選ぶとのことです。

この物件に限らず、シェアハウスでは居住者同士の交流を促すイベントなど、運営事業者によるサポートが行われています。しかし、それだけで若者の求める住生活が実現するわけではありません。こうした住まい方を楽しむためには、入居者側にも他者への気遣いや配慮、あるいは生活時間の調整等、面倒なことを生活の一部と受け止め、楽しめる構えが求められます。他の居住者とシェアする大きな居間がある、掃除は自室だけでよい、食事もできる、という条件に惹かれて、あるいは同世代の若者との交流を求めて入居しても、他者との共同生活で生じるかもしれないトラブルを回避したり、解決したりするためのスキルがなければ、期待する効用は得られません。

同様のことは、高齢者宅に学生が間借り下宿する異世代シェアにもあてはまります。京都府では数年前からこれを行政施策として推進しています(注4)。昔の下宿とは異なり、事業者が介在して、双方のニーズを聞き取り、面接や試行的な居住を行う等、入念なマッチングのすえ、高齢者宅に学生が居住するというもので、事業者は同居後のフォローも行います。成功事例では、学生、高齢者双方に有用な仕組みと評価されているものの、マッチングに至った事例は決して多くはありません。また短期間で同居が解消されるに至ったケースもあり、生活共同の難しさが窺われます。

家族のみに閉じた住まいで育った若者は、家族以外の他者との住生活を想像しにくいのでしょう。他者の住まいを訪ねる経験も乏しく、自らの住まいや住まい方をリアルな他者のそれと比較したり、客観的に捉えたりすることが苦手です。もちろん、様々なメディアを通じて多様な住まい、住まい方に触れる機会はあるでしょうし、建築作品としての住まいやインテリアにあこがれ、住まいに関心をもつ者もいます。しかし、「住まうことを学ばなければならない(注5)」とは考えていません。

親元を離れて一人暮らしを始めるとき、住まうという営みについての実践的な学びがスタートします。ワンルームでの暮らしも、他者の存在を身近に感じるシェアハウスでの暮らしにも、それぞれに求められる住生活のスキルや作法があります。また、長所、短所があります。いずれを選択するにしても、同居者や近隣の人々との生活共同に向けて、その作法やスキルを学ばなければなりません。若者たちにその準備はできているのでしょうか。

おわりに

住まいについての学びは、人々により良く住まうための基礎を提供するものであってほしいと思います。そこでまず考えたいのは、より良く住まうとはどういうことか、ということです。それは一義的に決まるものではなく、住む場所の特質やそこで構築される社会関係によって、また住み手のライフステージや生活価値観によって異なるでしょう。大切なのは、より良く住まうとはどういうことかを、主体的に考える力です。住まいについての学びとは、そのような主体形成を目指すもので、当たり前のように捉えている住まいに対する見方を、あらためて問い直すことから始まります。

たとえば、私たちは日々、市場を介して様々なものを調達しており、住まいもそのようにして供給される商品となっています。このため、どのような住まいを選ぶのかは、世帯の経済力に左右されると捉えがちで、問題のある住まいであっても、十分な経済力がなければ、その状況を改善できないと諦観し、住めば都と現状を受け入れます。一方で、お金をかけさえすれば、もっとよい住まいを確保できると考えます。しかし、立派な住まいを確保できても、それだけで満足できる住生活を実現できるわけではありません。

そもそも、住まいは商品としてのみ存立しているわけではありません。住まいも暮らしも、社会に張り巡らされた様々な関係性の網の目に依拠して成立しています。それは過去から引き継がれ、未来へとつながっていくのです。

住まいはまた、それがなくては社会生活を営むことが困難な生活基盤です。そう考えるからこそ、社会の側に、人々が適切な住まいを確保できるよう、必要な施策を講じることが期待されているのです。この住まいと社会とのつながりを日常生活で意識することは滅多にないでしょう。住まいをめぐって生じている問題、また居住の安定と向上を目指す社会の取り組みを学ぶことは、私事と捉えられやすい問題——現在の住みづらさや、将来の居住不安等が社会としての課題でもあるとの気づきへとつながっていきます。

人々の暮らし方や働き方が変わるなかで、住まいを見直し、その在り方を考える機会は近年、格段に増えています。COVID‐19による世界規模の感染症の拡大により、在宅ワークが要請される以前から、自宅で仕事をする人々が着実に増加してきました。近代以前の住まいがそうであったように、彼らにとっての住まいは働く場でもあります。そこには、働く場所と住む場所を分け、住まいを居住専用とすることで、家庭生活を保護してきた近代のそれとは異なる住まい像があります。

他方で、家族のみに閉じた住まいの弊害とともに、そこでプライバシーがしっかりと守られる、安心して過ごせる場としての住まいの大切さも意識されるようになっています。住まいにとどまる時間が増えるなかで、住まいを開いたり、閉じたりする住まい方やそれを容易にする住まいの在り方に関心が寄せられているのです。

住まいについての学びは、住まうという実践を通じて、住まいを取り巻き生じている変化と向き合うことでもあります。社会のなかで住まいが果たしている役割を認識し、そのあり方を考えること、それが生活共同の場である住まいとそこで展開される住生活を豊かにすることにつながっていくはずです。

〈注〉

（注１）高校生の描く家族像を検討した中西（二〇一一）は、家庭科共修により男子学生の意識が変化し、多様な家族形態を受容できるようになったと推測している。

（注２）調査を実施した住宅地の人口は約八五〇〇人、世帯数は三四〇〇（二〇一九年）で、世帯の八割は自治会に加入、地域活動も盛んである。そこで、二〇一九年秋に連合自治会の協力を得て、自治会加入世帯に住まいと住生活に関する調査票を配布、その四割から回答を得た。

（注３）二〇一八年秋に他大学の研究者らと共同して、全住戸を対象にしたアンケート調査を実施し、約八割から回答を得た。また、地域住民の団地への関与の度合いや評価、地域の子育て環境を把握するため、団地造成と同時に整備された保育園及び隣接するコミニュティセンターの利用者を対象とするアンケート調査を行った。

（注４）京都府が実施している次世代下宿京都ソリデール事業については、下記ＨＰに詳しい。http://www.pref.kyoto.jp/jutaku/jisedaigeshuku_kyotosolidaire.html

（注５）國分（二〇一四）は、本来性という概念に惹かれていたマルティン・ハイデッガーが「住むことをはじめて学ばなければならない」と述べていることに注意を向け、スピノザの倫理学に依拠しつつ、「自らが身を置く具体的な環境のなかで自分と何が一致するのかを探し求めること」が、ハイデッガーのいう「学び」の意味するところではないかと論じている。

〈参照文献〉

- 中西雪夫「男女共通必修家庭科の成果と課題」日本家庭科教育学会誌　第五三巻第四号、二〇一一年。
- 國分功一郎「倫理学と住むこと」、建築雑誌 vol.129 No.１６５３、pp.６～７、二〇一四年

住生活史にみる住生活の対応力の変化

宮内貴久（お茶の水女子大学 教授）

はじめに

第二次世界大戦後の住まいと住生活が変化するにしたがって、住むために必要な住生活のリテラシーも変化しました。本章では、その変化の様子を福岡市営弥永《やなが》団地に暮らしていた、ある女性の住生活史として描いてみたいと思います。

戦後の日本は全国で約四二〇万戸の住宅が不足しました。その内訳は、①戦災によるもの二一五万戸、②強制疎開によるもの五五万戸、③戦時中の建設不足一一八万戸、④引き上げによる増加六三万戸、⑤人口減による不要分マイナス三〇万戸で、住宅総戸数の約五分の一が不足しました［西山卯三 一九八九］。

福岡市の、昭和一〇（一九三五）年の人口は二九万一一五八人でその後はほぼ三〇万人台で推移していました。昭和二〇（一九四五）年は戦争の影響で二五万二二八二人に減少しますが、五年後の昭和二五（一九五〇）年には三九万二六九四人と約一四万人増加します。さらに昭和三〇（一九五五）年には五四万四三一二人と一〇年で人口は倍増しました［福岡市博物館 二〇〇九］。

こうした戦後の深刻な住宅不足問題を解決するため二つの政策がとられました。一つは昭和二五年に制定された住宅金融公庫法で、長期低利資金の貸付金により住宅建設を補助する、いわゆる持ち家政策です。もう一つは、昭和二六年に制定された公営住宅法で、低所得者層を対象とした公営住宅の供給を恒久的に確立し、計画的に推進することを目的とする政策です。

公営住宅法により、地方公共団体は国の補助を受けて、住宅に困窮している低所得者層に賃貸する目的で公営住宅を建設することができました。国庫補助で低家賃住宅の建設を推進するもので、入居資格に収入制限を設け、第一種住宅は国庫補助金二分の一、第二種住宅は国庫補助金三分の二と定められました。こうして全国各地に公営住宅が建設されました。福岡市南部に建設された市営弥永団地もそうした団地の一つでした。

弥永団地の建設

昭和四一（一九六六）年に、福岡市が公営住宅法に基づいて策定した「市営住宅建設五箇年計画」の第一期計画に基づいて、福岡市南区に福岡市営弥永団地の建設が計画されました。弥永団地の建設計画は、福岡市域に五階建鉄筋コンクリートの集合住宅を四七棟、一五一四戸の市営住宅の建設と、隣接する春日市に分譲住宅と分譲宅地を五〇〇戸建設するというものでした。同年一〇月一〇日の『福岡市政だより』四二九号には、「弥永にマンモス団地　上下水道動やガスも完備」という見出しで、次のように紹介されました。

「福岡市と市住宅供給公社では総事業費二〇億円と四一年から五か年の歳月をかけ、市営最大の団地を弥永に建設します。その起工式が九月三〇日、現地で行われました。

この団地は、福岡市の南部、曰佐校区の一部と筑紫郡春日町区域の一部をふくむ三三万㎡の広さです。ここに一七九四戸の家屋と上水道、下水および汚水処理場、都市ガスなどの施設のほか、学校、公園、緑地、マーケット、幼稚園、診療所、郵便局などが配置され、人口八〇〇〇人のニュータウンが誕生します。」

昭和四一年から一区の工事が開始され、昭和四五（一九七〇）年の四区の完成により完了しました。当時としては画期的な上下水道・都市ガス完備の住宅で、学校、公園、緑地、マーケット、幼稚園、診療所、郵便局も備えたニュータウンでした。

弥永団地の間取りは三区の二棟、四区の一棟の3DKをのぞいて、すべて2DKでした。収入により第一種住宅と第二種住宅のふたつがありました。第一種住宅の六畳と四畳半の二間（四二・五八㎡）が五九五戸、第二種住宅の四畳半二間（三八・〇三㎡）が七九六戸建設されました。この他に母子、老人、身体障害者向けの住宅が一〇〇戸建設されました。

弥永団地の完成とともに、昭和四五年に弥永小学校が曰佐小学校から分離開校しました。生徒数は七〇二名で、一八学級からスタートします。

同年の国勢調査によれば、福岡市の人口は八五万三二七〇人、弥永小校区の人口は一万二九四人でした。弥永団地は一五〇八世帯、人口は男性が二四五三人、女性が二五七三人、総計五〇二六人でした。したがって、弥永小校区の人口の半分が弥永団地の住民でした。

弥永団地の住民像

当時の福岡市全体の年齢別人口でもっとも多かったのが、二〇～二四歳の一三％、次いで二五～二九歳の一〇％と、第一次ベビーブームの世代の割合

図1　弥永団地1970年

図2　弥永団地一種間取

がもっとも多かったのです。

それに対して、弥永小校区の年齢別人口でもっとも多いのは、〇〜四歳の一五〇四人（一五％）、次いで二五〜二九歳の一二九三人（一三％）、三〇〜三四歳の一二六五人（一二％）でした。弥永団地の向かいの酒屋さんの主人は、配達に行くと「団地の物干しには布おむつがたくさん干されていたとよ。団地は二〇代後半から三〇代前半の夫婦とその子どもが多かったばい」と述懐します。弥永団地の一世帯当たりの人数は平均すると三・三人ですから、二〇代後半から三〇代前半の夫婦とその子どもたちが住む郊外団地だったのです。

さなえさん一家の住まい

厳しい抽選にあたって弥永団地に多くの人々が引っ越してきました。その中に、さなえさん一家がいました。昭和四四（一九六九）年三月に二区の四階の部屋に入居しました。第一種住宅だったのでダイニングキッチンと六畳と四畳半の部屋でした。

さなえさんは弥永団地に応募したときに、知人が一区に住んでいたので、どんなところだろうと思い見に行きました。周囲は田んぼばかりで、そこに新築間もないピカピカの団地と広大な造成地が広がっていました。こんなところで暮らしていけるのだろうかと思いました。

次に弥永団地に来たのは入居が決まり、手続きをして鍵をもらうときでした。二区の広場にはさまざまな種類の浴槽と風呂釜が並んでいました。手続きを済ませて鍵をもらうと、次は浴槽選びでした。当時の市営住宅には浴槽は付いていませんでした。安い家賃で住める市営住宅には浴室は贅沢と見なされていたのです。浴室が欲しい人は家賃とは別に月賦で浴槽と風呂釜を購入すれば、浴室を設置することができました。ずらりと並べられた浴槽の大半は木製で、ホーロー製はほとんどありませんでした。弥永団地には都市ガスが整備されていましたが、石炭やコークスの釜も売られていました。さなえさん一家は杉の浴槽とガス釜を購入しました。後はガス店が入居までに浴室を設置してくれました。

大牟田の社宅生活

さなえさんは昭和一三（一九三八）年に福岡県大牟田市で生まれました。大牟田市は全国有数の炭鉱である三池炭鉱がある街です。石炭やコークス、化学肥料などを生産する化学工業都市でした。また、国内最大級の石炭を搬出する港町でもありました。さなえさんのおじいさんは小さな船を持っていて、大牟田港でさまざまな荷物を運ぶ仕事をしていました。お父さんはコークスを作る電気化学工業会社に勤める船員でした。大牟田港から船で荷物を運ぶ仕事をしていました。数日間、自宅を留守にするという生活でした。

さなえさんが住んでいたのは、父親が勤めていた小浜町の会社の社宅でした。小浜町は大牟田駅の南西にあり、電気化学工業会社の北社宅と南社宅、そして三井三池炭鉱の小浜北社宅と南社宅がありました。三池炭鉱の社宅は二八六軒ありました。電気化学工業会社の社宅は五軒連なる二階建ての長屋で、会社の長屋だけで二〇〇軒くらいありました。それぞれの社宅に広場、事務所、売店、共同浴場がありました。社宅の共同風呂は夕方からの営業でしたが、炭鉱は三交代制なので朝から営業していました。一か月に一回事務所に判子を持って行くと一か月分の入浴券がもらえました。共同浴場はたいへん広かったそうです。さなえさんが通った第八国民学校（大正小学校）は昭和二〇年七月二七日に空襲で全校舎が焼失します。戦後、学校が再開したときには校舎がないので、社宅の共同浴場が教室として使われました。

さなえさんが住んでいた家は五軒連なる長屋の真ん中でした。五軒に一個水道がありました。水道から水を汲んできて土間に置かれたバケツに水を貯めておきました。社宅の人たちは水道場で、洗濯や洗い物をしたり、まさに井戸端会議の場所でした。水道代は無料で出しっぱなしでした。

　便所は各戸に汲み取り便所がありました。汲み取りですので臭いました。汚水が溜まってくるのが、用をたした時の音でわかりました。まだ溜まっていないときには遠くから小さな音が、溜まってくると近くで大きな音がしました。用を足しているときに汚水がはね返ることがありました。これを「おつり」と言いました。おつりをもらわないように、用を足した瞬間に腰を上げなければなりませんでした。家は狭かったのですが、土地は広く家庭菜園をする人もいました。

　家は玄関を入ってすぐが三畳と四畳半の部屋、右側に土間の台所がありました。二階は六畳で祖父が寝起きしていて、一階を家族四人で使っていました。

オクドサマと七輪

　土間には大きなオクドサマ（かまど）があり、薪《まき》でご飯を炊いてました。おくどで使った薪を消し炭《ずみ》にします。焼け残った薪を壺に入れて蓋をすると自然に消えます。その壺を消し壺と呼び、燃えさしを消し炭と言います。七輪や火鉢を使う際には、まず消し炭と紙を入れて、マッチで火をつけます。消し炭に火がついたら、そこに木炭あるいはコークスを入れます。コークスはなかなか火がつきません。火がついたら最初は少しにおいがしますが、火力は強くいつまでも燃えます。石炭やコークス、薪などは会社の購買部で配給されました。配給票を購買部に持って行くと品物と交換してくれました。火鉢は一部屋にひとつありました。祖父は二階で小さな木炭の火鉢を使っていて、寝るときは灰をかぶせて消してました。こたつはありませんでした。

　さなえさんは二〇歳まで社宅に住みました。父親は戦死し、その後母親が電気化学工業会社に勤めていましたが会社を辞めたのです。昭和三三（一九五八）年に福岡市中央区長浜の知り合いの家に移り住みました。当時は極めて住宅事情が悪く、また家賃を払う余裕がなかったため居候したのです。お風呂はなく銭湯に通ってました。

港町の間借り生活

昭和三六（一九六一）年、さなえさんは二四歳のときに、長浜の倉庫に勤めていた一つ年下の男性と結婚しました。新居は長浜からほど近い福岡市中央区港町にある二階建ての一軒家でした。桜の名所である西公園の下にありました。一階には大家さんが住み、二階の部屋は別の家族が何軒かで借りるという間借り生活でした。煮炊きは七輪を使いました。七輪で木炭の火をおこすのは面倒でした。竹とか板切れを拾ってきて、それで最初の火おこしに使います。夫の高校帰りの弟が七輪の火をつけてくれて助かりました。途中からプロパンガスを使えるようになり、マッチ一本で楽に火をつけることができるようになり、七輪の生活から解放されました。このときに電気炊飯器を購入しました。

馬出と今川橋のアパート生活

昭和三八（一九六三）年に長男が生まれました。間借り生活をやめて福岡市東区の馬出《まいだし》の知人のアパートに引っ越しました。馬出のアパートは初めからプロパンガスでした。水道はなく井戸でした。お風呂はありません。白黒テレビを買いました。

今川橋のアパート

昭和四〇年頃に中央区今川橋のアパートに引っ越しました。二階建ての木造アパートで上に一〇戸、下に一〇戸ありました。間取りは六畳一間と流しだけで、汲み取りの共同便所でした。水は井戸から汲み上げられて、各部屋に水道が引かれていました。共同の洗濯機があり、隣の家と共同で使っていました。お風呂はありません。今川橋では最初はプロパンガスでしたが、途中から都市ガスになり、ガスコンロを買い換えました。プロパンガスと都市ガスではコンロの出力が違うからです。昭和四一年にはワンドアの電気冷蔵庫を購入しました。

昭和四一年二月に次男が生まれました。子どもが小さいとはいえ、四人家族で六畳一間は狭いです。そのため、さなえさん家族は、より広くて家賃が安い市営住宅を探しましたが、倍率が高くなかなか当たりませんでした。昭和四二（一九六七）年八月一七日付の西日本新聞には、「七千戸の住宅不足　あき家募集　三〇倍以上の競争率」という見出しで、次のように深刻な住宅不足を報じています。

「世はマイホーム時代に入ったといわれるが、福岡市内にはまだ住む家がなくて困っている人が七千世帯あると推定されている。一五日から始まった市営住宅の本年度前期のあき家募集では一六日までに一五〇〇人が申込み用紙を取りに市役所を訪れた。競争率は三〇倍以上にのぼる見込みで、住宅不足はいぜんとして深刻だ。福岡市建築計画課　昭和四〇年一〇月現在　倉庫・工場・納屋などの非住宅居住九〇〇世帯、三人世帯で九畳未満の狭小過密住宅居住者二万五〇〇〇世帯。」

市営住宅の競争率は三〇倍以上です。さなえさん一家は何度か落選しましたが、昭和四三（一九六八）年二月二五日の『福岡市政だより』に掲載された「市住六〇〇戸の入居者募る　弥永・八田第二・月隈《つきぐま》団地」に応募します。応募方法は次のようなものでした。

「・申込者の資格　①住所か勤務場所が一年以上続いて市内にあること。②申込み日に月収が二万円を超え三万六千円以下（第一種住宅）であるか、二万円以下（第二種住宅）であること。③あなたと同程度以上の収入があって、市内に住んでいる確実な連帯保証人があること。④現在同居し、また同居しようとする親族があること。現に住宅に困っていることが明らかなこと。⑤住民税を課税されていること。」

当時の月収ですが、昭和四三年度の国家公務員の初任給は、大卒上級が約二万五千円、短大卒が約二万千円、高卒が約一万八千円でした。

募集方法は次のようなものでした。

「・募集の方法　①申込み用紙の交付　二月二九日～三月四日（午前九時半～午後四時、土曜日は正午まで、日曜日は除きます）市役所本庁新館地階エレベーター前。②受付のとき・ところ　弥永団地＝三月七日～三月九日。③募集戸数と家賃　弥永団地＝一種住宅中層耐火五二戸、四五〇〇円。二種住宅中層耐火一五〇戸、三一〇〇円。～抽選は三月一八日」

二月二五日に『福岡市政だより』で募集が開示され、締め切りまで一〇日前後しかありません。必要な書類は次のようなものでした。

「必要書類　①申込み書一通。②米の通帳（四四年一一月三〇日まで有効なもの、保有米の方は農協が発行する証明書）。③いままで新築市営住宅に申込みをされた方で、申込み受付票を持っておられる方はそれを提示し抽選番号を受けてください。△特例抽選　申し込み資格のあ《ママ》る方で、新築市営住宅の公募に五回以上当選されなかった方は、一般の申込者より当選率が高い特別抽選が受けられます。この抽選を受けられる方は、五回以上当選しなかったことを証明する申込み受付票を持ってある方に限ります。」

第二次世界大戦が終わって二〇年以上経っていますが、食糧管理法により米の通帳が必要でした。また、五回以上落選した人には特例措置が設けられていました。

抽選が行われた翌日の三月一九日の『西日本新聞』市内版で、抽選の様子が報じられました。

「本年度の福岡市新築市営住宅入居者抽選は、一八日午後一時から市民会館小ホールで行われ八田第二、弥永、月隈三団地計六〇〇戸の入居番号が決まった。

応募者は住宅難を反映して、特例公募（新築市住に五回以上落選者の優遇特別枠）が公募三八戸に一一六人の三・〇五倍、一般公募五六二戸に四〇九三人の七・二八倍、なかでも弥永団地一種アパートは二八・五倍の激しい競争率だった。」

最新鋭の団地である弥永団地第一種住宅は三〇倍近い競争率でした。さなえさん一家は五回以上抽選にはずれていたので、特例公募でしたが、それでも三倍の競争率を勝ち取ったのです。ようやく六畳一間、共同便所、内湯なしの民間アパートの生活から解放されたのでした。

団地の六畳間には一軒半の押し入れと天袋がありました。布団や家族のものを仕舞うには余裕がありません。そこで入居してすぐにしたのが、鴨居のところに板を敷いて簡単な戸棚を設けることでした。部屋の周囲にぐるりと戸棚を設けて簡単なものを置く場所を作りました。

図３　戸棚

台所には今川橋で使っていたガスコンロは一口だったので捨てて、新しく二口のガスコンロを購入しました。これで料理が便利になりました。

ダイニングキッチン

約五畳のダイニングキッチンには冷蔵庫、水屋簞笥、足踏みミシン、白黒テレビを置きました。冷蔵庫は昭和四六（一九七一）年にツードアに買い換えました。旦那さんの晩酌の氷と子どもたちのアイスクリームのためです。昭和五〇（一九七五）年にカラーテレビに買い換えました。瞬間湯沸かし器は入居した年の暮れに付けました。洗濯機は昭和四五年に購入しました。ベランダに設置し、風呂場の蛇口からホースで給水しました。洗濯するたびにホースを付けたり外したりと面倒でした。

さなえさん一家はダイニングキッチンにちゃぶ台を置いて食事をしました。テーブルと椅子を置くと狭いからです。同じ二区のきょうこさん（昭和四〇年生まれ）の家もテーブルではなく座卓を使っていました。三区のくすおさん（昭和四〇年生まれ）の家はダイニングキッチンではなく和室にちゃぶ台をおいて食事をしてました。四区のりえさん（昭和四一年生まれ）の家もそうでした。ダイニングキッチンは狭いからです。

食寝《しょくしん》分離と就寝分離

博物館などの団地の展示では、ダイニングキッチンにテーブルと椅子が置かれ、ジューサーやトースターが置かれた生活の様子が展示されています。２ＤＫという間取りは食寝分離と就寝分離というコンセプトによるものです。食寝分離は建築家学者の西山卯三が提唱したもので［西山　一九八九］、食事をする部屋と寝る部屋を別にすることは、秩序ある生活にとって最低限の要求であるという考え方です。就寝分離は親と子どもが別の部屋で寝るべきであるという考え方です。このコンセプトに基づいて、昭和二六年に吉武泰水と鈴木成文が、ダイニングキッチンと親の寝室・子の寝室から構成された「公営住宅標準設計五一Ｃ型」、いわゆる２ＤＫという間取りを提唱し、日本住宅公団の集合住宅建設に採用され、全国に普及していきました［鈴木成文ほか　二〇〇四］。ダイニングキッチンにテーブルと椅子を置いて食事をして、和室に親子が別々に寝るという生活スタイルです。

ダイニングキッチンにちゃぶ台を置いて食事をしたり、和室で食事をするという話は例外的なものなのでしょうか。

『昭和四八年住宅統計調査報告　大都市圏編』によると、北九州市・福岡市の公営・公団・公社の借家六万九六〇〇世帯のうち、食事をする部屋で寝ない世帯は四万六九〇〇世帯（約六七％）、食事をする部屋で寝る世帯は二万二七〇〇世帯（約三三％）でした。約三分の一が食寝分離が出来なかったのです。

また食事をする部屋で寝ない世帯四万六九〇〇世帯のうち、家族の就寝分離が出来たのは三万三三〇〇世帯（七一％）、家族の就寝分離が出来なかったのが一万三六〇〇世帯（二九％）でした。つまり、食寝分離が行われた世帯の三割でも就寝分離が出来なかったのです。

２ＤＫの生みの親である吉武泰水は、昭和五三（一九七八）年から昭和六〇（一九八五）年まで九州芸術工科大学（現・九州大学芸術工学部）の学長を務めました。官舎は南区弥永にあり、弥永団地のすぐそばでした。弥永団地の住民には車がまだ珍しい時代に、運転手付きの黒いハイヤーで通勤する姿を酒屋や薬屋など商売を営む人々は覚えています。自分が思い描いたように住まわれていなかった現実を知っていたのか定かではありません。

水洗トイレ

さなえさんは団地に引っ越すまではずっと汲み取り便所でした。水洗トイレになり、ようやく悪臭から解放されました。しかし、風向きにより、二区にある汚水処理場の臭いが気になるときもありました。入居してしばらくは、水洗トイレのジャアーという水を流す音に慣れませんでした。また、トイレの端っこに下水の配管があり、上の階の人がトイレを使うたびに、シャアーと水が流れ落ちる音も気になりました。

お風呂

さなえさんは弥永団地に入居して、初めて内湯の生活を送ることになりました。自宅にお風呂がある生活です。銭湯に通わないですむ便利な生活となったのです。しかし、生まれてからずっと共同浴場や銭湯に浸かってきたさなえさんにとって、団地の浴槽は小さすぎました。今まで銭湯の大きな湯船でゆっくりと足を伸ばして浸かっていましたが、団地の浴槽は足を伸ばせない窮屈なものでした。体育座りでしか入れません。また、銭湯にはシャワーが付いていますが、団地の浴室にはシャワーが設置されていません。そのため、髪を伸ばしていたさなえさんは、こんな狭いところでは髪を十分に洗えないと感じ、髪を短く切ることから団地での新生活が始まりました。

最初の風呂を沸かすガス釜は内釜でした。ガスの火種が何も覆うものがなく、浴室内に向いているのです。そのため、誤ってガスの火種に水がかかると火が消えてしまい、ガス中毒になる危険性があります。事実、軽度なガス中毒になった人が団地には多数いました。このため子どもたちだけで風呂に入っている際には、火種が消えていないか気が気でありませんでした。そのときは時々、浴室のドアを開けて確認しました。

お風呂を沸かすのは冬場は二～三日に一回くらい、夏場でも毎日沸かすことはありませんでした。暑い時季には行水、あるいは水風呂に入りました。お風呂を沸かすには、まず浴槽を洗います。水を抜いた木の浴槽の表面にはどうしてもぬめりが残ります。たわしなどでそのぬめりを取ってから、栓をして水を入れます。浴槽に水を入れているときに、別の家事をしていて、うっかりして、水が浴槽からあふれるということもままありました。

浴槽に水をはるとガス釜に火をつけます。季節によって適温になるまでの時間が違います。冬は夏よりもかかります。そろそろ沸いた頃かなと思ったら、浴槽のふたを取り、よくかき混ぜます。比重の関係で熱いお湯は表面あたりに、冷たい水は底あたりにあるので混ぜる必要があります。適温と判断したらガスを種火にして入ります。冷たいと感じたら続けて焚きます。熱いと感じたらガスを止めて適温になるまで水でうめて入ります。火を消し忘れて煮えたぎらせてしまうと、ガス釜内部に付着した水垢やヘドロ状のものが噴出することになります。冬場は湯気が結露して天井から水滴がぽたぽたと落ちてくることもありました。

さなえさん一家は昭和四四年夏に、福岡県糸島市にある夫の実家に一か月間帰省しました。というのも、夫の実家は夏休みには海の家を営んでいたので、その手伝いと子どもたちは海で遊ぶためです。八月終わりに久しぶりに団地に帰り、お風呂を沸かそうとしました。しかし、浴槽に水が一向にたまりません。満タンになるまで、何時間もかかってしまいました。木製の浴槽は水を入れないで長期間放置すると、浴槽の箍《たが》が緩んでしまいます。また、板自体も乾燥して縮むので、板と板の間に隙間ができてしまいます。そのため隙間から水が漏れ出すのです。満タンにするのに時間がかかったのは、箍と板が十分に水分を含み、箍が閉まり、板と板との隙間が塞がるのに要した時間でした。内湯初心者のさなえさんは、この経験から、①木製の浴槽は長期間使用しないと乾燥して隙間ができること。②それを防ぐためには長期間使用しないときは浴槽に水を張って乾燥を防ぐことを学びました。

そして、翌年の夏に夫の実家に帰省するときに実行しました。八月末に団地に帰宅すると、木製の浴槽からは水漏れしていませんでした。去年の失敗が生かされたのです。水が漏れていない安堵感と喜びにつつまれました。しかし、新たな問題に直面しました。真夏に窓を締め切った団地の浴室に置かれた木製の浴槽の水はドロドロしていて、浴槽の表面はヌルヌルとするぬめりに覆われていました。それを掃除するのが大変でした。また、木製の浴槽はつるつると滑るので危険でした。

昭和五〇年にホーローの浴槽に替えました。その後、ガス釜が壊れたため外釜に替えました。安全性を重視したからです。弥永団地は昭和六一（一九八六）年に六畳間がベランダの前に増築されました。このときにもガス釜を替えてもらいシャワーも設置してもらいました。そして平成二〇（二〇〇八）年頃に、全自動の給湯設備に全戸替わりました。スイッチ一つで二四時間いつでもお湯が使える生活になったのです。

六畳と四畳半の部屋

北側の六畳の部屋には北に整理タンス、南側に洋服タンスを置きました。入居した昭和四三年に長男が小学校に入学したので、四畳半の部屋の南向きに学習机を、西側に二段ベッドを設置しました。昭和四七（一九七二）年に次男が小学校に上がると四畳半の部屋の南向きに学習机を置きました。一応、四畳半の部屋は子ども部屋として使われましたが、学習机が二つと二段ベットがあるので手狭でした。友だちを呼んで部屋で遊ぶのには十分な広さではありませんでした。次男は高校を卒業した昭和五九（一九八四）年三月まで暮らしました。長男は結婚した平成一（一九八九）年まで団地で暮らしました。

増築

福岡市は昭和四六年～昭和五〇年の「福岡市第二期住宅建設五箇年計画」を策定し、第一期の「一世帯一住宅」を目指した２ＤＫ住宅の大量供給から、「一人一室」と「質」と「高層化」が進められました。３ＤＫなどより広い住宅の建設と、住宅高層住宅の供給を目指しました。また２ＤＫなどの狭小住宅については、建て替え、改造、増築が進められました。

昭和六一年から弥永団地では、六畳一室の増築工事が一区から順次行われました。南側のバルコニーを撤去して、そこに和室六畳一室と半間の押し入れとバルコニーを増築するという工事でした。これにより、団地は３ＤＫの五二～四八㎡の住宅となりました。昭和四五年の弥永団地は、二〇代後半から三〇代前半の夫婦とその子どもたちが多かったと先述しました。昭和四七年と昭和五九年の住宅地図によれば、継続して居住している住民の割合は五二・二％です。多くの子どもたちは高校卒業後、進学あるいは就職で弥永団地を出て行きました。増築前に子どもが出て行った家庭では、３ＤＫに夫婦が住み増築部分を物置的なスペースとして使用しました。増築部分を子ども部屋として使用していた家庭でも、子どもたちが出て行くと、同じように余った部屋として使用されました。

弥永団地建替計画

弥永団地は建設から約五〇年が経ち、壁が剝がれる、外壁にひびが入るなど老朽化が進みました。このため平成二四（二〇一二）年に福岡市議会に住宅都市局から「市営弥永住宅の建替について」という資料が提出されました。その概要は、二〇一三年度から一五年間かけて建て替えるというもので、一〇階以上の高層棟七棟、一〇階以下の中層棟一五棟、計二二棟、約一五〇〇戸の住宅の建設が計画されました。間取りは高齢者対応の２ＤＫ―１（四一・八六㎡）、２ＤＫ―２（四八・七八㎡）、３ＤＫ（五九・一六㎡）、４ＤＫ（七〇・九一㎡）の四タイプあり、世帯に合わせた部屋を選ぶことができます。

平成二五（二〇一三）年から建替工事が一区から進められ、平成二七（二〇一五）年一一月に一四階建てが一棟完成しました。現在は、一区に六階建ての二棟、二区に一四階建ての一棟、六階建ての一棟に入居しています。

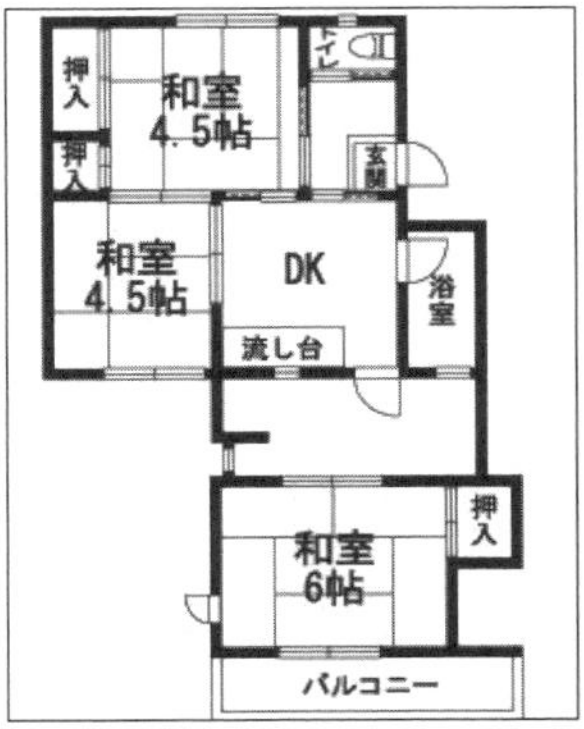

図５　増築された
弥永団地二種間取

図４　増築された弥永団地

原則として解体された棟の住民が優先して入居できますが、応募戸数を上回った場合には抽選が行われました。外れた者はまだ解体されない団地に引っ越して、次の抽選では優先的に入居できることになっています。

新築された団地に移り住むことに不満や不安を感じる住民もいました。一番大きな不満は狭くなることです。これまで3DKだったのが、老夫婦あるいは老人の一人暮らしだと2DK—1に住まわざるを得ません。長年住んできた住民は、それなりに家財道具が増えていますが、それらを処分しないと入居できません。入居日が近づくと、団地のゴミ収集所には家具や布団などが大量に廃棄されました。多くの布団は団地を出て行った子どもたちの布団でした。

もう一つの不満は収納スペースです。これまで増築分も含めて天袋付の二間の押入がありましたが、2DK—1は天袋無し一間の押入になります。このため小物も整理する必要があり、入居日が近づくと、「これ要らんね?」と、贈答品の和食器や洋食器のセット、グラスセットなどを近所にあげようとする人が多くいました。

図6　建て替えられる弥永団地

最大の不安は家賃の値上げです。入居時から段階的に値上げされ、六年目に住宅供給公社が設定した家賃となります。収入分位Iの場合、二人暮らしだと旧来の家賃一万七〇〇〇円、一人暮らしの場合は一万六七〇〇円が、2DK—1の場合は約二万一〇〇〇円まで値上げされます。約四〇〇〇~五〇〇〇円の値上げなので、年金暮らしの老人世帯には重い負担です。

住民は悩み、当選して新居に入居する者、抽選に外れて別の棟に引っ越して次の入居を待つ者、団地に住むのを諦めて息子夫婦の元に引っ越す者などさまざまでした。娘夫婦と孫と同居していたKさんは、新築の４ＤＫに引っ越しました。

さなえさんは、「死ぬまで、ここにずっと住むと思いよりよったちゃんね。何年か前に建替えの話ば初めて聞いたときはピーンとこんかったと。ばってん、我が身になるとね。ホント悩んだとよ。きつかった」と語り、五〇年間住んだ団地から、長男夫婦の暮らす県内の街に引っ越しました。三年前に新築された屋根に大型のソーラパネルが設置された、エコキュートのオール電化住宅です。住まうための燃料と設備は時代とともに変化し、住まうためのリテラシーもまた変化したのです。

おわりに

長屋生活での暮らし、間借り生活、六畳一間の民間アパートでの生活、団地での生活。住まいによって、住まうためのリテラシーは違いました。また、住まいが変化しただけでなく住まい方が大きく変化しました。それは家電製品の普及です。高度経済成長期（一九五五年〜一九七三年）の初期、一九五〇年代後半に白黒テレビ、電気冷蔵庫、洗濯機の三つの家電製品は「三種の神器」と言われていました。今では各家庭に当たり前のようにある電化製品ですが、昭和三二（一九五七）年の普及率は、白黒テレビが七・八％、電気冷蔵庫が二・八％、洗濯機は二〇・二％にすぎません。普及率が九〇％を超えるのは、テレビが昭和三六（一九六一）年、洗濯機と電気冷蔵庫が昭和四四（一九六九）年です。それ以降、カラーテレビ、クーラー、電子レンジなど数多くの家電製品に

図７　オール電化住宅

囲まれる生活となりました。それらの家電製品を使うためのリテラシーが必要な生活となったのです。それは大量の電力を消費する生活です。電力は生活に必要不可欠なエネルギーです。平成二三（二〇一一）年の東日本大震災直後の計画停電により、我々はその現実を思い知らされました。各地にソーラパネルが設置され、原子力や化石燃料による電力から自然エネルギーへの転換が模索されています。さなえさんが住んでいる住まいも、その代表例と言えるでしょう。

〈参考文献〉

- 青木俊也『再現・昭和30年代　団地２ＤＫの暮らし』河出書房新社、二〇〇一年
- 鈴木成文ほか『「51Ｃ」家族を容れるハコの戦後と現在』平凡社、二〇〇四年
- 西山夘三『すまい考今学　現代日本住宅史』彰国社、一九八九年
- 宮内貴久「電気冷蔵庫の普及と広告」「歴博」一九六号、二〇一六年
- 宮内貴久「高度経済成長期における公営住宅の建設―福岡市営弥永団地を中心に―」「国立歴史民俗博物館研究報告」二〇七号、二〇一八年
- 宮内貴久「もうひとつの弥永団地―高度経済成長期における住宅団地の建設―」「人文科学研究」第一四号、二〇一八年
- 総理府統計局『昭和四四年度全国消費実態調査報告』一九七〇年
　『国勢調査　昭和四五年』一九七一年
　『家計調査年報　昭和四七年』一九七三年
　『昭和四八年住宅統計調査報告　大都市圏編』一九七五年
- 福岡市『福岡市政だより』
　『一九七〇年度福岡市統計書』一九七一年
　『福岡市の人口―昭和四五年国勢調査の結果―』一九七一年

• 福岡市建築局『昭和五九年度　住宅事業概要』一九八五年
• 福岡市博物館『福岡近代絵巻』二〇〇九年

『「奈良」女子大学入門』と『パサージュ』

瀬渡章子（前掲）

奈良女子大学では、この数年間に教養教育の充実が図られ、大学の教育理念や地域性を反映した特色ある教養科目が誕生しています。その一つに、『「奈良」女子大学入門』があります。学部、学科を超えて新入生の受講が推奨されている科目です。大学での学びや奈良での生活に慣れ親しむための基本的な知識を身につけて、今後のキャリアデザインに活かすことが学習の目標とされています。講義はオムニバス形式で進められ、大学の歴史や男女共同参画社会推進のための取り組み、暮らしの安全、奈良県の観光・経済の動向などについて講義されます。学長や学部長も登壇します。暮らしの安全では、カルトやサイバー犯罪が取り上げられ、下宿生の多い本学では欠かせない内容となっています。

もう一つの特色ある科目は『パサージュ』※です。入学後、初めて大学の「学問」に触れ、高校までの学習との違いを体験する授業です。学部混成で最大一五名までのゼミ形式で行われ、実践の場に赴いて、本物に触れ、他者から学ぶアプローチが重視されています。毎年、約二〇テーマが開講されていて、分野は人文、社会、自然科学の多岐にわたります。これらの中には、歴史的建築・町並み、伝統的な住まい、地域の暮らしについて学ぶ授業があります。

また、大学では二〇一五年に文部科学省の「地（知）の拠点大学による地方創生推進事業（COC+）」に採択されたのを機に、前述の二科目を含む奈良の歴史、地域コミュニティ、自然環境などの現状や課題に向き合う科目（二〇科目）が「地域志向科目」に位置づけられました。二〇一九年度入学生から、これらの科目から一科目以上の履修が卒業要件となるなど、全学的な取り組みとなっています。

高校までの学校教育では、住居領域は主に家庭科で学びます。しかし、地域との関係やまちづくりの内容はほとんど扱われません。そこで、「住まい学」の一部を成す、地域の暮らしや文化を理解し、それを支える人々の努力に触れる「地域人」育成のための学びの機会が、大学教育の中で提供されることはとても重要なことです。

※パサージュとは、フランス語で「街路」（特にパリのアーケード街）、「通過」「移行」を意味します。この科目は、「高校から大学への移行路」、「大学の学問のショーケース」と位置付けられたことから、このように命名されました。

第4章

住まいの相談から見えるおとなの住まい力

京阪神三都市の住情報センターはなぜ生まれたのか

弘本由香里（大阪ガス株式会社 エネルギー・文化研究所 特任研究員）

はじめに

平成二〇（二〇〇八）年に日本建築学会「住まいづくり支援建築会議」支援事業部会(注1)の呼びかけで、関西事業支援実行委員会が立ち上げられました。建築学会が、市民の住まい・まちづくりを直接支援することを目的に取り組んでいた事業ですが、関西事業支援実行委員会には他地域と異なる大きな特徴がありました。関西では既に京阪神三都市で、市民と専門家と行政が協働して、住まい・まちづくりに関わる相談や情報提供・普及啓発等に取り組むための公設の住情報センターと支援活動の蓄積がありました。「建築学会が敢えて前に出て、住まいやまちづくりの支援活動を行うのではなく、各都市で既に行われている支援活動の後方支援を行うとともに、それらの活動の連携を促進する活動を各都市の住情報センターと一緒に行ってきました。」と、平成二六（二〇一四）年に同実行委員会が主催した市民セミナーで、実行委員長・髙田光雄氏が振り返っています。

これら三都市に設けられた住情報センターは、行政改革等によって運営形態や名称等を改変しながらも、市民・専門家・行政協働の住まい・まちづくりのプラットホームとして、令和の時代を迎えた現在も、地域・社会・生活の構造的な変化のなかで求められている住宅政策推進の重要な拠点の役割を担っています。

筆者は、平成一一（一九九九）年にオープンした、「大阪市立住まい情報センター」の開設準備・企画運営に携わる経験を得ました。その経験から、これらの住情報センターが、どのような時代背景とマクロな住宅政策の潮流から生まれてきたのか、またローカルな各都市の特性とどのように関係しているのかをレビューすることによって、〝おとなのための住まい力〟を支えるプラットホームの必要性について認識を深めることができればと思います。

戦後の住宅政策の変遷と「住情報」の登場

第二次世界大戦後の日本の住宅政策の第一の目的は、大量の住宅不足への対応でした。そのため、公営住宅・公団住宅・住宅金融公庫を柱とする、公共主体の住宅供給政策が長く続けられてきました。

昭和三〇年代後半（一九六〇年代）になると、高度経済成長とともに、建売住宅やプレハブ住宅など、住宅の商品化が進んでいきました。昭和四八（一九七三）年には全都道府県で住宅数が世帯数を上回り（住宅統計調査）、住宅の質や性能をどう保証していくかが大きな課題となります。また、公害問題の深刻化や都市圏への人口集中に起因して、住環境の改善や住生活の規範を育むコミュニティの形成をはじめ、住まい・まちづくりをめぐる新たな課題が顕在化してきました。

昭和五〇年代後半（一九八〇年代）には全国の持ち家率が六割に達し、夢のマイホームをゴールとする人生設計が大衆化する一方、昭和四〇年代後半（一九七〇年代）から指摘されてきた欠陥住宅問題など、消費者問題としての住宅問題がクローズアップされてきました。

「住情報」という言葉が政策に関わる用語として新聞紙上等でもしばしば見かけられるようになったのは、ほぼバブル景気と軌を一にして昭和六〇年代（一九八〇年代後半）からです。持ち家の取得を中心とした住宅市場が急速に拡大するなかで、供給者側と消費者側に圧倒的な情報の格差・非対称性が生じ、住まい手の適正な選択を支援する情報提供が必要とされたためです。また、住生活や住環境の質の向上のための普及啓発も大きな課題でした。バブル経済の渦中で、公的機関による住情報提供の施設づくりが国の住宅政策上重要な事業のひとつと考えられていました。

「住情報交流拠点」計画と「住情報」提供

昭和六三（一九八八）年、建設省（当時）は住宅や住まい方に関する総合的な情報提供を行う拠点として、「住情報交流拠点」を主要都市に設置する計画を立て、翌年からモデル事業「住情報交流拠点建設促進事業」をスタートさせました。住宅の新築やリフォームを行う際に、信頼できる情報をワンストップで提供することによって、トラブルを未然に防ぎ、質の高い住まいづくりを支援することを目指したものです。「住宅メーカーなどが行っている企業ベースの情報センターとは違い、地方自治体などの公的機関が窓口となり、第三者的な立場から正しい住情報を提供、潜在する住宅建設やリフォーム需要を掘り起こすことを狙っている。」と、当時の新聞報道（読売新聞東京朝刊・昭和六三年八月一八日）は伝えています。

昭和六四年／平成元（一九八九）年～平成三（一九九一）年にかけて建設省が実施した「住情報提供体制の整備に関する検討・研究」（(財)ベターリビング）では、「住情報」提供の目的として、①ハウジングマナーの浸透・定着、②住宅の質の向上、③消費者保護の三つが掲げられています。住まい手が必要とする情報とメーカーや公的機関側から提供される情報との間に存在するギャップやバリアを埋め、消費行動の誘導によって良質の住宅供給の促進をいっそう推し進めていくこと。そのために、公的機関による「住情報交流拠点」の設置が構想されていきました。いわば第一世代の住情報センターといえます。

この「住情報交流拠点」計画に基づいてつくられた、第一世代の住情報センターの代表格というべき施設が、平成七（一九九五）年にオープンした「ハウスクエア横浜」です。横浜市と民間企業が出資する第三セクター（株）日本住情報交流センターが運営し、建材・設備のショールーム、バリアフリー等の住まいの体験学習コーナー、新築・増改築を中心とした相談コーナー、ライブラリー、イベントホール、モデルハウスなどで構成され、充実したサービス機能をもつ大規模なモデル施設として計画されました。

しかし、平成三（一九九一）年のバブル経済崩壊による不況の影響を受け、当初の計画は大幅に見直され、規模を約半分に縮小し、二年遅れてのオープンとなりました。その間の社会環境の激しい変化を受けて、セミナー等のプログラムも、高齢化や健康・環境へのアプローチや、多様化したライフスタイルに応えるものまで、住まい手の具体的なニーズに即したテーマへとシフトしていきました。同施設はその後も、社会状況と住宅市場の変化に応じて求められる役割を模索しながら運営されています。

当初全国の主要都市数十か所に設置が期待されていた住情報交流拠点ですが、バブル経済崩壊後の大きな政策転換の波を受け計画は期待どおりには進みませんでした。併行していくつかの自治体が、第二世代の住情報センター像を探るような形で政策理念の一部を引き継いでいきました。それが、関西の三都市の住情報センターといってもよいでしょう。

市場重視・ストック重視への政策転換

平成七年の住宅宅地審議会答申「21世紀に向けた住宅・宅地政策の基本的体系について」は、市場重視、ストック重視の住宅政策への大きな方向転換を明確に打ち出すものでした。昭和五〇年代後半（一九八〇年代）から必要に駆られて取り組まれてきた、住宅市場における情報の非対称性を補うための公的機関による住まい手への支援や、住まい・まちづくりの主体形成を促す住教育などの取り組みが、住宅政策のメインストリームに位置づけられる時代になったともいえます。市場重視の政策は、一方で福祉政策との連携を含め、官民で住まいのセーフティネットを構築していくことも求めることになりました。

阪神・淡路大震災が起きたのも平成七年のことでした。住宅の耐震性の問題はもちろんですが、被災者一人ひとりの事情に応じた生活・住宅再建や居住支援のあり方が求められ、相談や情報提供をめぐる根本的な課題が提起されました。

平成三年のバブル経済崩壊に始まり、平成七年の阪神・淡路大震災の発生や住宅政策の転換を挟んで二一世紀へ、失われた一〇年とも称されたこの時代、社会の構造的な変化が進んでいきました。地球環境問題の顕在化、少子高齢化の進行、ITの急速な普及、NPO法の施行、介護保険制度の開始、地方分権の推進等々。奇しくもこうした変化のただなかで相次いで誕生することとなったのが、冒頭で触れた京都市・大阪市・神戸市、三都市の住情報センターでした。これらの施設は、第二世代の住情報センターとして、否応なく激変する社会の波に向き合い、新たな政策展開と市民をつなぐ最前線に立つこととなりました。

京都発・まちづくりと連動する住情報センターの登場

実は「ハウスクエア横浜」に先駆け、平成三年に同様の施設「ハウ・メッセ京都」が誕生していました（その後、行政改革と相まって「京都市すまい体験館」から「京（みやこ）安心すまいセンター」へと組織・形態を変えていきました）。「ハウ・メッセ京都」の運営は、当初京都市出資の第三セクター（株）京都すまいづくりセンターが行い、複数の地場の業界団体が参画し、地域特性が色濃く事業に反映されている点に特徴がありました。まちの中に京町家をはじめとする戦前の都市型木造住宅が数多く残っていること、そのため都心部の高齢化が一足早く進んでいたこと。京都の特性から、都市政策として看過できなくなっていた課題を柱に、まちづくりと連動性をもつ事業が進められていった様子がうかがえる施設でした。

高齢者・障害者の住宅改善アドバイスと耐震相談、高経年マンションの管理の支援に重点が置かれ、セミナーには「町家とバリアフリー」「袋路のまちづくり」「すまいのリフォーム（町家）」「地震に強い木造住宅を考える」といった京都固有のテーマが組み込まれていました。当時同社は、京都ならではの建築条件に適合した家づくりを提案する「り・ぶ・ら北山」という住宅展示場の運営も手がけていました。一般解からではなく地域固有の課題からの「住情報」のアプローチが登場し、「住情報」の概念をまちづくりとの連動性に向けて拡大していったと見てもよいでしょう。

平成二五（二〇一三）年に（株）京都住まいづくりセンターは解散しましたが、京都市住宅供給公社がその歩みとネットワークを引き継ぎ、京都市の住宅政策のフロントの役目を担う「京（みやこ）安心すまいセンター」に生まれ変わりました。町家に代表される住宅ストックの耐震化やリフォームを軸に、住み継ぎや備えや支え合いを重視し、市民の住生活を支えるワンストップの窓口として事業を展開しています。

また、平成九（一九九七）年には、「京都市景観・まちづくりセンター」が開設されました（平成一五（二〇〇三）年に「ひと・まち交流館　京都」内に新装オープン）。京都市が出資・設立した財団法人が運営し、京都のまちの価値を発展的に継承していくために、市民・企業・行政が協働して活動し、景観の保全・創造・質の高い住環境を形成することを目的に設けられた施設です。

そこで、京都らしさの核とされているのが、京町家を基盤にした住文化であり、通りを挟んで構成される両側町と明治初期に創設された六四校の小学校を起源とする地域単位・元学区に代表される自治の風土です。ここに、未来に向けて住文化を継承していくための価値観や規範の共有を目指す、住情報センターの新たな役割が自覚され、自治体がけん引する住宅・まちづくり政策として打ち出されたといっても過言ではないでしょう。

神戸発・震災復興の延長線上に生まれた住情報センター

平成七年に発生した阪神・淡路大震災は、大きな犠牲と教訓をもたらしました。神戸市内での死者数は約四五〇〇名、生活の基盤である住宅の滅失は八万二〇〇〇戸に上り、そのうち民間住宅が約七万九〇〇〇戸（民間住宅の約一五％）を占めていました。死者の約七割が建物の倒壊によるもので、住宅・住環境の安全性の確保のために、住宅の耐震性の向上や適切な維持管理の重要性が突きつけられる未曾有の経験となりました。

被害は老朽住宅に集中したため、被災者には高齢者をはじめとする住宅確保要配慮者が多く、約一万六〇〇〇戸の復興公営住宅が供給されましたが、震災前のコミュニティとの関係が断たれ、孤立・孤独死につながるケースも多発しました。こうした、生活再建や復興まちづくりをめぐるジレンマは、災害時の避難や仮設住宅のあり方、復興まちづくりにおける住まいとコミュニティの関係性、災害時にとどまらず日常的な居住支援のあり方を見直す契機ともなっていきました。

一方、大多数を占める被災者の住宅の自主再建をどう支援してくかは大きな課題でした。そこで、神戸市は二つの支援策に取り組みました。住まい・まちづくりの専門家の派遣と、「神戸復興住宅メッセ」の開設です。復興住宅メッセは、神戸市住宅供給公社（当時）が運営し、ハウスメーカー、工務店、ディベロッパー、法律や税務などの専門家が、ワンストップで市民の相談に応じる場として体制が整えられ、震災の半年後に発足し三年強にわたって運営されました。その後、住宅再建相談所として相談業務を請け負う形に衣替えし、徐々に復興支援から震災の教訓に根差した平常時の住宅支援へと役割も変化していきました。

震災復興の延長線上で、平成一一年に神戸市すまい審議会住生活部会は「すまいに関する消費者（市民）支援のあり方について」を報告し、震災の教訓と消費者意識の高まりを礎として、建築基準法の改正や住宅品質確保促進法の制定をはじめとする国の住宅政策の転換を踏まえ「情報によるサポートと協働を基軸としたネットワークの構築により、安全で安心なすまいづくりを進めるための、市民にとって分かりやすくアクセスしやすいワンストップの総合拠点となる（仮称）神戸市すまい安全安心サポートセンターの整備に早急に取り組まなければならない」と提言しました。これを受けて、平成一二（二〇〇〇）年に神戸市が設置し神戸市住宅供給公社が運営する「神戸市すまいの安心支援センター〝すまいるネット〟」が誕生しました（神戸市住宅供給公社の解散にともない、同事業は平成二五年から一般財団法人 神戸すまいまちづくり公社に受け継がれ、神戸市すまいとまちの安心支援センター〝すまいるネット〟として運営されています）。

阪神・淡路大震災の教訓が事業を貫いて、他都市では踏み込めなかった建築士・建設業者情報提供・選定支援システムを立ち上げ、また専門家による現地アドバイスやマンション管理アドバイザーの派遣など個別の問題解決に対応し、いち早く高齢者向け住宅・施設の総合的な情報提供・住み替え支援に取り組んだこと、さらに建築士会や学校と連携して体系的な住教育プログラムの開発と普及に取り組んでいる点も大きな特徴です。こうした使命感は、その後、神戸市の新たな住宅政策を切り開いていく窓口として、空き家・空き地活用相談や居住支援など多彩な事業に活かされ広がっています。

大阪発・住宅政策から居住政策への転換と住情報センター

第二世代の住情報センターとして、「住情報」の概念をいっそう拡大しているのが、平成一一年に大阪市が開設し、大阪市住宅供給公社（大阪市住まい公社）が運営している「大阪市立住まい情報センター」です。住まい情報センターの構想は、大阪市が昭和六〇（一九八五）年から実施した「21世紀都市居住イベント（大阪市ＨＯ

PE計画)」にさかのぼることができます。

建設省によるHOPE計画(地域住宅計画)は、昭和五八(一九八三)年にスタートし、地域固有の環境や歴史文化を活かした自治体住宅政策の推進を目指すものでしたが、農村部や地方都市での取り組みに比べて大都市部での取り組みは進んでいない実態がありました。そこで、大阪市では「都市居住の魅力の創出とその活性化」を掲げ、当時の行政としてはまだ例の少なかったソフト面の住宅政策に取り組んでいきました。その成果の一つに『まちに住まう――大阪都市住宅史』(平成元(一九八九)年、平凡社)の編集・発行があります。このプロジェクトを通して得られた、知見と幅広い専門家のネットワークが、後に住まい情報センターの主要な機能のひとつに位置づけられ「大阪市立住まいのミュージアム(大阪くらしの今昔館)」(平成一三(二〇〇一)年オープン)につながっていきました。

同時に、大阪市版HOPE計画の一環として官民協働でソフト面の住宅政策に取り組んでいく過程で、住宅市場を健全に機能させていくには供給者と消費者の間に横たわる情報の非対称性を改善する必要があることを、公共の役割として強く認識することにもなりました。大阪版HOPE計画がもたらした成果と気づきによって、大阪市立住まい情報センターの構想が動きだしたのですが、その背景にはもうひとつ、大都市大阪の活力を支えるために、人口回復を図っていかなければならないという都市政策上の大きな目標がありました。

平成二(一九九〇)年の大阪市総合計画では「都市居住の支援・促進」が謳われ、平成三年並びに平成九年の大阪市住宅審議会答申によって、「住むまち・大阪づくり」を標榜する住まい情報センターの具体的な役割が示されました。大都市大阪の住まいをめぐる多様な情報ニーズに応えるワンストップサービスの拠点を設けることによって、職住遊学が近接する市内居住を促進し、住生活の質を高め、住むまちとしての大阪の魅力を広く発信していくことが開設の理念とされました。何よりも大きな特徴は、都市居住の長い歴史を持ちながら、その記憶や自信を失いつつあった大阪の誇りを回復し、都市居住文化の発展的な継承と発信のために、他に例のない住情報センターとして大阪の住文化に関する本格的なミュージアムを設けたことでした。

また、平成一八（二〇〇六）年には住まい・まちづくりネットワーク事業が開始され、住まい・まちづくりに取り組む専門家団体や、地域まちづくりの担い手と協働し、新たなニーズへの対応や、都市居住の価値や規範の創造・共有につなぐ、プラットホームとしての機能の強化が図られています。

平成二四（二〇一二）年の市政改革時には、都市住宅学会関西支部と日本建築学会近畿支部住宅部会が公開討論会を開き、「住情報施策の意義とあり方」について都市住宅学会関西支部から提言も行われています。行政の効率化と相まって、市場重視の政策がいっそう強化される中で、市場の適正化のために公的機関による住情報支援の役割は増していること、社会的なニーズの多様化に対応していくために政策のアンテナ機能が求められていること、自治の基盤となる住まい・まちづくりの主体形成を促すプラットホームの重要性などが改めて示されました。

おわりに

京阪神三都市は、それぞれに古代・中世・近世から近現代に続く固有の歴史をもち、各都市の履歴を背景に、国に先駆けて近現代の住宅政策も模索されてきました。例えば、戦後の密集住宅市街地整備、大規模ニュータウンや公的住宅団地の開発・再生、阪神・淡路大震災の復興住宅・まちづくり、歴史的住宅・街区の保全・再生、マンション管理の適正化、空き家活用、住宅困窮者のセーフティネットの構築など、都市問題としての多様な住宅問題に官民協働で向き合い続けています。必然的に、住宅単体の問題を越えて、都市政策の文脈のなかで住宅問題を位置づけて、解決方法や新たな価値創造の道を探ってきた経緯があります。

平成七年以降、公共住宅供給型の住宅政策から、市場重視、ストック重視の住宅政策へ大きく舵が切られ、さらには平成一八年に住生活基本法が施行され、福祉をはじめとする関連分野との連携や、地域の実情に即した横断的な住まい・まちづくりの支援が求められる時代に入っています。その一翼を担う施設として三都市それぞれの住情報センターは、市民と行政と専門家をつなぐプラットホームとして、一段とその役割を増しています。今、格差の拡大や大規模災害の頻発、未知の感染症の発生など、社会が大きなリスクに直面しているなかで、住まい情報センターに蓄積されたノウハウやネットワークは、各都市や三都市の連携にとどまらず、周辺の自治体はもちろんのこと、広く社会の資源としてシェアすべきものです。

〈注〉

（注1）平成一五（二〇〇三）年に発足した日本建築学会「まちづくり支援建築会議運営委員会」（その後平成一八（二〇〇六）年に「まちづくり支援建築会議」が発足）と平成一八年に発足した「住まいづくり支援建築会議」が統合され、「住まい・まちづくり支援建築会議」が平成二四（二〇一二）年に新たに発足した。

〈参考文献〉

- 住宅総合研究財団『現代住宅研究の変遷と展望』丸善（株）、平成二一（二〇〇九）年
- 弘本由香里「『住情報』を巡る10年の変化とこれから」「都市住宅学」32号、平成一二（二〇〇〇）年
- 弘本由香里「ストック活用型・居住支援型の政策展開へ～関西3都市の住情報センターの取り組みから～」「都市住宅学」66号、平成二一（二〇〇九）年
- 都市住宅学会関西支部「提言書　住情報施策の意義とあり方」平成二五（二〇一三）年
- 「住まい・まちづくり市民セミナーin神戸　住まいと市民生活―神戸、大阪、京都の住情報センターの活動を振り返り、その「これから」を語り合おう―」日本建築学会住まい・まちづくり支援建築会議支援事業部会、平成二六（二〇一四）年

必要な情報を必要とするひとに届ける
——大阪市立住まい情報センターの「住まいの相談」から

朝田佐代子（大阪市立住まい情報センター 副所長）

私は、これまで「大阪市立住まい情報センター」で、住まいの相談を担当してきました。センターには、たくさんの役割があり、その中のひとつが「住まいの相談」です。ここでの現場の声をお届けできればと思います。はじめに、「大阪市立住まい情報センター」について説明させていただきます。本施設は、市民の住文化向上に寄与することを目的に大阪市が設置しました。一九九九（平成一一）年に誕生して、今年で二〇年目を迎えます。「大阪市立住まい情報センター」の建物四階には、住まいに関する相談業務や情報提供を行う「住情報プラザ」があります。私たち相談員が、住まいに関するご相談をお受けしているほかに、「大阪」やさまざまな「住まい」に関する図書を集めたライブラリーを設置しています。また、住まいの文化に関する資料を収集したり、保管展示・調査研究を行ったり、市内の魅力を発信して、大阪市への移住促進なども行っています。

八～一〇階には、住まいのミュージアム「大阪くらしの今昔館」（二〇〇一年四月開館）があり、このミュージアムの総来館者数は、令和元（二〇一九）年五月に五〇〇万人を超えました。大坂（当時は大坂と書く）の町並みを実物大で再現した近世の展示室に加えて、近代の展示室では、明治・大正・昭和の時代の大阪の住まいと

図１　大阪市立住まい情報センター

暮らしを模型や資料で展示しています。

三階にはホール、五階には研修室があり、ここで年間約一〇〇件のセミナーやイベントを企画・開催して住情報をお届けしています。

また別のセクターになりますが、七階には大阪市立男女共同参画センター「クレオ大阪子育て館」があり、こちらとの連携も行います。それ以外にも、立地となる天神橋筋商店街との協働や、区役所や自立支援・地域包括支援センターとの連携も行っています。ライブラリーや大阪くらしの今昔館には、多くの市民ボランティアの登録があり、力を貸していただいています。ネットワーク事業として、住まいやまちづくりに携わっているＮＰＯの方や専門家団体と連携協力しながら都市魅力の向上に取り組んでいるのです。

四階「住情報プラザ」について、もう少し詳しくご紹介しますと、ここは誰でも無料で入場ができ、自由に住まいのライブラリーをご覧いただくことができます。税金のことが知りたい方、あるいは大阪市二四区のハザードマップを確認したいといったような場合にでも、さっと必要な情報を手にとっていただけるように、テーマ別のコーナーを設けています。中には子どもたちが楽しみながら住まいのことを学べる体験コーナーや、住まいや大阪に関する新聞記事を毎日切り抜いてパネルに貼り出すコーナーなど、およそ五五〇種類を超える資料を提供しています。

この「住情報プラザ」で、私たち相談員が住まいに関する相談を電話と窓口で受けています。相談時間は平日と土曜日は午前九時～午後七時、日曜日と祝日が午前一〇時～午後五時です。日中働いている方でも、休日や、お仕事の帰りにご利用しやすいように設定しています（図1）。

市民相談の心構え

私たち相談員は、チームで市民のみなさまからの住まいの相談を受けています。ここで行う住まいの相談は、対話形式によるものです。まず私たちは、「どのようなことにお困りでしょうか？　何がお知りになりたいでしょうか？」というところから始めて、相談者のお話を傾聴します。相談員は相談内容を一つひとつ確認しながら話をすすめていきます。

そうして知りたいことがわかったら、どのような解決の手立てがあるのか、一つではなく、なるべく複数ご提案します。その中からどの方法を選ぶのか、それを最後に決めるのは相談者ご本人です。私たちの方がそれを決めることはできません。また、必ずしもすんなりと話が流れていくとは限りません。途中で、「やっぱり違った、そうではない」ということもあります。その時には、「では、こうですか？」と話を戻して確認をし、また話をすすめ、何度も繰り返しながら導きます。

私たちの住まいの相談には、二〇歳代から九〇歳代まで、本当にさまざまな年代の方が相談にいらっしゃいますし、年代だけではなく、暮らし方や生き方、困っている内容もさまざまです。最近はとくに、ご高齢の方のお一人暮らしが増えていますが、八〇歳代で、今から家を建て替え、リフォームしようかなという方のご相談や、これからこの家をどうしたらいいのかわからないということでお越しになる方もいらっしゃいます。それから二〇歳代の方であれば、「はじめて部屋を借りたけれども、この部屋でいいのかどうかわからない」とか、「既に契約してしまったけれども、まだ入居していないのでやっぱり断りたい」ということで、ご自分の主張の承認や交渉事の後押しを求めて来られるような方もいらっしゃいます。

誰しも生活している中で、トラブルに巻き込まれるなんて思いもしなかったということがあります。それを「誰に話をしていいのかわからない」、「こんな相談をしていいのかもわからない」と、問題を一人で抱えてお越しになる方もいらっしゃいます。そういう時に、私たち相談員は「いつでも相談してください、何でも安心してお話ししてください」とお伝えします。その方が何に困っているのかは話を聴かなければ、こちらも要望を把握できませんし、的確な情報を伝えきれない場合があるからです。

私たちは公的機関の相談員です。相談者に対して上から目線ではいけません。逆に何でも「ＹＥＳ」というわけにはいきません。公正公平で中立であること、丁寧であること、そして相談者に対して誠実であることを心がけています。やはり、安心して何でも話をしていただくためには、まず相談員を信頼していただかなければ、対話の中からいろいろな問題解決に必要な要素を引き出すことができません。そのためにも、相談者に寄り添って、話に耳を傾けるという姿勢が大切になるのです。また、相談の背景には複数の未解決の事象が隠れていることがあります。相談員はそれらを多角的にみて整理し、相談者とそれを共有します。「ここのところはどうなっていますか？　これはもしかしたら課題ではありませんか？」と、確認しながら、そのうえで、まだ調べなければいけない情報の確認や、交渉の注意点や進め方、専門家相談につなげるアドバイスなどを伝えます（図２・３）。

このように住まい情報センターの住まいの相談の役割は、市民相談のプロフェッショナルとして、一人一人の相談者を総合力で支えることだと考えています。私たち相談員の中には、建築士や、消費生活専門相談員の経験

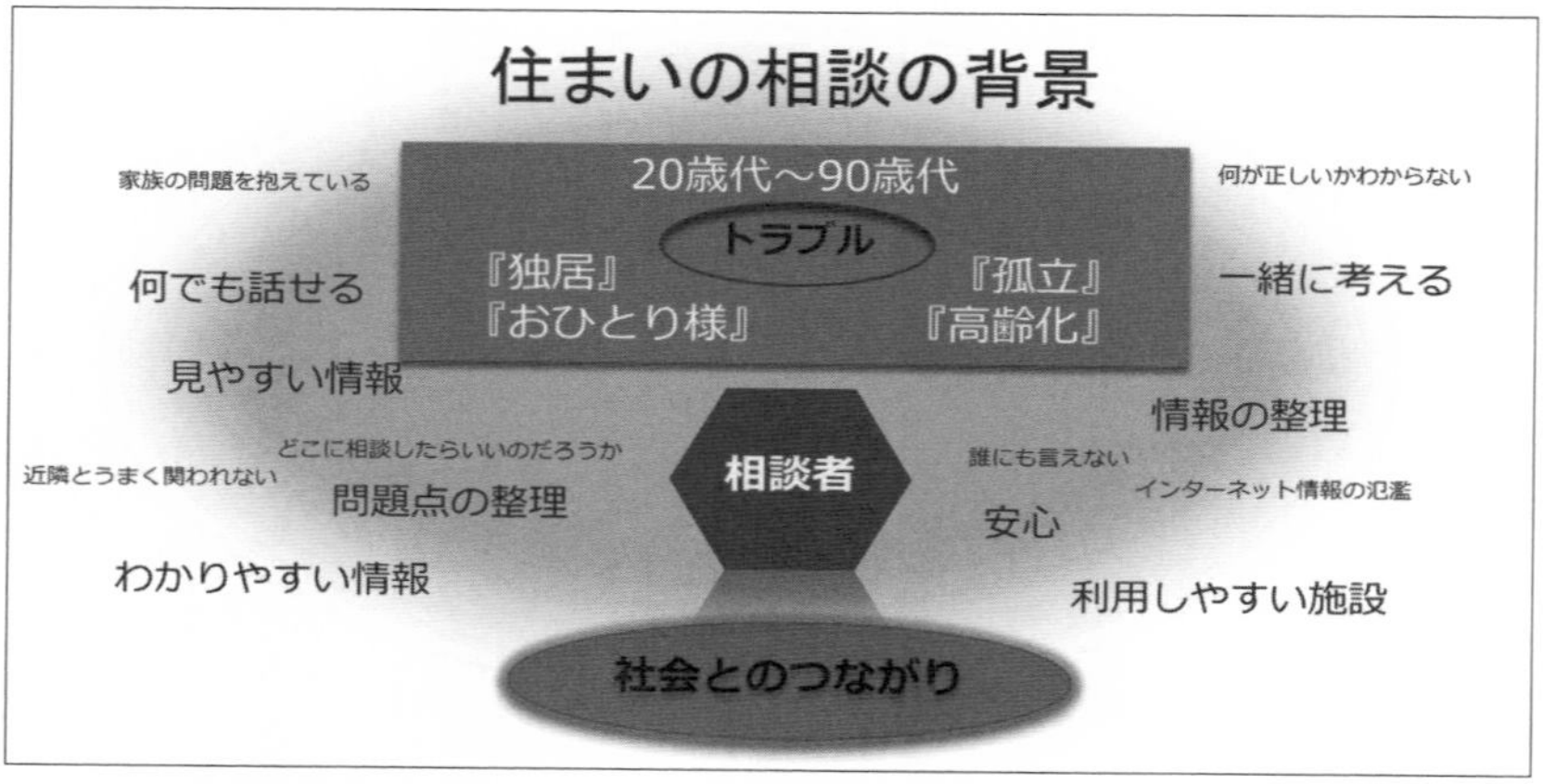

図２　住まいの相談の背景

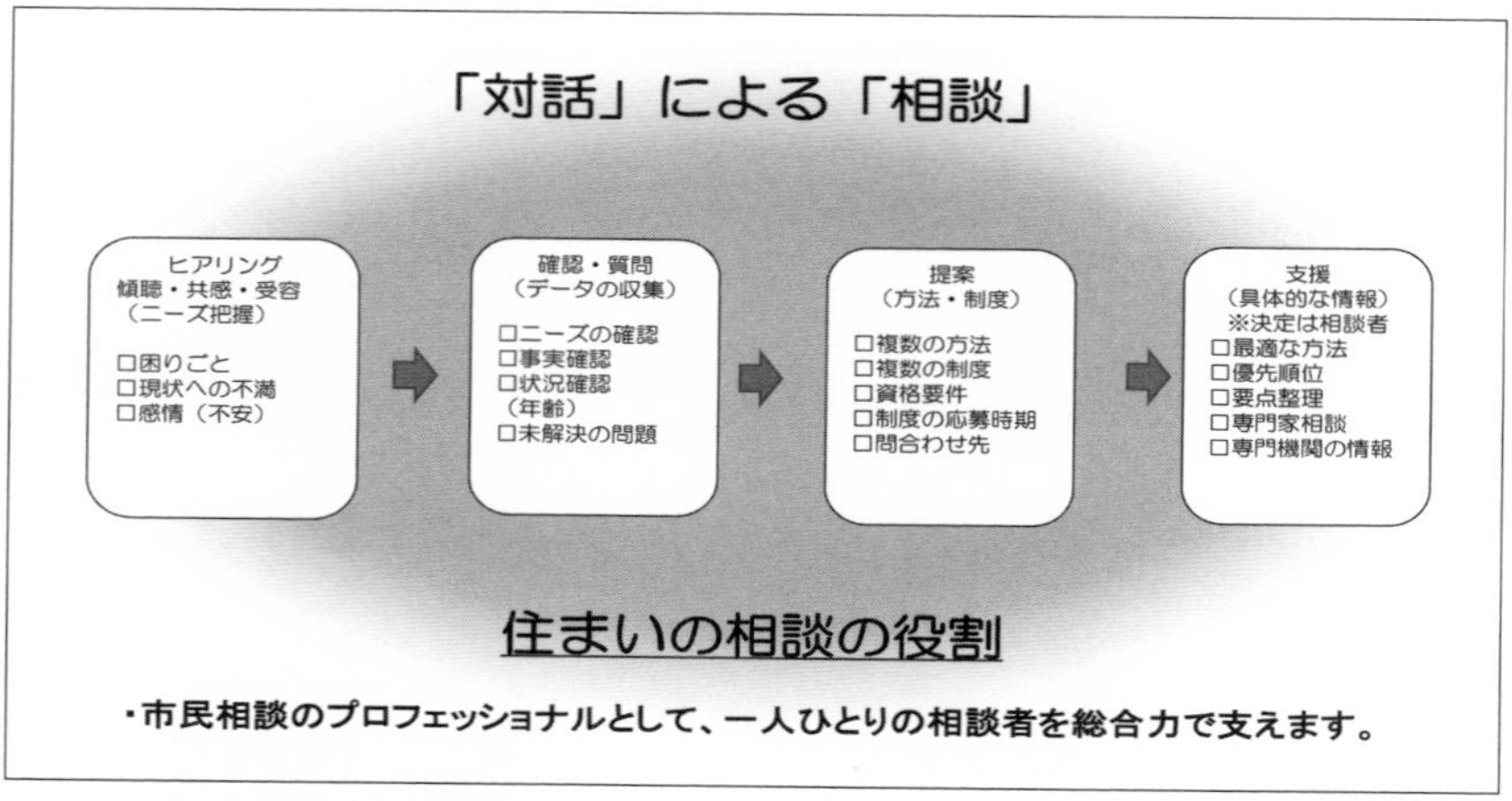

図３「対話」による「相談」

者や、宅地建物取引士の資格を有する者もいます。それだけでなく相談員自身がさまざまなセミナーに参加し、日々勉強して新情報の収集に努めながら、総合的な相談に対応できるようにしています。

中でも専門性が高く、高度で複雑な相談には、弁護士や建築士、マンション管理士、ファイナンシャルプランナーなど専門家による個別面接を年間で約五五〇件実施しています。この専門家相談を有効に活用していただくために、私たちから専門家に相談内容をあらかじめお伝えしておきます。専門家相談は三〇～四〇分と時間が限られていますので、いざ専門家を前にしたとき、自分から何をどう話をしていいかわからないということがないように、事前に伝達することで、要点を捉えた的確なアドバイスを相談者は受けることができるのです。住まい情報センター以外にも、自立支援の窓口や、建築士会や弁護士会、土地家屋調査士会など、さまざまな団体が市民相談を行っています。こうした他の機関をご案内するときには、上手に相談をするための質問の仕方のポイントをお伝えしています。

必要な情報を、必要な方へ

具体的な相談の内容は、賃貸借、売買、建築、税金、保険、相隣トラブル、分譲マンション管理、住み替え、その他多岐にわたります。賃貸借の場合でも、「入居前にキャンセルしたら、お金は戻ってくるのですか？」とか、「家主が修繕をしてくれない」とか、「退居したときにとても高い原状回復費をとられた」などさまざまです。この問題解決の基本になるのが契約書になるのですが、みなさん契約書を読まないでお越しになることが多いのです。そこで、「まずは契約書を読んでみましょう」となるのですが、そもそも契約書が見当たらないということもあります。やはり、契約するということは、押印するだけではなく、契約内容をきちんと確認することが大切ですが、確認をしなかった相談者が悪いということで終わらせるのではなく、まずは契約内容を一緒に確認するところから始めていきます。

いろいろな問題に直面したとき、簡単に入手可能なインターネット情報を自分の悩みごとにあてはめても、決して有効な解決策には至りません。やはり、「情報の目利き」をする必要があります。ただ、どう見極めていいのかがわからないので、相談員が一緒に目利きをして、その情報の本来の制度の趣旨や考え方、そこに至るまでの経過などを説明することで、お伝えしている情報が相談者自身にとって必要なものであるということを理解していただきます。

インターネットで書いてあったからとか、みんなが言っているからとか、住まい情報センターが言ったからということではなく、自分が抱えている問題を解決するためには、この情報が必要だということを納得したうえで活用していただくようにしています。

相談件数（情報提供含む）は、年間で四万件を超えています。もう少し踏み込んで、専門家相談につなげたり、相談員がより具体的にアドバイスして解決に向かっていく事例については、およそ七〇〇〇〜八〇〇〇件です。相談内容はさまざまですが、昨年（二〇一八年）は大阪府北部地震と台風二一号が関西を襲いましたので、災害による住宅被害に関する相談が多くありました。それらの相談は現在も寄せられます。

住まい情報センターの認知経路については、区役所で聞いたという方が大半で、住まい情報センターのことを知らない方もまだ多くいらっしゃいます。困っている方に情報が届いていないという状況は、周知の仕方なども含めて私たちの課題です。相談者の年代については、六〇歳代〜七〇歳代が多く、さらに高齢の方もいらっしゃいます。おそらくこの年代は、インターネットやSNSを活用することが少ない年代なのかなと思います。

今後の課題としては、民法改正により二〇二二年から一八歳で成人になります。その場合、さまざまなことに対応していかなければいけません。また、多様化する住まい方に関する相談、自分が住んでいる家のことだけではなく、所有している家の処分や活用、空き家の問題なども今後の課題です。

ひとつ、具体的な相談事例をご紹介したいと思います。八〇歳代の高齢の女性で、大阪市内の築五〇年の家に住んでいる方からのご相談です。自宅が地震や台風によってダメージを受けたことをきっかけに、足腰が悪く段差の多い自宅での生活が困難になってきたこの家をリフォームして住み続けるべきなのか、バリアフリー住宅に転居するべきなのか、住み慣れたまちで暮らしたいが、年金暮らしで高額な家賃支払いは困難で、今後のことが不安で相談に来られました。

よく話を聞いてみると、五〇歳代の無職の子どもが同居していて、この方の年金収入だけで暮らしているとのことです。また、もうひとりの子どもは遠方で世帯をもっていますが、ご主人が亡くなられたときに子ども同士が喧嘩したままになっていて、相続の手続きが進まないということがわかりました。

このようなご相談には、まずご本人に入居資格がある公的住宅の応募条件を具体的にお話ししながら、公的住宅に入居する選択肢があるという情報を提供します。またそれ以外に民間賃貸住宅や、サービス付き高齢者向け住宅などがあり、さまざまな制度を利用できることも具体的にお話しします。今住んでいるご自宅についても、処分する以外に利活用する可能性や、不動産鑑定の専門機関があることもお伝えします。住まいをリフォームする場合の建築的なアドバイスや、さらにお金のことが心配で現実から目を背けてしまったという場合は、ファイナンシャルプランニングによって家を処分する場合と家を持ち続ける場合の比較検討を具体的に提案することもあります。また、子ども同士の和解については、紛争解決機関の利用を提案し、もしも金銭関係でトラブルがあれば法律相談ができることをお伝えします。先ほどの無職の子どもさんについては、自立支援の窓口で相談することができるのではないかなど、地域の社会資源を利用しながらさまざまなメニューがあることをお伝えしました。

こうして抱えてきた悩みを話したことで少し楽になり、少しずつできることから取り組みたいというような気持ちになっていかれました。

相談を受けている中で、相談者から「知らなかった」という声や、「知っていたけど、したことはなかった」という言葉がでてくることがありますが、そういう声を聞くと、私たちが情報を届ける側の責任として、まだまだ情報が行き届いていないのだ、正しく理解されていないのだと痛感します。また、情報が古いままになっている方もいますので、常に新しい情報や、考え方に触れていなければいけないというところも理解いただけるようにわかりやすく伝えるようにしています。

自分ではわかっていたつもりでも、結局うまく活用できていなかった方や専門的なことであるということを聞いただけで、向き合うのをためらう方もいらっしゃいます。それでも問題に向き合おうとしている相談者の姿をみて、私たち相談員も、まずはそのお悩みを受け止めて、相談者に寄り添って少しでも役に立てるように毎日相談に向き合っています（図4）。

図４ 住まいの相談案内チラシ

相談ごとから、住まい手の主体性を引き出す
――神戸市すまいとまちの安心支援センターの「すまいの相談」が目指すもの

森口美帆（神戸市すまいとまちの安心支援センター 企画係長、
現・神戸市建築住宅局安全対策課 ビル防災対策係長）

阪神・淡路大震災を契機につくられた「神戸市の住まいの総合窓口」

私は、神戸市すまいとまちの安心支援センター（愛称「すまいるネット」）というところで、市民の方の住まいに関する相談ごとを承っています。このセンターで、日々市民の方の生の声に接しており、そこでどのようなやりとりがあるのかなどについてをご紹介します。

「すまいるネット」は神戸市が設置をしました。市からの委託を受けて、一般財団法人神戸すまいまちづくり公社が運営をしています（図1）。ここでは、市民の住まいに関するご相談と、住まいの施策についての情報提供などが主たる業務となります（図2）。これらの運営は、われわれ以外に建築関係の専門家団体、不動産の専門家団体など各専門団体と連携をしながら進めています。

センターが設置された契機は、二五年前の阪神・淡路大震災になります。一九九五年、一月一七日午前五時四六分、死者六四三四人。神戸市内だけでも、全壊半壊の住宅をあわせると一二万棟を超える大規模な被害が、いま思い返せば本当に一瞬にして起こりました。その後、住宅を再建される方のなかで、ずさんな工事や工事請求に関するトラブルが発生するなど問題になりました。これについて神戸市は、一般の方と専門家との知識の差

が大きいということがトラブルの要因のひとつと考え、その間を埋めるような相談窓口を臨時に開設したのが始まりです。

　この阪神・淡路大震災の教訓から、住宅の安全性と維持管理の重要性が再認識されました。また市民の方自身の住宅の性能に対する意識も高まったことから、常設的に住まいの総合窓口が必要であるとして、二〇〇〇年一〇月に神戸市中央区の三宮に当センターが設置されました。以来、三宮を拠点にしていましたが、二〇一九年九月に、神戸市長田区の新長田という地域に引っ越しをしました。このような公的な施設は全国的にも珍しいそうなのですが、関西エリアには他にも、大阪、京都に住まいの相談センターがあり、この三つのセンターで情報を共有したり、同じテーマで話し合いをしながら連携することで、お互いの運営の向上を図っています。

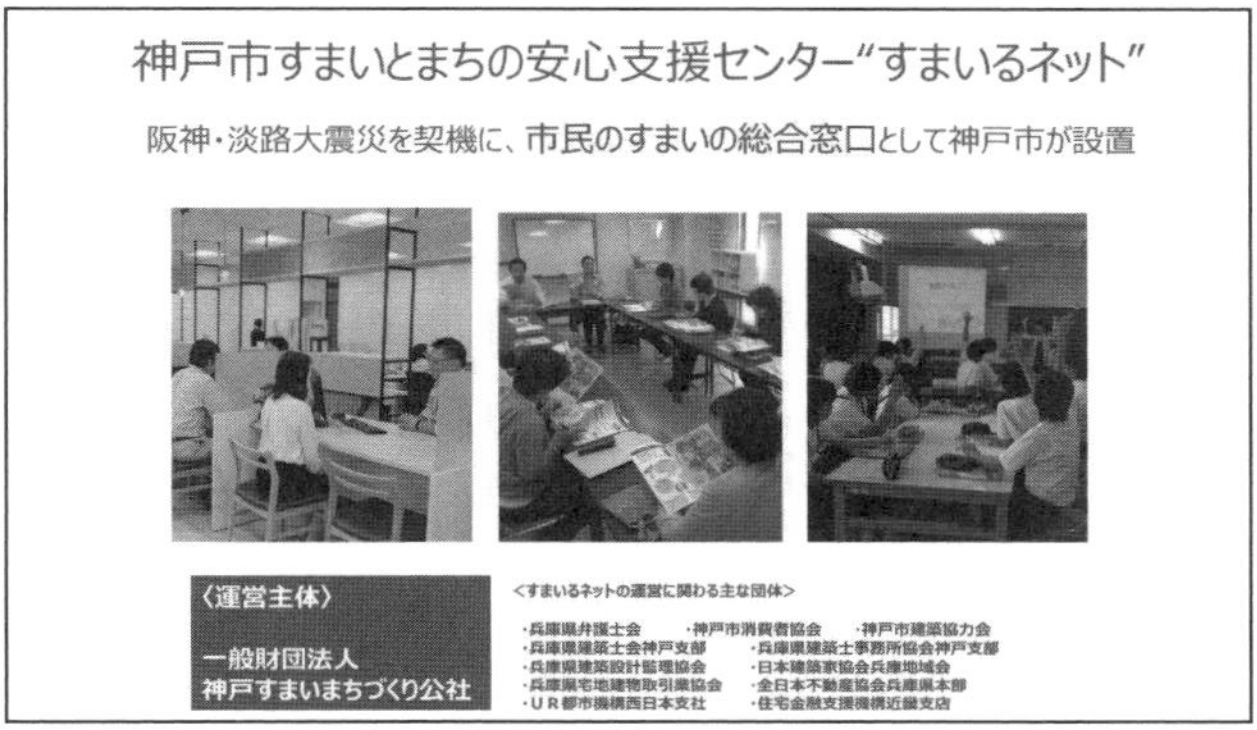
神戸市すまいとまちの安心支援センター“すまいるネット”
阪神・淡路大震災を契機に、市民のすまいの総合窓口として神戸市が設置
〈運営主体〉
一般財団法人
神戸すまいまちづくり公社
<すまいるネットの運営に関わる主な団体>
・兵庫県弁護士会　・神戸市消費者協会　・神戸市建築協力会
・兵庫県建築士会神戸支部　・兵庫県建築士事務所協会神戸支部
・兵庫県建築設計監理協会　・日本建築家協会兵庫地域会
・兵庫県宅地建物取引業協会　・全日本不動産協会兵庫県本部
・ＵＲ都市機構西日本支社　・住宅金融支援機構近畿支店

図１　すまいるネットの運営団体

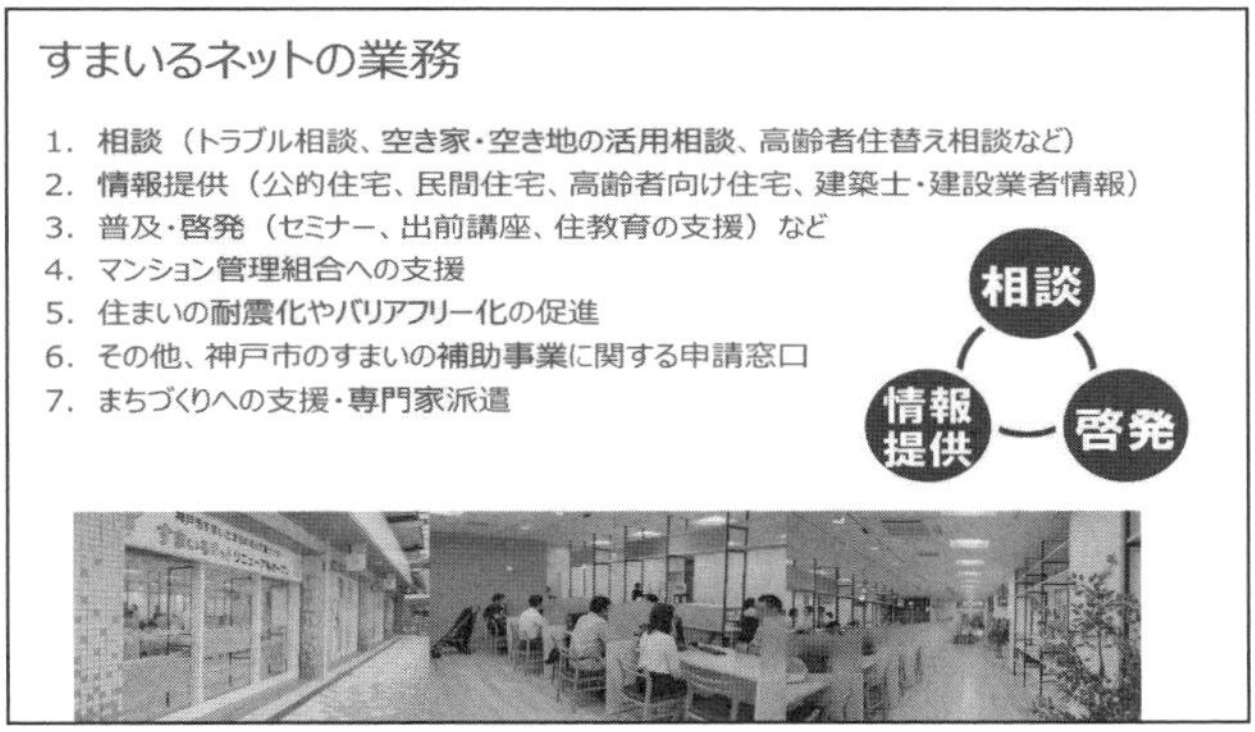
すまいるネットの業務
1. 相談（トラブル相談、空き家・空き地の活用相談、高齢者住替え相談など）
2. 情報提供（公的住宅、民間住宅、高齢者向け住宅、建築士・建設業者情報）
3. 普及・啓発（セミナー、出前講座、住教育の支援）など
4. マンション管理組合への支援
5. 住まいの耐震化やバリアフリー化の促進
6. その他、神戸市のすまいの補助事業に関する申請窓口
7. まちづくりへの支援・専門家派遣
相談
情報提供
啓発

図２　主な業務

住まいに関する多様な業務

「すまいるネット」の核となるのは、住まいに関する相談業務です。次に、情報提供として、すまいに関する各種の支援制度や、公的な住宅や民間住宅、高齢者向けの住宅・施設などの物件情報を提供する機能があります。また実際に家を修繕されるときに、どういうところに頼んだらいいのかわからないという声がありますので、市内の建築士や建設業者の名簿を整理し、選定支援としての情報提供も行っています。

「啓発」ということで、住まいに関するセミナー開催や、出前講座なども行います。また住教育の支援として、主に小・中学校の家庭科の授業を対象に、建築士と一緒に住教育プログラムをつくって出前授業に出向いたりもします。そのほかに、マンション管理組合の支援や、住まいの耐震化の促進、バリアフリー化の支援、神戸市の住まいの施策に関する補助制度の受付窓口の業務も行っています。特に最近は、空き家についての施策が大きく展開してきています。地域へのまちづくりコンサルタント派遣などまちづくりの活動支援も業務のひとつです。

「すまいるネット」に寄せられる相談

これらの業務のなかでも、専門家が直接市民の方のご相談に対応するというのが、「すまいるネット」の一番の強みになります。センターには、住まいの相談員が常駐していて、お一人（組）に三〇～四〇分と時間を決めていますが、無料で直接相談員からコンサルティングを受けることができます（図3）。

相談員は、一級建築士、消費生活相談員、ファイナンシャルプランナーなどの専門家で、平日四名、土日祝は三名の態勢で午前一〇時から午後五時まで常駐しています（水曜日定休日）。ご相談は電話でも受けることが可能です。またお話を伺うなかで、弁護士などより専門的な立場からアドバイスを得るほうが良いと判断した場合は、予約制で、法律や不動産取引、資金計画やマンション管理といった専門相談にもお繋ぎします。

また近年は、空き家の問題が大きく取り上げられるようになり、「すまいるネット」でも二〇一五年から空き家・空き地の活用相談を始めました。こちらも予約制で、申し込み時に物件資料を預かり、不動産の専門家である宅建士が事前に一度現地を見に行き、外観等状況を確認します。そして相談時にお持ちの図面や契約書を見ながら、その方のご希望も聞き、活用方法などについて相談・アドバイスします。その際、必要であれば、われわれセンターには一定の基準を満たした不動産の支援事業社約一一〇社の登録があり、売買や賃貸における価格や活用の提案なども受けることができます。

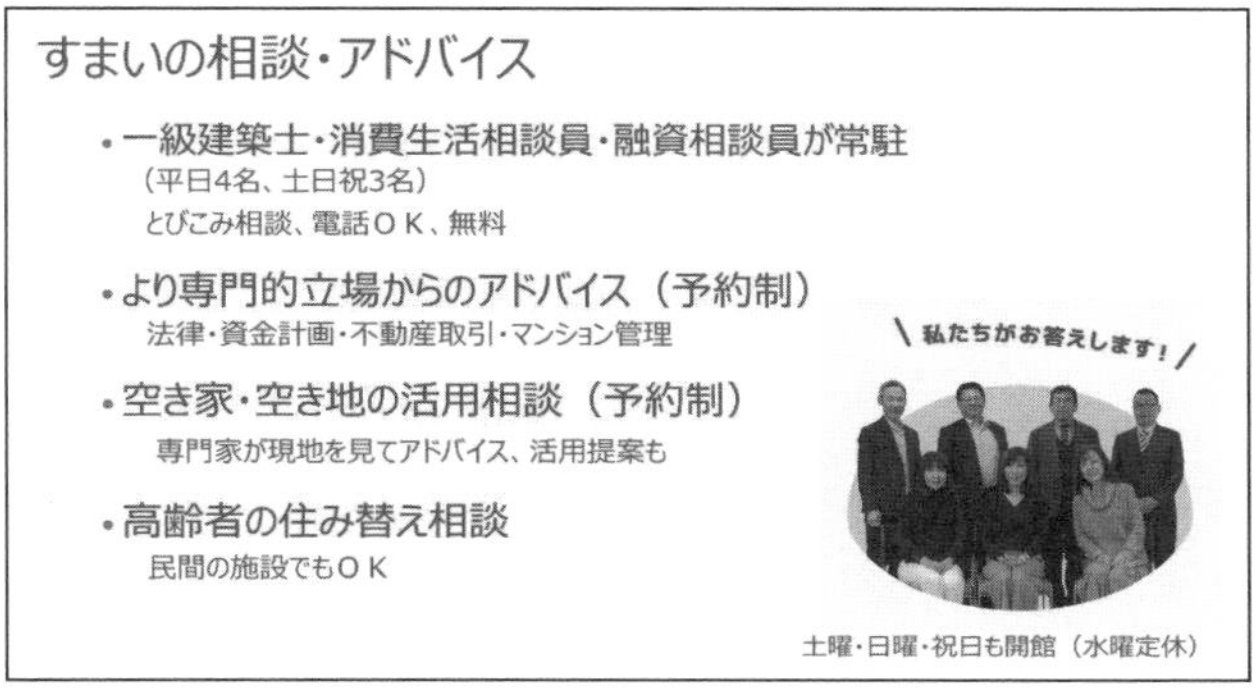
すまいの相談・アドバイス
・一級建築士・消費生活相談員・融資相談員が常駐
（平日4名、土日祝3名）
とびこみ相談、電話ＯＫ、無料
・より専門的立場からのアドバイス（予約制）
法律・資金計画・不動産取引・マンション管理
・空き家・空き地の活用相談（予約制）
専門家が現地を見てアドバイス、活用提案も
・高齢者の住み替え相談
民間の施設でもＯＫ
＼私たちがお答えします！／
土曜・日曜・祝日も開館（水曜定休）

図３　すまいの相談業務

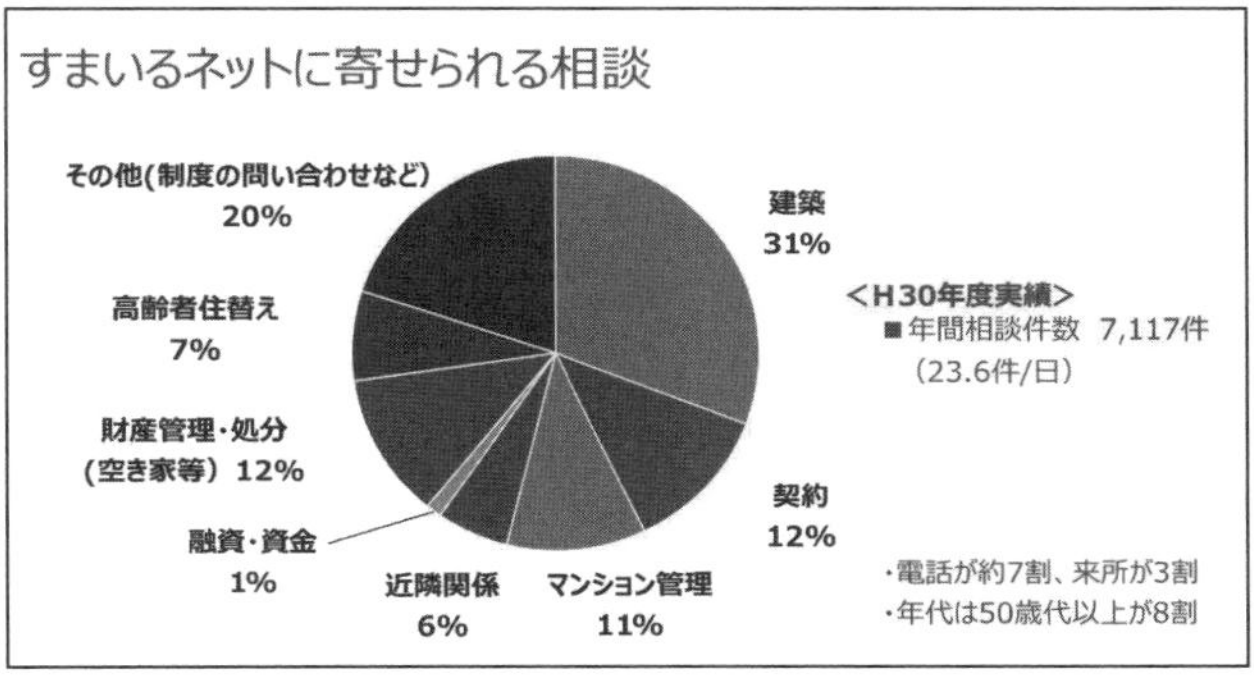
すまいるネットに寄せられる相談
その他(制度の問い合わせなど)
20%
建築
31%
<H30年度実績>
■年間相談件数　7,117件
（23.6件/日）
高齢者住替え
7%
財産管理・処分
（空き家等）12%
契約
12%
融資・資金
1%
近隣関係
6%
マンション管理
11%
・電話が約7割、来所が3割
・年代は50歳代以上が8割

図４　相談内容と件数

それから高齢者の住み替え相談として、老人ホームや、高齢者住宅など、民間施設を加えるとさまざまな種類がありますので、面談でお伺いしながら、お住いの近くの施設を紹介したり、ご希望に沿った情報をお伝えしています。

「すまいるネット」の相談実績については、平成三〇年度には七一一七件ありました。これを営業日で割ると、一日あたりおよそ二三件の相談を受けていることになります。昨年度は

六、七、八月と災害が多かったこともあって例年より少し増えていますが、年平均で六〇〇〇件～七〇〇〇件となります（図4）。

相談内容については、新築やリフォーム、建替えなどの建築相談が大きく三割を占めています。続いて、売買契約や賃貸契約などの契約について、それからマンション管理、財産管理処分（空き家）のご相談、さらに高齢者の住み替えと続きます。そのほかに、近隣関係、融資、その他の制度の問い合わせなどがあります。

相談方法は、電話でのご相談が約七割です。私たちも、一度お電話で内容をお聞きした上で、「お手元に契約書とか図面とかお持ちですか、そちらを持ってご来所いただければ、さらに詳しくご相談できます」と来所を促す場合もありますので、まずはお電話でのご相談を提案しています。相談に来られる方の年代については、五〇歳代以上が八割です。若い方がなかなかいらっしゃらないのは当センターの課題でもあります。

相談者の相談の後ろに隠れた気持ち

では、具体的にどのような相談が寄せられているのかを紹介したいと思います。

「分からない・どうしよう」

・賃貸マンションに五年間居住。月末に退去する予定だが、家主からクロスや畳の修繕費用を請求されている。丁寧に住んでいたのに、本当に払う必要があるのか。

・自宅が築四〇年を迎えたが、その間何もメンテナンスをしていない。最近、雨漏りなど劣化が目立ってきた。誰に頼んで、どこから手をつけていいのかわからない。

・分譲マンションで、結露がひどいなと思っていたら、ついにカビが生えてきた。なんでこんなカビが生えるのか、どうしたらいいのかわからない。

「こんなはずじゃなかった、どうしよう」

・分譲マンションの三階に居住。上の階の子どもがうるさくてしょうがない。前の賃貸マンションのときにはこんなことはなかったのに、どうしたらいいのか。

・リフォーム工事を頼んだが、思っていた仕上がりと違う。請求が来たら全て払わなければいけないのか。

・分譲マンションの管理組合役員になった。大規模修繕にあたり、管理会社が連れてきた修繕会社の進め方に疑問があり、理事会でもめている。どうしたらいいのか。

「したことがない、どうしよう」

・高齢になり、坂の上にあるいまの家に住み続けるのが難しくなってきた。住み替えたいが、どんな施設があるのか、費用はどのくらいかわからず不安。

・親が亡くなり、実家が一一年前に空き家になってから、家の修理が滞って困っている。屋根、天井からの漏水、樋《とい》の破損など。何から手をつければいいのかわからない。家具もそのままで、誰が相続するのかも決まっていない。

・台風で、ベランダの一部が壊れて飛んだ。壁がむき出し、どうしたらよいのか。

この他にも、「すまいるネット」にはさまざまな相談が寄せられます。

「大きな蜂の巣、どうしたらいいの？」という相談については、神戸市にはハチ相談ダイヤルというのがありますので、こちらへ電話してみてくださいと伝えます。それから、一昨年（二〇一八年）六月の大阪北部地震では、ブロック塀の倒壊による事故がありました。このときには「テレビでブロック塀が危ないと言っているけれども、うちの家は大丈夫かな、見に来てくれへん？」というようなご相談が一気に増えました。あとは、「絶対安心なリフォーム業者教えてよ」とか、「なんかお得な補助金とかないの？」というご相談も多く、良いものを探せないとクレームに繋がることもあるため、これらは相談員がいちばん困るご相談です。それから、「細い路地の突き当たりにある家で、建築士に聞いたら二度と家は建てられないと言われました。こんな空き家を持っていてもしょうがないので、神戸市でもらってくれませんか」というご相談もあります。

こうした相談を受けているなかで見えてくるのは、相談者の方の「自信がない」という状況です。その要因の一つに、まず「知識がない」ことが挙げられます。たとえば、「カビってなんで生えるのか知らない、どうやったら生えなくなるのかもよくわからない」とか、「家の修繕だなんて、そんなことは家を建てた時、何年後にこうしてくださいとか、これくらいかかるからお金貯めといてくださいとか、何も聞いてなかった」とか、見積書を持って来られても、「諸経費っていったい何が入っているの？」と、そもそもわからないことがたくさんあるのです。

二つ目に「経験がない」ということ。「家の売買なんてしたことない」とか、「介護についても身近に経験がない」など、どちらも人生で何度も経験することではないと思います。それから、契約というものは何かしら交わしたことがあると思いますが、「契約書なんて読んだことがない」という方が結構いらっしゃいます。こちらから「一度、契約書を読み直してくださいね」と促しても、契約書のどこを見ていいのかわからない、そもそも読み方がわからないということもあります。

また三つ目に「知識がない・経験がない」ということから、「意外と遠慮がちになる」という状況も多く見受けられます。「専門家が言うことに対して口を挟んではいけない」とか、「何度も聞くのも悪い」という気持ちから、わかったようなふりとか、わかった気になって話を終わらせてしまうこともよくあります。また、相見積で「わざわざ来てくれたのに、もう一社頼むなんて申し訳なくてできない」ということもあります。このように、遠慮したまま、わからないままコトが進んでしまうために、あとから「あれ?」と思い返し、こちらに相談に来られるというケースがあります。

主体性を尊重し、解決の道筋を示していく

さまざまな相談ごとに対して、相談員がよく口にしている言葉がいくつかあります。

一つ目は、「納得するまで、教えてもらいましょう」という言葉です。

建築士、建築業者に対して、あるいは不動産業者、管理会社、施設の担当者などに、わからないことは、わかるまできちんと教えてもらいましょうとお伝えしています。そのとき相談員は、相談者の状況に応じて質問のポイントを整理してアドバイスします。たとえば、トラブルになってしまい「いまさら何を聞けばいいのかわからない」という場合もあります。相談者の状況に応じて、「じゃあ、こんなことを聞いてみましょうか」とか、「勇気を出して聞いてみませんか」というように、励ますような感じでアドバイスをしていきます。

二つ目の頻発ワードは、「あなたは、どうしたいですか?」という問いかけです。これは今回の「主体性」というテーマにも近いのだと思います。

相談者の方が相談に来られると、いままでの状況を「業者がこんなことを言って、こんなんだったの」と、堰《せき》を切ったように話されます。相談員はそれを聞き取りながら、どんな状況であるのかを整理をしていきます。そうして、「あなたは、それをどう解決したいと思われていますか」と、考えるための知識や、情報収集の手助け

をします。たとえば、思い通りになっていなかったような工事トラブルであれば、全てを何がなんでもやり直させたいのか、それとも、減額交渉して早く決着をつけたいのか、どちらの方向に折り合いをつけていきたいのか選択を伺います。そうして解決の道筋を示して手助けをしていきます。

空き家の活用や、わが家の将来についてなども同じです。その家に思い入れがあるという相談者の気持ちがわかれば、それを「残したいのか」、それとも「安くてもいいから誰か使ってくれる人がいれば譲りたいのか」大きな選択肢を示して整理していきます。高齢者の住み替えについても、「あなたは、どこでどう住みたいと思っているのか」を聞いていくのです。このように相談を進めていくと、「自分は、争うほどのことをしたいかな?どうかな?」と考えるきっかけになったり、「空き家をどうするかは、自分たちで決めないといけないんだな」と認識されることで、自分自身に目が向いてくるようになります。そうすると、少し安心して次に進めるというような気がしています。

相談者のなかには、「一度家に帰って考えてみるわ、どうもありがとう」と言って帰られたりします。そのとき私たちは、「進展があれば、またお越しください、いつでもご相談できますよ」と送り出して、次の一歩に進んでいただくことを後押ししています。それが、少しずつ相談者の「自信」に繋がっていくのではないかと思います。

相談ごとから、住まい手の主体性を引き出す

住まいのことや、住生活で困ったことに対面したときには、まず自分がどうしたいのかという「主体性」がとても大きなポイントになるのではないかと思っています。住まいに関する知識や情報というのは、いまはインターネットを含めて膨大にあります。そのときに、「私はこうしたい」というものが、あるかないかで、自分に

必要な情報を選び抜く力にも差が出てくると思いますし、トラブルに対処する仕方も変わってくるのではないかと思います。

私たちが「すまいるネット」で行っていることは、単なる相談業務ではなく、まさに「おとなにとっての学びの場」を展開してきたのかなと、改めて感じています（図５）。また、実際にそういう状況に対面して課題を自分で解決された経験を、次の世代にどう繋いでいくことができるのかというのも考えていかなければいけません。また、神戸市のセンターとしては、それらを市の施策としてどう反映していくことができるかということも課題だと思っています。

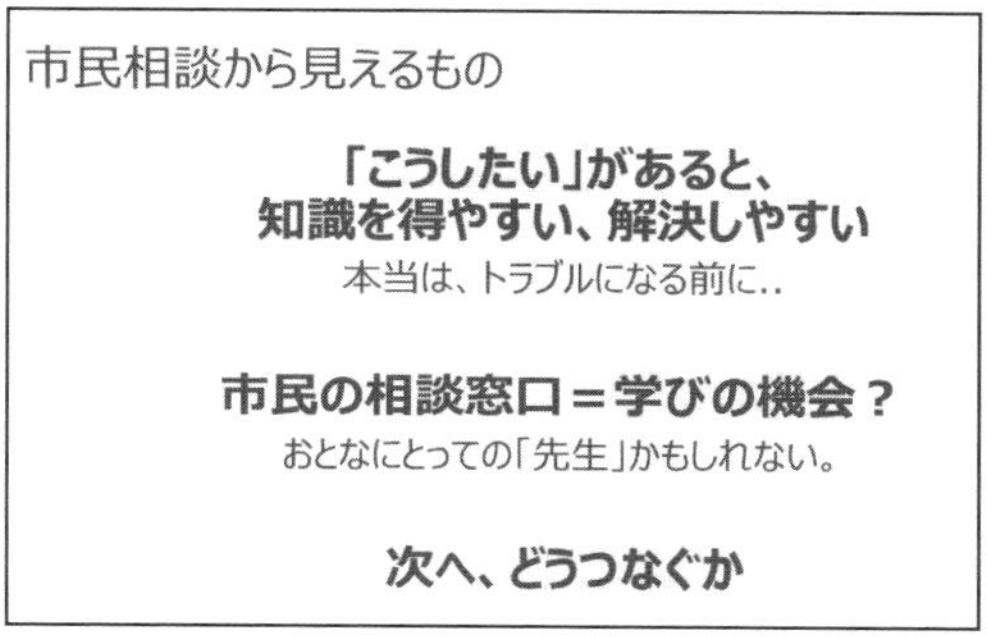
市民相談から見えるもの
「こうしたい」があると、
知識を得やすい、解決しやすい
本当は、トラブルになる前に..
市民の相談窓口＝学びの機会？
おとなにとっての「先生」かもしれない。
次へ、どうつなぐか
図５　市民相談から見えるもの

これからも、より良い住まいと住まい手のサポートに取り組みます。
すまいのお困りごとは、
すまいるネットへ
相談無料
ご相談ください！
来所または電話にてご相談をお受けしています。
10時～17時まで
水曜定休
（補助受付は日・祝除く）
「すまいるネット」
〒653-0042 神戸市長田区
二葉町5丁目1-1
アスタくにづか5番館2階
078-647-9900
078-647-9988
078-647-9933
078-647-9969
すまいるネットホームページ
https://www.smilenet.kobe-sumai-machi.or.jp/
図６　すまいのお困りごとはすまいるネットへ

二〇二〇年は、阪神・淡路大震災発生から二五年、「すまいるネット」が設立二〇年という節目を迎えます。これからも市民の方のご相談に対してしっかり向き合い、「神戸市民の住生活力は高いですよ」と言えるように取り組んでいきたいと思っています（図６）。

市民ニーズを把握し市民の住まい力の向上に役立てる
――京（みやこ）安心すまいセンターの役割

趙 賢株（京都市住宅供給公社　京（みやこ）安心すまいセンター）

京都には、市民の住まい・まちづくりをサポートするワンストップ窓口として「京（みやこ）安心すまいセンター」と「京都市景観・まちづくりセンター」という二つの大きなセンターがあります。「京（みやこ）安心すまいセンター」は、市民の安心・安全な住まいづくりを、「京都市景観・まちづくりセンター」は町家の保全・支援を含む京都らしい景観及びまちづくりを支援しています。

私は、「京（みやこ）安心すまいセンター」で、住まいの普及・啓発、住情報施策に関する調査・研究を担当しており、ここではセンターが市民の住まい力の向上のために行っている取組と現場での課題を述べたいと思います。

すまいのワンストップ総合窓口

平成二五（二〇一三）年に開設された「京（みやこ）安心すまいセンター」は、平成一一（一九九九）年にオープンした「京都市すまい体験館」が前身となります。「京都市すまい体験館」は、平成三（一九九一）年に設置された住宅展示施設「ハウ・メッセ京都」内の「すまい体験館」が名称変更されたものです。この施設は、京都市を筆頭に様々な業界が出資して設立された「株式会社京都すまいづくりセンター」が運営主体となり、行政だけでなく民間の考え方も取り入れて運営されていました。

その後平成二五年に「株式会社京都すまいづくりセンター」が解散となり、京都市住宅供給公社の中に現在の「京（みやこ）安心すまいセンター」としてリニューアル・オープンし、京都市の事業を中心とした公的な性格の強いものに再編されました。現在、「京（みやこ）安心すまいセンター」で行っている事業は、京都市から委託を受けて行っているもので、「京都市住宅マスタープラン」のキーワードである「住み継ぐ」、「そなえる」、「支えあう」を踏まえ、住まいのワンストップ総合窓口を目指して、「相談」、「普及・啓発」、「調査・研究」、「情報発信」、「支援」の五つの機能をもち、様々な事業を展開しています（図1）。

相談～住まいの悩みにアドバイス

相談には、一般相談と専門相談があります。一般相談は、センターの相談員が内容をうかがい、解決の手がかりについてアドバイスをします。更なる相談が必要な時は「専門相談」や別の専門相談団体の相談窓口へ案内します。専門相談は、建築、法律、不動産、分譲マンション管理の四つの分野で実施しています。一般相談では対応できない高度で専門的な内容に対応するため、専門家（弁護士、建築士、マ

図1　京（みやこ）安心すまいセンター

ンションアドバイザーなど）による相談を面談で実施しています。

図2に、平成三〇（二〇一八）年度の一般相談の内訳を示します。総一九〇五件の相談のうち、「賃貸借契約」をめぐる相談が二九・一％と最も多く、次に「近隣問題」が二二・八％と続きます。相談件数は毎年変動しますが、「賃貸借契約」と「近隣問題」に関する相談が多いのは変わりはありません。「賃貸借契約」に関する相談は、契約時から入居中、退去時まで様々ですが、代表的な相談内容としては、「入居前に契約を解除したいがお金は戻ってくるのか」、「故障した設備の修理代はだれが払うのか」、「要求された原状回復費を全額支払うべきなのか」等があります。人生初めての一人暮らしを始めた大学生や大学生の親からの相談もお聞きしており、トラブル予防のための事前学習の必要性も感じています。また、「近隣問題」に関しては、密集市街地の多い京都ならではの特徴とも言えますが、隣家の工事・解体に伴う相談もよくお聞きします。例えば、「隣家に屋根が越境していたが、これまでは問題なかった。隣家が売却され、越境している部分を切り取るように言われたが、応じないといけないのか」、「隣家の解体工事の影響で、自分の家の外壁にクラックが走った。どうすればよいのか」等があります。また、三番目に多い「その他」の半分近くは、「高齢者の賃貸住宅」に関する相談で、高齢者の住まい探しに関する相談は増加傾向にあります。センターでは後述するように、「京都市居住支援協議会」の一員として、高齢者の住まい探しのサポートを行っています。

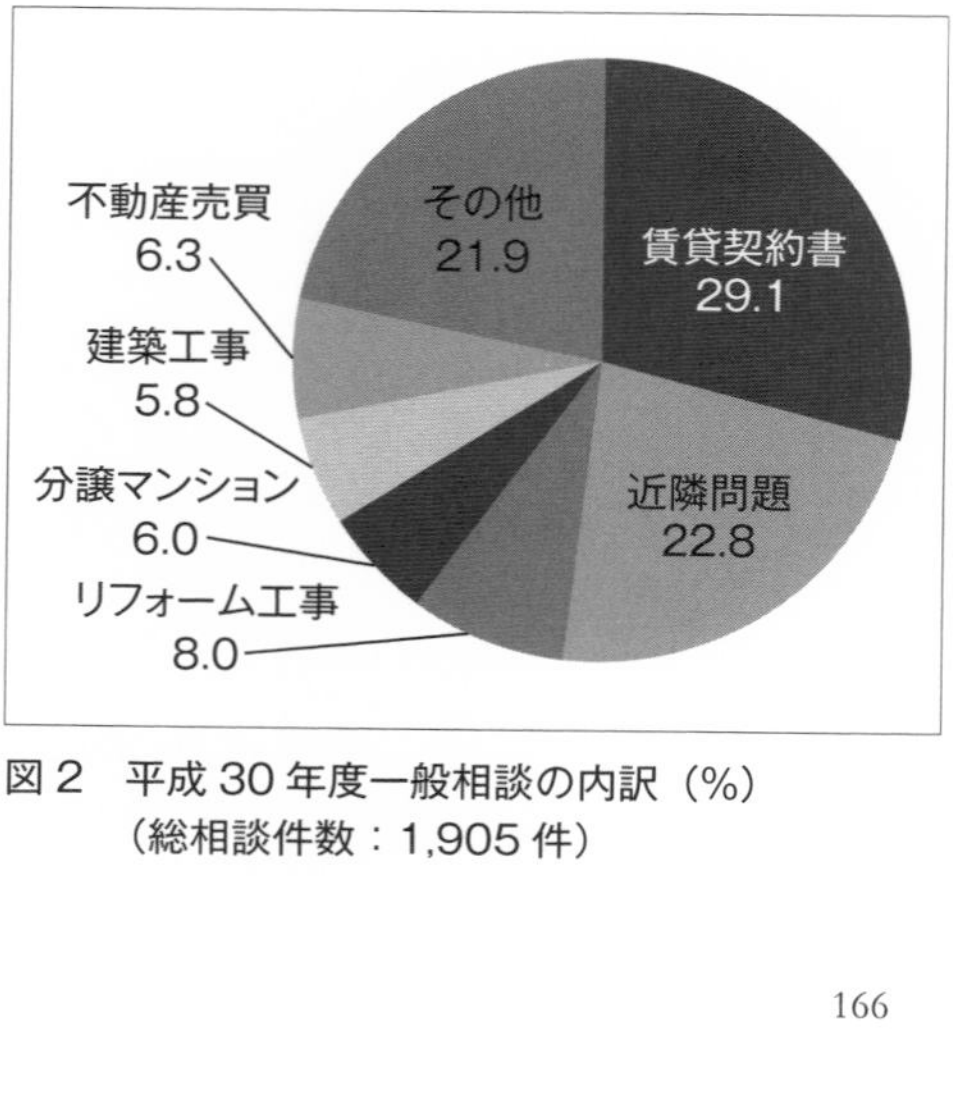

図２　平成30年度一般相談の内訳（%）
（総相談件数：1,905件）

「京（みやこ）安心すまいセンター」に寄せられている相談の大半は、トラブル発生後のものです。センターでは、相談内容をお聞きし、トラブルを解決するためのアドバイスを行っていますが、トラブルが起こらないよう事前に学習したり、相談したりすることも大事だと考えています。最近は、情報氾濫の時代ともいえるくらい、インターネットを通じて多くの情報がすぐ手に入るようになりました。しかし、住まいを取り巻く問題も徐々に複雑化、高度化しており、手に入れた大量の情報の中で必要且つ正しい情報を見分け、解釈する能力も求められています。そのためセンターでは、相談内容を分析し、その相談傾向を反映した普及・啓発を行ったり、住情報ニーズに関する調査・研究を行って新たな住情報の発信を行ったりしています。

普及・啓発~市民の住生活力の向上

「京（みやこ）安心すまいセンター」では、市民の住まい力を向上するため、「すまいスクール」という名称でセミナーを行っています。「すまいスクール」には、自主企画のスクールと出張版があります。

自主企画の「すまいスクール」は、参加者を募集して行う一般的な形態で、大人、親子、子ども向けに近年は年六回開催しています（図3、4）。すまいやくらしに関する知識と工夫など、様々なテーマで講座やシンポジウム、体験型ワークショップなどを行っています。また、相談傾向や住宅マスタープランを踏まえながら、時期を考慮してテーマと開催日を決定します。例えば、相談件数が多い賃貸借契約については、毎年引っ越しシーズンの前に開催しており、梅雨の前と年末には住宅の維持管理（カビ予防、外壁の塗装など）に関する講座を開催したりしています。令和元（二〇一九）年には、前年にあった台風や地震後の相談内容を分析し、七月に災害に備える住まいの維持管理に関するセミナーを開催しました。一方で最近は、平時の維持管理が大事であること、住まいの安全は自らが守ることなどの観点から、市民の住意識の高揚を図り、維持管理の実践に役立つテーマや内容構成に注目しています。

「すまいスクール」の出張版は、ニーズがあるところに専門家を講師として派遣し、住まいに関する講座を開催します。内容や日時などは、市民の希望に合わせて実施します。地域や小学校ＰＴＡ、分譲マンション管理組合等において毎年六回程度、講座を実施しています。

「すまいスクール」は、住まいのトラブルを防ぐための知識や情報が得られる良い学習の場となります。出来るだけ多くの市民に参加してもらいたいのですが、大人向けのセミナーの場合、リピーター率が高いのが現状です。リピーター率が高いのは、一人一人が学習を深め、住まいのプロの育成につながるものと解釈することも出来ます。そして住まいのプロになった市民が他の市民へ情報を伝達することにより、より多くの市民に住まいの情報が伝わることも考えられます。

しかし一方で、必要な住情報が必要な人に届いていないことも懸念されます。そこで、参加率の低い若い世帯のうち、住み替えニーズは高いが住まいに関する経験が少なく、情報収集のための時間確保が難しい子育て世帯に注目しています。そして彼らの参加率を高めるために子育て世代が必要とするテーマを検討・設定し、参加しやすい平日の午前中に、セミナーを開催するなど、試行錯誤を繰り返しています。また、実施済みのセミナーに関しては詳細なレポートを作成し、センターのホームページに掲載することで、すまいスクールに参加できなかった市民に対

図４　親子向けのワークショップの様子

図３　大人向けのすまいスクールの様子

する住情報の提供に努めています。

このように、今後、様々な世代が参加できるよう、各世代のニーズを考慮したテーマや開催時期、時間などを設定し、新規参加者の獲得のためにセンターの知名度を向上する必要があると考えています。

調査・研究～市民のニーズの把握と住教育の推進

「京（みやこ）安心すまいセンター」の重要な機能の一つは、調査・研究です。相談内容の分析から市民の住まいに対する悩みや困っていることが推測できますが、センターでは市民の住情報ニーズや住要求をより詳細に把握し、対応するために調査・研究を行っています。

平成二八（二〇一六）年からは、加速化する少子化や人口減少の問題に注目し、子育て世帯が求める住情報支援のあり方に関する調査・研究を二年間行いました。具体的には、子育て世帯の住情報ニーズや住情報入手実態を把握する調査、不動産業者の子育て世帯に対する住情報支援の実態に関する調査、そして子育て世帯向けにリノベーションした市営住宅の居住者に対する意識調査を行い、子育て世帯向けの住情報施策や住環境整備に関する考察や提案を行いました。

また、調査・研究の一環として展開している事業の一つが、住教育の推進です。社会学習や学校教育の場において、子どもたちがすまいやまちづくりについて学ぶ機会を作り、将来のすまいの主体となる子どもたちが、すまいとまちについて自ら考える力を身につけることを目的としています。そのため、京都市教育委員会と連携を図り、学識経験者の意見も伺いながら調査・研究を行っています。住教育のためのテキスト及び模型教材を開発し、教材を京都市内の小・中・高等学校に貸出したり、教材を使った出張授業を試行的に行っています（図5）。教材は、京都市住宅マスタープランのキーワードである「住み継ぐ」「そなえる」「支え合う」を目標に、学習指導要領と照らし合わせて単元を設定し、順次開発しています。平成三一（二〇一九）年まで全部で一三種類の教材を作製しており、京都市内の学校に貸出して授業で活用してもらいました。今後、住教育現場の事情や教員の意見を反映しながら、作製した教材の本格的な貸出と普及に向けて取り組む必要があると考えています。

情報発信～様々な媒体を通じたすまいの情報発信

「京（みやこ）安心すまいセンター」では、相談やセミナーを通じた情報提供とともに、すまいに関するニュースや知識など幅広い情報をメール、ホームページ、ソーシャルメディア、情報コーナーを通じて発信しています。特に、センターでは、住情報サイト「京すまいの情報広場」を運営し、センターをはじめ住まいと関連する様々な団体が開催するイベント情報やすまいに関する基礎知識、Q&Aなどの情報を発信しています。

また、子育て世帯の子育て環境に関する情報や知識の不足、そして情報収集のための時間不足の問題に注目し、前述した調査成果を踏まえつつ、子育て世帯向けの「学区（元学区）別すまいの子育て環境検索サイト」を開設しました（図6）。このサイトは、明治期からの地域コミュニティである元学区(注)を基本エリアとして地域コミュニティや教育関連施設、子育て支援活動、公園等の子どもの

図5　教材の例と教材を使った授業の様子

遊び場、病院施設等の住情報を集約したものです。サイトへのアクセス数は、毎年増加しており（平成三〇年度のアクセス数は、一万八一〇六件）、一回のアクセスで子育てと関連する様々な情報が得られるメリットがあります。しかし、情報の更新や拡充には費用や労力がかかるなどの課題もあります。

支援～各種支援制度による住まいのサポート

最後に、「京（みやこ）安心すまいセンター」では、住まいの耐震化や省エネリフォームに関する助成制度の受付窓口、分譲マンション管理組合への支援、高齢者の居住支援など、各種の支援制度をワンストップで提供しながら事業を展開しています。

そのうち、分譲マンションの管理組合の支援については、分譲マンションが常に良好な住宅ストックとして維持、更新されることを目的に、マンションの大規模修繕に関する知識や進め方などを専門家が現地でアドバイスする「分譲マンション建て替え・大規模修繕アドバイザー派遣制度」の運用事務をセンターが行い、毎年、分譲マンションの管理組合に活用いただいています。

また、高齢者の居住支援については、京都市とともに「京都市居住支援協議会」の事務局として、高齢者の住まい探しのサポートを行ってい

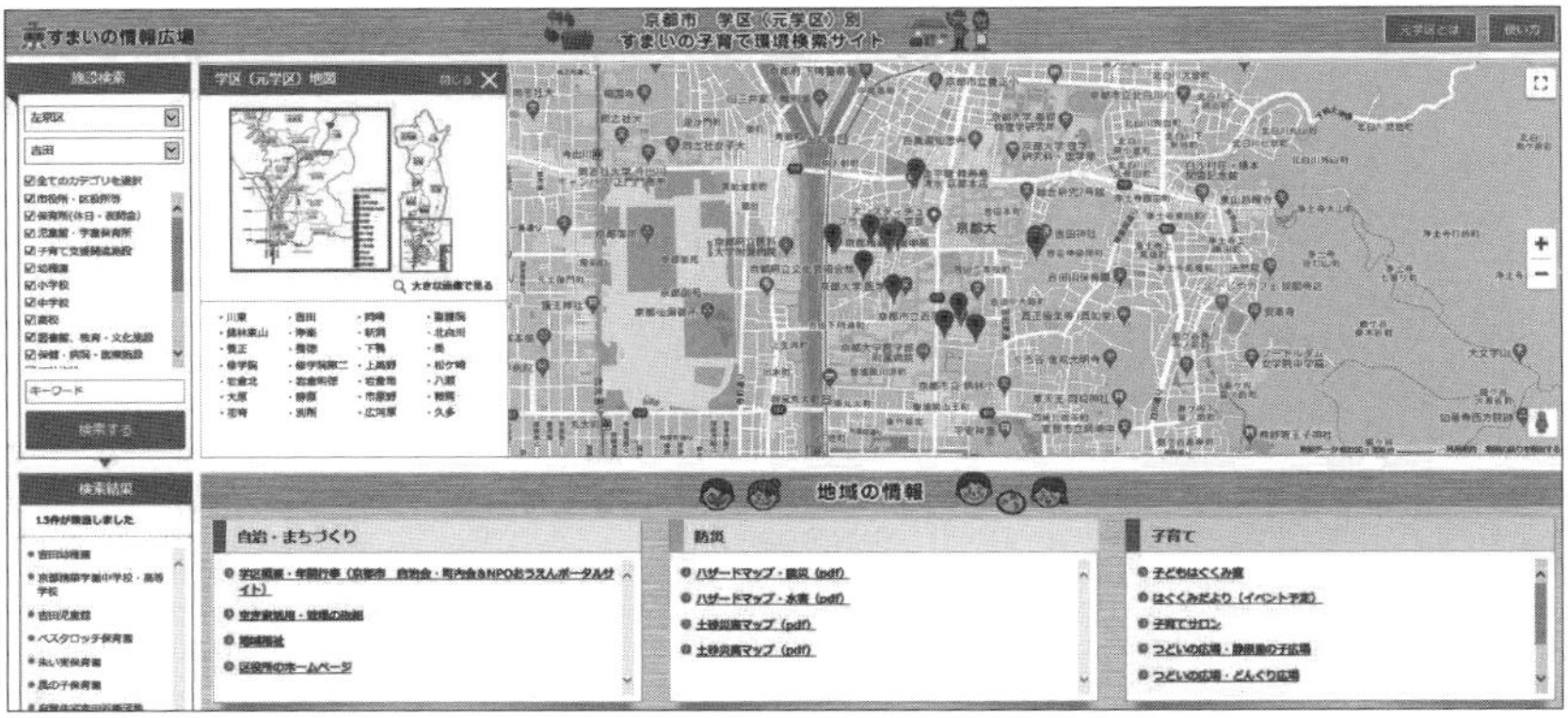

図６　学区（元学区）別すまいの子育て環境検索サイトのトップページ

ます。「京都市居住支援協議会」は、京都市と不動産関係団体、福祉関係団体及び京都市住宅供給公社とが連携し、平成二四（二〇一二）年九月に設立した組織です。高齢であることを理由に入居を拒まない賃貸住宅と協力店を登録し、高齢者に見守りや家賃債務保証制度を案内しています。前述したように、高齢者の住まい探しに関する相談は増加傾向にあり、高齢者の賃貸住宅の入居を円滑に進めるための方策を多角的に検討していく必要を感じています。

今後の課題～住宅政策のアンテナ機能を持つ住まいのワンストップ窓口へ

「京（みやこ）安心すまいセンター」が、平成二五年リニューアル・オープンしてから七年が経ちました。七年間の活動を振り返ってみると、次のような課題が浮かび上がります。

①住情報センターとしての知名度の向上
②相談体制の充実と相談員のスキルアップ
③より幅広い市民に対する住情報の発信
④効率的な情報発信媒体の活用

そのほかにもいくつもの課題があると思いますが、いずれも必要とされる住情報が市民に届くための課題であり、様々な住まいのトラブルや高度化する住情報のニーズに対応するための課題です。

住情報センターは、市民の住まいの悩みごとやリアルな課題、市民のニーズ等、住宅政策を展開していくなかで、必要で様々な情報が集約される重要な窓口です。今後は、「京（みやこ）安心すまいセンター」が住宅政策のアンテナ機能を持つ住まいのワンストップ窓口として、更なる役割を果たすことが求められていると考えています。

〈注〉

元学区：京都市内には「学区（元学区）」と呼ばれる地域活動単位があります。室町時代の自治組織「町組」や明治時代の小学校「番組小学校」の歴史を受け継いでおり、現在では小学校の統廃合により通学区域とは必ずしも一致しませんが、様々な団体による多くの地域活動が、今もこの「学区（元学区）」を中心に行われています。（出典：京都市ホームページ https://www5.city.kyoto.jp/chiiki-npo/images/jichikai/tebiki/1.pdf）

第5章

「主体性」のある住まい方

住生活の価値はコミュニティで決まる

甲斐徹郎（株式会社チームネット　代表取締役）

私たちが「主体性」をもった住まい方を検討する際に重要となるポイントのひとつとして、「コミュニティ」をテーマに考えてみたいと思います。

はじめに、暮らしにおける「コミュニティ」のことを考える題材として、私が企画と事業コーディネートに関わった東京・世田谷区にある環境共生型コーポラティブ住宅「欅《けやき》ハウス」（二〇〇三年完成）を紹介します。欅ハウスが建つ二三〇坪あまりの敷地には樹齢二五〇年の欅の木を中心とした江戸時代より続く屋敷林が残っていました。そうした緑豊かな環境を活かして「世田谷に森をつくって暮らそう」と声を掛け合って一五世帯の家族が集まって実現させた集合住宅が欅ハウスです。

欅ハウスは、樹齢二五〇年の欅の木をそれぞれの住人の部屋が囲み合うように建てられています。そして、自然を活かしたさまざまな工夫が取り入れられています。建物全体を覆う植物や、井戸水や雨水などを利用して池がつくられ、自然の生態系が再現されました。屋上には土を入れ菜園をつくり、思い思いの野菜も育てています。そして大きな欅が、天然の空調装置のような役割を果たしていて、その涼しさを味わえることもここでの暮らしの魅力となっています。欅ハウスの敷地の隣地には、その土地の所有者だった地主さんの使わなくなった母屋が残され、そこが住人の集まることのできるコモンスペースのような役割を果してきました。このように、欅ハウスでは、豊かな環境と豊かな「コミュニティ」のある暮らしが実現されました（図1）。

私は自分が担当する大学での「コミュニティデザイン論」の授業で、この欅ハウスのプロジェクトを題材として使っています。学生たちに授業の初日に、この集合住宅での入居者同士が楽しく集って暮らしている様子をビデオで見せて、そのあとに、自分だったらこの集合住宅に住みたいと思うかどうかを尋ねるのですが、みなさんは何割くらいの学生が「住みたくない」と答えると思いますか。

実に六〜七割の学生が、はっきりと「住みたくない」という意思を示します。

この学生の反応には伏線があって、欅ハウスでの暮らしを紹介する前に「君たちにとってコミュニティは重要か」という問いを与え、学生たちをグループに分けてディスカッションをさせています。すると、どのグループも「コミュニティはとても重要」だと意見は一致し、コミュニティはどうして重要なのか沢山の意見が交わされます。

そのディスカッションの後に欅ハウスのビデオを見せるわけですが、すると六〜七割は、「ここには住みたくない」と答えます。「コミュニティは重要だ」と自ら力説しておきながら実際に住む場所の話になると、「コミュニ

図1　欅ハウス

ティは不要だ」とばっさり切り捨てます。とても矛盾していると思いませんか。

この反応は学生に限ったことではなく、五〇～六〇歳台の一般人が集まる場面でも「身近な暮らしの場におけるコミュニティづくり」に対して否定的な方が大勢《たいせい》を占めます。そこに共通しているのは「人間関係が煩わしい」という意識です。暮らしの場から離れた場所での人間関係は重要視するけれど、身近で周りに暮らしている人たちとの関係には距離を置いた方が良いと多くの人が思っています。そこには、何かトラブルがあったらすごく住みづらくなる可能性があるからという理由があり、そういう煩わしい関係は避けた方が良いという意識が根底にあるのです。


では、「欅ハウス」では、そうしたトラブルや煩わしさは実際にあるのでしょうか。住人同士の中で衝突がおこることは実際にあるようです。それでも、そのことによって深い確執が生まれることはないようです。なぜかというと、そこには相手のことを深く知り合っている相互理解があるからです。相手の性格を理解していれば、「このひとはこういうこだわりがあるから、こんなことを言うんだ」というふうに察しがつき、関係がこじれる前に距離を置いたり、事前の策を講じ合うことができるものなのです。

私が「欅ハウス」のような住まいをコーディネートする際に、いつも意識していることがあります。それは、参加者同士で「がんばって仲良くなろうとしなくていい」ということと、「でも、お互い自分のために協力しあおう」ということです。つまり、「コミュニティを活かすこと」と「仲良くすること」とは別だということです。重視すべき点は、「仲が悪い関係でも協力はできる」ということです。そうした協力関係を維持できたなら、実はそれがコミュニティだということです。そうしたコミュニティが「欅ハウス」での暮らしを支えあっているのです。

「便利さ」と引き換えに暮らしの「コミュニティ」は失われた

先の大学生の反応のように、暮らしのなかでのコミュニティは敬遠されているということは事実です。それが現代人の特徴ともいえると思いますが、「なぜ、身近な暮らしのなかでコミュニティが重要視されないのか」そこに焦点を当てて考えてみたいと思います。

私は、そこには「コミュニティが重要視されなくなる社会構造」があるのだと思っています。それは「便利になると関係が省かれる」という構造です。

たとえば、かつての日本の民家での暮らしが写っている写真を見ると、そこには大人数で食卓を囲って食事をしている様子が見られます。その背景にはいくつかの要因があると思いますが、「便利さ」という観点からその状況を考えてみると、現代と比べてとても不便な調理器具しか使えなかったことが、この大人数での食卓の風景を生み出していたと言うことができると思います。かつての民家での調理器具は、薪《まき》によるかまどを使っていました。このかまどを使った料理は、とても手間のかかることでした。この手間のかかる調理器具を使いこなすためには、料理をつくる時間が毎日決まっていて、そこに家族が集まってくるという習慣がなければ成り立たなかったはずです。つまり、こうした「不便さ」が人間関係によって補われていたのです。

一方、現代人の食事をする場として、ファストフード店を利用することが少なからずあると思いますが、私たちはその店でたまたま出会った隣の人と話をすることなく、一人一人が思い思いに食事をとります。ここで突然隣の人に「ここでご一緒するのはご縁ですね」などと話かけたら、とても怪しく思われて嫌がられてしまうはずです。こうした他者との関係を断つような状況はどうして生まれたのでしょうか。ファストフード店での食事のスタイルを生み出しているのは、スイッチを押せば瞬時に料理ができるような進化した調理器具です。技術が進化し便利になると、他人に左右されず、好きな時に好きなものを手に入れることが可能になります。その結果、他者との関係は煩わしく感じるようになるわけです。「便利になると関係は省かれる」という構造とは、そういうことです。

伝統的民家に学ぶ地域環境と暮らしの関係

では、現代のように関係が省かれる以前の住まいはどういうものだったのでしょうか。

下の写真は、横浜市にある「横溝《よこみぞ》屋敷」という伝統的な民家が保存されたものです。このような家の北側に山や屋敷林を背負っているかたちはよくみられる民家の形式です。この家の環境と暮らしの関係について、少し考えてみましょう（図2）。

これを考えるにあたって、北国で撮った写真を一枚お見せします。雪が薄っすら積もった風景の中で、石の周りだけ雪が溶けているのがわかると思います。どうして石の周りだけ雪が溶けたのでしょうか？　おそらく多くの方が、石が太陽の熱を受けて温まり、その熱が石の周りの雪を溶かしたのだと思われたのではないでしょうか（図3）。

それは不正解です。

正しい答えは、この石が風を遮っているからということです。風が地面に当たっていると風によって熱が煽《あお》られてしまい、太陽からの熱がそこに到達していてもその太

図２　横溝屋敷

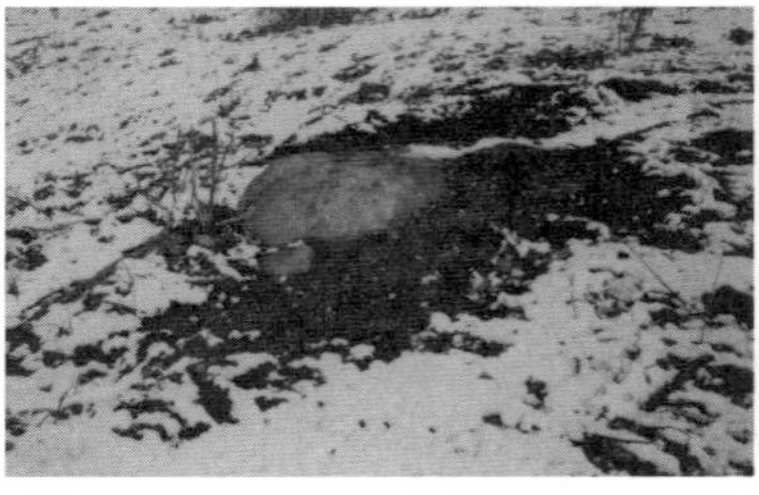

図３　雪原の中の石

図５　千葉県船橋市の今の街並み

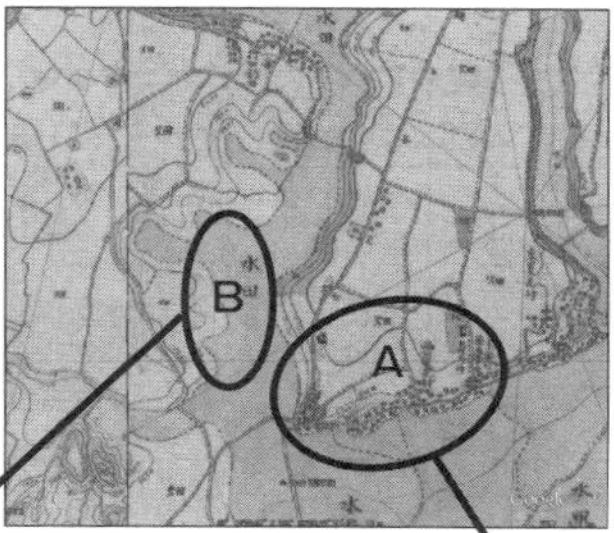

図４　千葉県船橋市の昔の街並み

陽熱によって地表面を温めることができません。しかし、石のまわりだけ風の止まっているところができたために、そこだけは太陽熱が吸収されて表面温度が上昇し、結果として雪が溶けたのです。

　ここで改めて「横溝屋敷」を見てみましょう。こうした民家も、この石の周りと同じような環境を選んで家を建てているということがわかります。北側に山を背負っていれば、その場所は風が止まっているので、太陽熱が周辺の表面温度を上げ、体感的にとても暖かくなります。このように、昔の家を観察してみると、そこに地域の環境を活かした暮らしの姿が確認できるわけです。

　仕事の関係で、千葉県船橋市の古い地図を手に入れて歩いてみたことがあります。昔から人が住んでいた地域（古地図のＡのエリア）に行くと、そこには自然とともに共生している暮らしが今でも残っていて、大きな風景を地域で共有していることがわかります。そこには「横溝屋敷」と同じ地域の環境を活かした暮らしの知恵が根底にあるわけです（図４）。次に、昔は田んぼで人が住んでいなかった場所（古地図のＢのエリア）に移動してみると、風景がガラリと変わります。

緑がなくなり、街並みがとても無機質で寒々しい雰囲気になっているのです（図5）。

現代の私たちの暮らしは、機械仕掛けで家の中を快適にすることができるようになりました。個々の生活が室内だけで完結できるような技術を手に入れた結果として、外とのつながりを全く意識しないで暮らしができるようになると、外の環境を活かそうとする人がいなくなるのです。その結果、緑豊かな街並みは生まれなくなります。住まいの外に魅力的な環境がなくなれば誰も外に出なくなります。外に出てこなければ隣人との出会いもなくなります。こうしてコミュニティは失われていくのです。そして、人間関係は煩わしいものとして位置付けられていくことになります。こうして、「便利」になると「関係」は省かれていくのです。

住宅の「商品化」が招いた暮らしの枠組み

技術の進化がもたらした「便利さ」が人と人との関係を省き、人間関係が煩わしいものとして位置づけられていく構造を具体的な事例を示しながらみてきましたが、暮らしの場におけるコミュニティが希薄化していった理由をもうひとつの角度から見てみたいと思います。それは住宅の「商品化」という視点です。

かつての住宅は、近場で産出する木材などの材料を使い、その地で生業を営む大工がつくるものでした。ところが、工業の発達により部材や設備機器の生産体制が確立し、住宅全体が市場で扱われる商品へと変化していきます。大企業や企業グループも住宅分野へと進出し、巨大な住宅産業が形成されました。

企業間の競争により、より優れた商品がこの世に生まれることは私たちにとってとても良いことですが、ここで問題となる点を指摘しなくてはなりません。それは、本来は住む人が主体であるはずの住まいづくりが企業によって主導されるものとなり、そこでの暮らしは供給する側に依存するスタイルが確立してしまうということです。すみずみまで商品化された住まいの中で暮らしていることで、私たちは知らず知らずのうちに「快適な生活は誰かが用意してくれているものだ」と思い込むようになります。そして、何か不具合があればすぐに製造元に「責任を取れ」とクレームを付けるわけです。

こうしたクレームを言ってしまう状況は、住まいの中での暮らしにおける自分の「主体性」が失われているということの裏返しでもあるわけです。

最近の住宅では、その周りに樹木や草花を植えてガーデニングを楽しもうとすることがとても少なくなっています。それどころか、住まいの周りは、地面がコンクリートで覆われ、アルミなどの耐久性があってメンテナンスの手間の少ない無機質な素材で囲まれるケースが多くなっています。

こうしたメンテナンスフリーが望まれる傾向は、住まい手のニーズから始まったのではなく、供給者側の都合から生まれ、その過程で住まい手自身も無意識のうちに「手間のかからない暮らし」を望む価値観が強くなったのではないかと思います。

なぜそう思うかというと、それはこういうことです。住まいの周りに意図的に樹木を配置すると、機械仕掛けのエアコンだけに頼るより圧倒的に快適な夏の涼しさを得ることができますが、そうしたノウハウが企業サイドから示されることはまずありません。なぜなら、緑化的要素は、工業製品とは違って品質の保証ができないものとして扱うことが敬遠されるからです。そして、企業にとっての商品とは手離れがいいことが重要で、納品が終わればすぐに次の顧客対応へと移行し、生産ラインを効率よく回し続けなければならないのです。「暮らしをお膳立てしてくれている」企業へ依存した体質が身についてしまっていれば、私たちは企業から発信される情報を頼りに住まいを選択することになります。そうして、「手間のかからない暮らし」を望む価値観が上位に定着するのだと思うのです。

こうして企業が主導する住まいづくりでは、外環境までもが工業製品で埋め尽くされ、その集積としての地域の環境は無機質化してしまうというわけです。そして、暮らしは室内で完結し、無機質化した外の環境の中で「人間関係は煩わしいもの」として意識されるようになるわけです。

暮らしの場に「コミュニティ」は必要か

現代の住まいは、他者からの干渉を受けない自由と、スイッチひとつで得ることのできる便利さと快適さを私たちにもたらしています。しかし、一方で個人の暮らしの領域が住宅の壁の内側で完結させることが可能となった現代人の生活は、自ずと外に対して閉じる傾向が強くなり、その結果、近隣住人との関係は希薄になり、さらには隣人との付き合いは「煩わしい」ものと意識されるものになりました。

私たちの多くは、暮らしの場では近隣との人間関係とは距離を置きながらも、一方で「コミュニティ」の重要性を決して否定しているわけではなく、自分の住む街の外に出かけて仲間との関係を大切に保っています。

では、暮らしの場における「コミュニティ」はなくてもいいものなのでしょうか。私たちが元気に外に出かけられる状況がずっと続いていればいいのですが、実際はそういうものではありません。たとえば、生後間もない子供がいたり、足腰に故障などを抱えたりすると出歩くことが不自由になってしまい、私たちの人間関係は住まいとその周辺のエリアに限定されることになります。その途端、暮らしの場で他者との人間関係と距離を置いている私たちは、孤立しているという状況に陥ることになります。

こうした孤立した状況がもたらす問題はなんでしょうか。最大の問題は、他者からの承認が得られないということです。私たちが抱く幸福感の根底には「自己肯定感」というものがあります。その感覚は「誰かに認めてもらえている」といった他者からの承認があって得ることができるもので、これが得られないと自分が生きている意味を見出せなくなってしまうものなのです。

私たちの暮らしを自分の住む地域から切り離し、自立させることができるようになった現代の住宅は、他者からの干渉されない自由な生活スタイルと、便利で快適な暮らしを実現させましたが、その一方で地縁関係を育む機会をなくしてしまい、個人を地域から孤立させてしまう結果を招いています。そのことが、現代人の幸福感にまで影響を及ぼしているのです。特に自宅で孤立してしまいがちな高齢者の「生きる力」を弱めてしまっています。いわゆる独居老人の問題の本質はここにあるわけです。

「コミュニティ」が「まち」をつくりだす

少し話が飛躍しますが、住まいだけでなく「まち」を魅力的に変容させ、「まち」を暮らしの場として活かすということをテーマに考えてみたいと思います。

私たちの暮らす「まち」は行政によってつくられていて、私個人の力でどうこうできるものではないとほとんどの人が思っていると思います。しかし、実はそうではなく、私たち個人個人の関わりによって「まち」全体の環境を変えて、私たちはもっと豊かな暮らしを手に入れることが可能です。

そのことを理解していただくために、「イワシの群れ」の話をしたいと思います。

数万尾のイワシが泳ぐ群れの様子を思い浮かべてください。皆さんもテレビなどで見たことがあるかと思いますが、その群れは秩序をもった美しいカタチを形成しています。そこにマグロなどの外敵が襲いかかってきたとします。それでも、イワシの群れはバラバラにはならず、全体として泳ぐ方向を瞬時に変えてマグロからの攻撃をかわそうとします。そして、群れのカタチを大きく変化させながらも秩序をもった美しい全体性は維持されます。

この美しい全体性はどのようにして生まれるのでしょうか。一尾一尾のイワシはさぞかし全体とのコミュニケーション力がすごく高いのだろうと誰もが考えると思いますが、研究者たちが調べてみると、全体のことを考えているイワシは一尾もいないことがわかったのです。では、なぜあの見事な全体が生まれるのか？ 調べてみると、イワシは個と個の間の単純な関係をただ繰り返しているだけだということがわかったのです。その単純な繰り返しとは、次のようなたった三つだけです。一．群れの中心へ向かって進むこと、二．近くの仲間とスピードや方向を合わせること、三．仲間に近づきすぎたら、ぶつからないように離れること。こうした関係の繰り返しがあの見事な全体を生み出していたのです。

イワシの例だけではなく自然界の中にはこうした美しい全体性が生まれ保たれる構造が多く存在しています。こうしたメカニズムは研究者たちによって解明され、その原理は「自己組織化」と呼ばれています。

この自己組織化のメカニズムを紹介することで何を皆さんに伝えたいかというと、強力なリーダーシップを発揮して「まち」全体に対して働きかけなくても、個人個人の小さな単位での身の回りの「関係」を整え、その関係が周辺に連鎖していけば、美しい全体は生まれるということです。

あのイワシの場合を確認すると、イワシの中にリーダーがいるわけではなく、イワシそれぞれは常に主体的であり自由意志を持って泳いでいます。ただそこに、隣り合うイワシ同士の間にある一定の関係を維持しあうという単純な行動ルールが共有されていて、その関係が連続的に繰り返されることによって、あの美しいイワシの群れは形成されているのです。

「まち」の環境は「イワシの群れ」と同じ原理で形成されているということがとてもよくわかる実例をご紹介したいと思います。それは、沖縄本島の北部の本部《もとぶ》半島に位置する備瀬《びせ》という集落です。ここを航空写真で見てみると、集落全体が豊かな森に囲まれ、個々の住宅が個別の細胞のように見えます。その細胞が連続することで、街全体が一つの生き物のような、豊かな環境が形成されていることがわかると思います（図６）。

こうした集落全体の環境がどのように形成されてきたのかは、集落の中に入るとわかります。森のように見えたものの正体は、実は一軒一軒の家を囲む生垣だったのです。敷地の四方を福木《ふくぎ》という樹木で囲んだおよそ二〇〇件の家々が、碁盤の目のように並び、その緑が延々と連なって森のように見えていたのです（図７）。

この備瀬の集落の環境は、「イワシの群れ」と同じ原理で生まれています。全体をつくろうとするリーダーがいるわけではなく、個々の住人が自分の暮らしを台風から守るために、自分のために樹木を植えていて、それが

図６　備瀬の街並み・遠景

図７　備瀬の集落・近景

連鎖して全体が生まれているのです。

このメカニズムが作用する条件を整理すると、そこには二つのポイントがあります。ひとつは「個の主体性」です。それは、個は常に自分の意志にもとづいて、自分のために行動している主体であるということです。もうひとつは「個と個との関係」。それは、個と個の間に一定の関係が維持されていることです。この二つです。これらの条件が揃うと、美しい全体が形成されるのです。

図８　沖縄の現代の住宅地

商品化した住宅が暮らしの領域を狭くしている

こうしたかつての美しい集落に対し、私たちの暮らす現代のまちは、どうして備瀬のような調和のある美しい環境が失われてしまうのでしょうか。

沖縄の現代の街並みから、その原因について見てみましょう。

一九七〇年代以降になると沖縄の住宅地には樹木がほとんどなくなり、備瀬のような美しい街並みは生まれなくなります（図８）。

いったい何が起きたのでしょうか。それは、沖縄では一九六〇年代後半に入るとこれまで木造だった一般の住宅がコンクリートで造られるようになったからです。その結果、住まいはとても堅牢になり、台風から暮らしを守るために樹木を植える必要がなくなります。こうした住まいの性能の向上によって、暮らしは建物単体での完結性が高まり、隣り合う個と個との関係性は途絶えることになります。こうして「自己組織化」のメカニズムは働かなくなり、美しい全体性は生まれなくなるわけです。

こうしたことは沖縄だけでなく、現代の私たちの暮らし全般でおきています。先に確認したとおり、私たちの暮らしに必要なものはそのほとんどが商品として提供され、私たちの暮らしは多くの場面でその提供者によってお膳立てされるようになりました。その結果、暮らしにおける自らの主体的な取り組みが少なくなり、他者との関係も距離を置くようになっています。

そうして私たちの暮らしの場において「個の主体性」と「個と個との関係」のどちらもが失われ、まちの美しい環境を創り出す「自己組織化」のメカニズムが働かなくなってしまったわけです。

かつての暮らしの場における「コミュニティ」が維持されていた時代には、住人同士の関係が全体に作用し、豊かな「まち」の環境を生み出していたわけです。そして、その時代では、「まち」全体が暮らしの場として機能していました。しかし、住人同士の関係が希薄となった現代では、個の暮らしは全体へ影響せず、「まち」が暮らしの場として機能することがなくなります。

つまり、暮らしの場における「コミュニティ」の喪失は、私たちの暮らしを住まいの中に押し込め、暮らしの場を狭い領域に限定させてしまうことにつながっているのです。

「主体性の回復」が住生活の価値を上げる

これまでに、暮らしの場におけるコミュニティが希薄化していった理由を「便利さ」と「商品化」という視点から検討しましたが、技術の進化によってもたらされた「便利さ」が集約された「商品」はこれからも進化し、私たちの暮らしの中に様々な魅力を提供し続けるのだと思います。そうした「便利さ」の向上や「商品化」の流れは今後も歓迎されるとしたら、それと引き換えとして「人間関係」の希薄化を招くことは避けては通れないのでしょうか。

「便利さ」と「商品化」、それと「人間関係」のそれぞれを両立させることはできないものなのか。そのことについて考えてみましょう。

「人間関係が煩わしい」という意識が生まれる理由として「便利さ」と「商品化」とを挙げましたが、実はこの意識が生まれる理由の本質は、暮らしにおける私たちの「主体性」の喪失にあります。問題の本質は技術や商品の進化ではなく、それらを使いこなす私たち側の「主体性」の有無なのです。便利になったことで煩わしい関係を省けることは肯定し、しかし、それだけに終わらず、そこで生まれたゆとりを創造的な関係の構築に活かせば、「便利さ」を享受しながら「主体性」を活かした創造的な暮らしを生み出すことはできるはずなのです。

改めて、「コミュニティ」とは何かということを考えてみると、私は、次のように捉えればいいと思っています。「コミュニティ」というのは「主体化した個と個が、持続的に相互作用を及ぼし合っている実態」のことをいい、その実態が継続すれば、自己組織化の原理が働き、私たちの暮らしの場は「住宅」という与えられた商品の枠組みの中に閉塞しないで「まち」へと拡張し、暮らしのクリエイティビティを高めるということです。

「主体」と「主体」の出会いがなければ、つまり、お客さん同士が単に出会っているだけでは「コミュニティ」は生まれない。与えられているもの同士の間では「コミュニティ」は生まれないのです。つまり、暮らしにクリエイティビティを取り戻すためには、暮らしの場における「主体性の回復」が不可欠だということです。

しかし、そうした主体性を基にした能動的な行為は、供給者側から用意される枠組みに従属してしまっていれば生まれてきません。私たちがそこに自発的な意思を持たなければ、自分自身の「主体性」を発動させるスイッチが入らない。そこが問題なのです。

私たちが暮らしの中に自分の「主体性」を回復させるためには、自分の住まいの中に、「与えられる側」から自分の立ち位置を変える仕組みを意図的に組み込むことが重要となります。

そこで最後に、自分自身の「主体性」のスイッチを入れるための工夫を紹介しようと思います。

それは、①「DIY（Do It Yourself＝自分でやる）にチャレンジすること」と、②「アウトドアを楽しむ」こと、それと③「パッシブデザインを取り入れること」、その三つです。


自分の住まいの中でのDIYへのチャレンジは、そのDIYによって作られたものに意味があるだけではなく、住人を「与えられる側」から自らを「つくる側」へと立場を変えるという意味で、暮らしに「主体性」を取り戻す取り組みとしてとても有効な方法です。

私がプロデューサーとして関与した『ソライエ清水公園アーバンパークタウン』という東武鉄道による約五〇〇区画の大規模な分譲開発プロジェクトで、このDIYへの取り組みを活かしたコミュニティづくりが実践されました。その実例を紹介します。

このプロジェクトでは分譲する建売住宅の内装の一部をわざと未完成にし、住人がDIYで残りを完成させて住むという、とても思い切った計画を実施しました。そして、「ものづくりの工房」という施設を街の真ん中に設けて、そこにインストラクターを常駐させ、道具の貸し出し

図９『ソライエ清水公園アーバンパークタウン』ものづくりの工房

や、壁紙の貼り方やペンキの塗り方の教室などを実施してＤＩＹのサポート体制を充実させたのです（図９・10）。

そうした結果どうなったかというと、日常の中での入居者同士の交流が一気に始まりました。同じ時期に入居した住人は互いに工房でＤＩＹのテクニックを学び合う中で関係が深まり、実際のＤＩＹ作業の場面では先輩住人が後輩住人に自分が苦労した体験などを教えるような関係が生まれ、近隣同士の人間関係が自然に出来上がっていったのです（図11）。

そして、そのコミュニティがまちを使いこなすようになり、芝生広場での朝ヨガ（図12）や夏の盆踊り（図13）、マルシェやソトゴハン（図14）など、さまざまなイベントが自発的に住人たちの手で実施されるようになりました。また、分譲街区の中で使われずに遊んでいる土地の地主さんと折り合いをつけ、複数の住人が共同菜園を始めるようなことも起こりました。

こうしてソライエ清水公園ではＤＩＹという体験を活かすことで住人の「主体性」を発揮させ、単に住まいを買ったということではない、この「まち」で暮らすことの体験的な価値を創造することになったのです。

暮らしの中でのＤＩＹへの取り組みはこのように、私たちが暮らしの場において「主体性」を回復させるためのとても有効な手法となるわけです。

暮らしの中に「主体性」を生みだす手法としてＤＩＹと同じような効果のある

図10　ものづくりの工房 内観

図11　DIYの様子

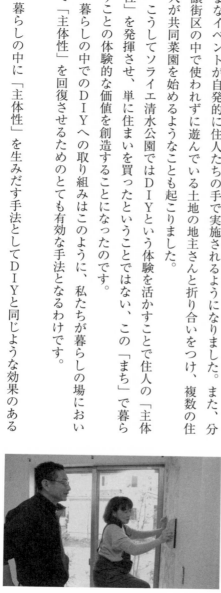

取り組みがあります。それは、住まいの屋外空間を整備して、バーベキューなどのアウトドアを暮らしの中で楽しむことです。

なぜアウトドアを楽しむことが「主体性」の回復に有効なのかというと、アウトドアを楽しむためには、その場所の居心地をよくするために外の環境を整えたり、バーベキューのために火をおこしたりなど住人の能動的な行為が伴うからです。また、人工的な設備がもたらす室内での快適性とは全く異質な心地のいい体感が身体感覚を刺激し、外環境とのつながりを味わおうとする住人の主体性を促すのです。

こうした外空間を楽しむ工夫と室内空間とのつながりをつくり込むことで、機械仕掛けに頼らない快適性を創

図 12　朝ヨガ

図 13　盆踊り

図 14　ソトゴハン

り出すデザイン手法があります。それがパッシブデザインと呼ばれる手法です。

　このパッシブデザインを取り入れた住まいづくりでは、住宅の外に自然の力を活かすことで快適な環境を積極的につくり、そこで生まれる心地よさを室内に影響させるといった工夫をします。外の環境が快適になればなるほど室内環境も快適になりますので、パッシブデザインを導入した住まいでは、外の自然環境に対して住人は進んで関わりを持つようになり、自ずとアウトドアを楽しむ暮らしが生まれます。

図 15　ソライエ清水公園の様子

　パッシブデザインを取り入れると、快適さだけでなく、窓辺に緑に囲まれた贅沢な景観が生まれます。もちろん、緑には手入れが必要となるわけですが、緑がもたらす快適さを味わった住人は、緑の管理に対する手間以上の贅沢な体感を得ようとする欲求が生まれ、自分の「主体性」のスイッチが入るわけです。

　写真（図15）は、先に紹介した「ソライエ清水公園」の街区の様子ですが、ここではＤＩＹへの取り組みだけでなく、パッシブデザインの仕組みも導入されています。ここでは、「主体性」のスイッチが入った住人同士が日常的に出会っています。そこには「煩わしい」といった感覚はどの住人にも見受けられません。こうした住まいとまちづくりをいくつも私は体験してきましたが、その都度やはり商品化された住宅によって誘導された依存体質が、私たちの暮らしの場における人間関係を煩わしく思う感覚を生み出しているという問題の本質に気づかされます。

皆さんがつくる住まいのあり方が、皆さん自身の「人間関係を煩わしく思う」意識をつくり上げています。「住まいづくり」とは、そうした自分の意識や価値観を生み出す枠組みをつくることであることを認識することがとても重要だと思います。

写真提供　図6・7：琉球新報社、図9～15：東武鉄道

主体的なおとなの住まい方

――コーポラティブ住宅「つなね」を事例に

瀬渡章子（奈良女子大学 教授）

コーポラティブ住宅がわが国に誕生してから既に半世紀が経とうとしていますが、身近に事例が少ないこともあり、その存在はあまり世間に知られていません。

現在ではわが国の世帯構成は、「夫婦と子どもから成る世帯」すなわち従来からのいわゆる「標準世帯」よりも、単身や夫婦のみの世帯が多くなりました。また雇用者世帯では、「夫婦共働き世帯」が「夫のみが働く世帯」を超えるまでになっています。少子化、長寿命化の進行とともに生活スタイルは一層多様化しています。このような時代にあって、「集まって住む」ことの意味が改めて問われています。「集まって住む」形態には様々なものがありますが、本稿では、筆者が暮らして二〇年が経過するコーポラティブ住宅を事例とし、主体性のある暮らしについて考えていきたいと思います。

コーポラティブ住宅とは

コーポラティブ住宅は、わが国では「自ら居住するための住宅を建設するものが、組合を結成し、協同して事業計画を進め、土地の取得、建物の設計、工事発注、その他の業務を行い、住宅を取得し、管理していく方式」

と定義されていて、その住宅のほとんどが集合住宅です。主な特徴として、①建物・間取りなどに希望を生かせる設計、②事業費の公開や余分な経費の節約による納得できる価格、③良好なコミュニティの形成、④共同施設などの豊かな環境、があげられています。(＊1)

筆者は、この住まいの魅力にひかれて、住み手としてコーポラティブ住宅づくりを始めることになりました。平成八（一九九六）年のことです。入居後、コーポラティブ住宅について知識ある人から、「皆さん、仲良くやっていますか。トラブルはないですか？」「居住者の入れ替わりはありませんか？」という質問を受けることがしばしばありました。その質問の背景には、「コーポラティブ住宅は、一般の集合住宅と比べて人間関係が濃厚で窮屈ではないか」「関係がこじれて面倒なことにならないか」「転居の必要が生じた時に住戸の間取りが個性的だと売却しにくいのではないか」などの懸念があったからだと思われます。

では、実際はどうだったのでしょうか。住まいづくりのプロセスも含めて、コーポラティブ住宅の暮らしの一端を紹介していきます。

「コーポラティブ住宅、創りませんか？」

奈良市で初めて建設されたコーポラティブ住宅「つなね」(＊2)（図1）は、当時、公団住宅の同じ棟に住むK子さんのこの一言から始まりました。引っ越したいけれども希望のマンションがなかなか見つからず、最寄り駅でばったり会った筆者の夫に気軽に声を掛けたのです。住宅を取得するならコーポラティブ住宅

図1　「つなね」の外観（現在）

という想いはあっても、住まいづくりの大変さも少しは理解していた私たちは、戸惑いや不安もありましたが、まずは二世帯が協力して仲間を募るチラシを作り、団地の集合郵便受けに投函することから一歩を踏み出しました。

コーポラティブ住宅づくりの方法はいくつかあります。一般的なのはコーディネーターもしくは建築家が土地を見つけてきて、そこに建築可能な住宅の計画を示して入居者を募る方法ですが、私たちは、ある程度の可能性が見えるまではコーディネーターを置かずに、土地探しも含め、極力すべてを自分たちで行う方法を選びました。このようにしたことで手間や時間はかかりましたが、その分、参加者それぞれが「住まい力」を鍛えられることになり、その後の暮らしづくりへの移行もスムーズにいったように思います（図2）。

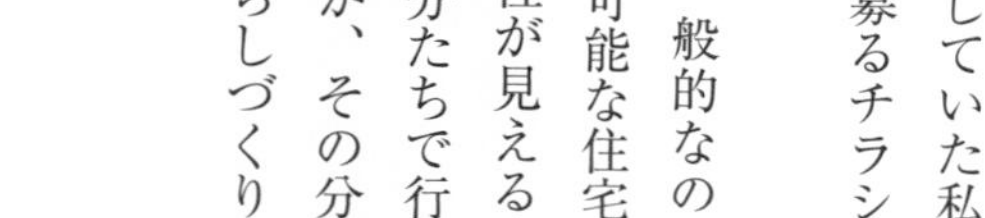

図2　竣工までに何度も重ねられたミーティングの様子

「つなね」の特徴

「つなね」は、一九七〇年代初めに街開きが行われた奈良市の平城《へいじょう》ニュータウンの一角に、平成一二（二〇〇〇）年三月に竣工しました。敷地面積は約二七〇〇平方メートル、建物は三階建て（一部地下一階）三棟、総戸数二三戸、一般の分譲マンションと変わらない区分所有法にもとづく集合住宅です。建物は、躯体は鉄筋コンクリート造、外壁は木造、屋根は鉄骨造とし、長期耐用性を重視したスケルトン・インフィル分離型であることから住戸の改装や増改築の自由度は高くなっています。エレベーターは設置されていませんが、敷地の高低差を生かしたスロープの採用などによって、約七割の住戸は道路から階段を使わずにアプローチすることができます。屋外には、シンボルツリーや各世帯のパーソナルツリーを植え、共同菜園の設置、雨水の散水利用など環境にも配慮した計画となっています（図３）。また、中庭を囲む建物の配置や中庭に面した集会所の存在は、様々なイベントを盛り上げ、住宅全体の様子を窺い知る上で大いに役立っています。

次に居住者について紹介しましょう。最寄り駅まで約五〇〇メートル、周辺には生活利便施設も整った立地ということもあり、様々な年代の人たちが集まりました。入居当初の世帯構成は「子どもがいる世帯」一二世帯、「夫婦のみ」七世帯、「単身」四世帯で、職業も会社員、公務員、自営業、退職者など多様です。参加の動機も、生活スタイルに合った住戸の間取り、高齢期に安心して住める環境、子どもを安心して育てられる環境への期待など様々です。幼い子どもを持つ若い夫婦がそれぞれの両親を「つなね」に呼び寄せて、三世帯が「スープの冷めない距離」で暮らすことになった事例や、近くに住む子世帯の勧めで、首都圏で一人暮らしをしていた老親が入居することになった事例もあります。

コミュニティへの期待の高まり

コーポラティブ住宅づくりの二大課題は、「メンバーの募集」と「土地取得」と言われています。コーポラティブ住宅への思いが強くても、土地の当てもなく、参加を呼びかけるにしても事例が少ない上に、最初は価格や場所の見通しすら立っていない住まいづくり。参加者を募る側も参加する側も勇気がいります。それでも前進できた要因として、①学習会から始めてメンバーが交流を重ねながら活動を進められたこと、②常にオープンな会の運営を心掛け、互いに協力し合える体制を築くことができたこと、③入居予定者で組織する「つなねの会」、設計者・コーディネーターの伴年晶《ばんとしあき》氏、工事請負業者Ｋ工務店の三者の良好な連携

図３　中庭の芝張り作業（入居の翌年）

があったことなどをあげることができます。

住まいづくりの過程でメンバーにも変化があらわれました。二世帯が意気投合してから竣工までに四年の歳月が流れましたが、その間、経済不況も重なり、メンバーの募集には最後まで苦労が伴いました。募集のために配ったチラシは六種類、約三万枚、団地集会所などで開いた一般向け説明会は八回にのぼります。説明会では、参加者を前に住宅の特徴などを一通り説明した後、メンバーそれぞれがコーポラティブ住宅づくりに参加することになった経緯や住まいへの思いを語ります。最初の頃は「住戸の自由設計」の魅力などをあげることが多かったメンバーも、説明会を重ねるにつれて、「自由設計」の魅力と合わせて「良好なコミュニティ」を期待する発言も増えていきました。このような変化は、時間の経過とともにメンバーの間に信頼関係が築かれていき、集まって住むことへの期待が高まっていったことの表れだと考えられます。

「物干し」の美観論議

計画を進める過程で、集合住宅で共に暮らすために検討しなければいけない課題が次々と出てきます。それらに向き合う時間を共有しながら、居住者が住まいの主体者としての力量を高めていくことになります。その場面をいくつか紹介しましょう。

全体計画の見通しがついてきたある日のミーティングでのことです。洗濯物の干し方が話題となり、「外観もお洒落なマンションに住みたいので周囲から見える場所に洗濯物を干さないようにしたい」という要望が出されました。そこでディベート形式のワークショップを行うことになり、洗濯物をバルコニーに「干したい派」と「干したくない派」に分かれてそれぞれの言い分を出し合いました。これを受けていずれかに決着したのかというと、そうではありません。最終的には様々な意見があることを互いに理解した上で、それぞれの方法で自由に干すことになりました。そこで物干金物も、各住戸の状況に合わせてバルコニーの天井や手すりの内側など必要に応じて複数箇所に設置できるようにしました。

このような経験を重ねながら、異なる意見を出せる環境を大切にして、それぞれの立場を理解しようとする「習慣」が出来上がっていったように思います。

子育てを考える

入居を始めてからも、皆で生活上の課題を考える機会はたびたび訪れました。ある時の集会では、子どものことが話題にのぼりました。入居当初、〇歳から小学生まで幼い子どもたちがたくさんいました（図４）。居住者から、中庭で遊ぶ子どもたちが騒がしい、養生中の芝生の上を走り回っている、危険な行為をしているのに親は注意しないのか、などの苦情が出されました。確かに中庭は安心感があるので外部からも友達が遊びに来て、さらに盛り上がることがありました。親たちからは、安心して遊ばせられる場所が減っているので家の近くで遊ばせたい、子どもはすぐに成長するので今は大目にみてほしい、危険な行為を見つけたら子どもを叱ってほしいなどの声が上がり、お互いの事情を理解する良い機会となりました。親たちには、入居前から居住者と子どもたちとの接触があったので理解が得られているという一種の「甘え」があったのかもしれません。このことがきっかけとなり、子どもの親同士でも子育てについて定期的に話し合いがもたれるようになっていきました。

図４　水浴びをする子どもたち
（中庭にて）

顔を合わせないと淋しくなる「つなね」の人々

建設に向けて月に一度程度だったミーティングは、住宅の竣工が近づいてくる頃には頻繁に開催されるようになっていました。しかし完成して入居すると、それまでのようなミーティングは必要ではなくなり、ふだんは通勤する人も多いことから、居住者同士が顔を合わせる機会がほとんどなくなりました。「これでは淋しい」という声がどこからともなく上りました。そこで二ケ月に一度行われる地域の清掃日に合わせて定例集会を持つことになり、現在に至っています。集会では、基本的な管理上の課題をはじめ、様々な生活課題やイベントの企画、また時には地域の自治会活動についても話し合われます。

コーポラティブ住宅はイベントが多くて大変と思われている向きがありますが、「つなね」では中庭での花見と年末の餅つき大会（大掃除、忘年会の同日開催）などが行われる程度です（図5、6、7）。これらの管理組合主催の活動以外に、有志が主催するイベントがあります。これまで、茶道教室、ヨガ教室、小学生の学習教室「寺子屋」、子ども会活動などが行われてきました。ＤＶＤ映画上映会、麻雀同好会、バル、笑いヨガ、女子会などは現在も行われています。これらの活動は、やりたい人が主催し、参加したい人が参加するスタイルでまったく自由な雰囲気の中で行われているもので、「つなね」の人々のつながりをより重層的かつ柔軟なものにしていると思います。

図５　もちつき大会
（年末恒例、集会所にて）

図６　忘年会
（年末恒例、集会所にて）

集会所はコミュニティ活動の拠点

これらの活動になくてはならないのが集会所です。広さ約六〇㎡の集会所は、一階の中庭に面した場所にあります。集会所の開口部は、全体が透明ガラス入りの折れ戸になっていて、中庭からも集会所の中の様子がよくわかります。折れ戸を開放すると集会所と中庭がつながり、広々として気持ちの良い共用空間が生み出されます。集会所の床は、一部はコンクリート土間で、残りの大部分は腰掛けられる高さの広い木の床となっています。床下には木製テーブル六台が収納されていて、それを取り出して据え付けると、掘りごたつ式のテーブルに早変わりします。このように居住者のアイデアが生かされた使い勝手のよい集会所は、様々な催しに利用されています（図6、8）。

「付かず離れず」と「付いて離れる」

「付かず離れず」とは、付き合うグループや人との間に程よい距離が保たれている状態を言います。コーポラティブ住宅でも、居住者の間の適度な距離感をこの言葉で表されることがあります。これに対して、コーディネーターの伴氏は、「付かず離れず」ではなく「付いて離れる」ことが大事なのだと説きます。〈「付かず離れず」は「付いていない」のと同じ。必要な時にはきっちり付いて、そうでない時には離れていてもよい〉と。すなわち、肝心なところでしっかり合意形成がはかられていれば、いつもベタベタしている必要はないと

図７　どんど焼き
（１月恒例、中庭にて）

図８　竣工５周年記念音楽会
（集会所にて）

いう意味です。

「つなね」は二三世帯と小規模なので合意形成が比較的容易ということがあるかもしれませんが、参加と協力による住まいづくりの過程だけでなく、入居した後も課題解決のために話し合いのできる素地、すなわち「付いて離れる」基盤が築かれてきました。その基盤は現在も、居住者がそのことを強く意識することなく維持・更新されていると感じています。

新たな住人を迎える

入居から二〇年が経ちました。中庭を走り回っていた子どもたちも巣立っていき、静かな環境となっています。入居者は、これまでに三世帯が入れ替わりました。

コーポラティブ住宅であることを知らずに住宅が取得されることは、既存の居住者にとっても新たにコミュニティに加わる人にとっても不幸なことです。そのため管理組合は、発足当初から管理組合規約の中に協定を設けて、住宅の譲渡が発生した場合のルールを明確に定めています。入居から八年目に、管理組合に最初の譲渡の相談が寄せられました。一人暮らしの高齢の方が家族と同居されることになったためです。それを受けて入居者探しを行うことになったのですが、管理組合では「つなね」づくりを始めた時と同じように募集のチラシを作って地域の集合住宅に配りました。その結果、数世帯から問い合わせがあり、条件が合った一世帯の入居が決まりました。また一昨年は、周囲から目立つ建物の壁面に「入居者募集中」の横断幕を掲げて入居者を募り、入居説明会も行われました。説明会には多数の参加が

図９　つなねの人々（竣工 10 周年）

あり、コーポラティブ住宅への関心は決して低くないことがわかりました。説明会では「つなね」が誕生した経緯や暮らしについて丁寧な説明が行われ、最終的に若い二世帯の入居が決まりました。それぞれ元の住戸を改修するなどして上手に住まわれています。建築のリノベーションが盛んな今日、間取りの特殊性は大きな問題ではないことがわかりました。

今の時代、子どもがいても必ずしも親の住まいを継承するわけではありません。居住者は一年ごとに歳を重ねていきます。子どもがいる世帯もいない世帯も、高齢期の生活への不安や住宅の継承など、それぞれが将来への不安を抱えています。集会では、これらの課題についても話し合っています。

主体的に住まうとは

住み手が主体的に住まいに関わることについて、あらためて考えてみたいと思います。

コーポラティブ住宅では、その住宅に関心を持つこと、説明会に参加することと自体が主体的に住まうことの始まりです。「つなね」づくりの過程では、さらに自身の住宅づくりへの関心と合わせてコミュニティと関わる住まい方への関心も高まっていきました。

コーポラティブ住宅に関心を持って集まりに参加する人々の期待は、自由設計や良好なコミュニティなど様々ですが、最初から住まいのイメージが明確になっているわけではありません。見学会や学習会などを重ね、意見交換などをして交流する中で、集合して住まう住まい方のイメージが少

図10　10年目のタイムカプセルの掘り出し。20年目の掘り出しは間もなく

しずつ共有されていきます。住まいづくりの過程における学習、交流や様々な体験が、参加者の住まいへの期待をより高め、新たな発想を引き出し、コミュニティと関わる意識や活動にも変化をもたらします。住み手としての主体性は、これらの経験が重なることで、さらに引き出され、高められていくと考えられます。

暮らしを豊かにするコーポラティブ住宅

筆者は、大学で「住環境学概論」という授業の一コマを担当し、コーポラティブ住宅を話題にしてきました。受講生は、住環境学だけでなく食物栄養学や衣環境学など生活科学を学ぶ学生で、ほとんどが新入生です。コーポラティブ住宅は多くの高校家庭科の教科書で紹介されているのですが、その名称を聞いたことがある学生はほとんどいませんでした。家庭科では住まいの学習にあてられる時間は少なく、学習内容も限られます。専門分野で学ぶ人は別として、大学でも、社会人になってからも住まいについて系統的に学ぶ機会はほとんどありません。事例の少ないコーポラティブ住宅の存在が世間に知られていないのも無理はありません。

本稿で紹介した「つなね」は居住者主導型の住まいづくりの事例ですが、土地探しや人集めを自分たちで行うため、その分、時間と手間がかかります。これに対してコーポラティブ住宅づくりで圧倒的に多いのはコーディネーター主導型といわれているタイプです。両者は、参加者の関わりの程度は異なりますが、住まいづくりの過程に参加し、さらに入居後はコミュニティとの関わりの中で住まいを育てることに参加することが楽しいと感じられる住まい、という点では共通しています。

住まいを単に商品として選択するのではなく、暮らしの選択肢のひとつとして主体的に住まいづくりに参加するコーポラティブ方式という住宅のつくり方があることは、今日でもそれほど知られていませんが、コーポラティブ住宅は、人々が主体的に住まいに関わることで豊かな生活が生み出されることを、「つなね」の二〇年は示してくれています。

〈注〉

（＊1）コープ住宅推進協議会関西ホームページ

http://www.coopkyo-kansai.gr.jp/coop_house/coop_house1.htm

（＊2）コーポラティブ住宅「つなね」の名称は、万葉学者・坂本信幸先生（当時、奈良女子大学教授）の発案によるものです。「つなね」（葛根または綱根）とは、古代、釘を使わない建物の柱や梁を結わえるために用いられた葛《くず》などのツル性植物の縄のこと。しっかり結ばれた「つなね」は、建物の安定と家の主の長寿を祝うしるしであると「日本書記」に記されています。

〈参考文献〉

- つなねの会『つなね物語』つなねコーポラティブ住宅竣工記念誌、二〇〇〇年
- つなねコーポラティブ住宅建設組合「コーポラティブ住宅『つなね』竣工」「住宅」二〇〇〇年八月号、日本住宅協会
- 藤田忍「つなね誕生物語」『参加と共生の住まいづくり』学芸出版社、二〇〇二年

京町家を主体的に住みこなす
――住まいはおとなの学びの場

生川慶一郎（京町家居住者）

ここでは、京町家居住者として述べさせていただきます。実は、私は以前「公益財団法人京都市景観・まちづくりセンター」で京町家の承継相談を担当しており、年間一〇〇件ほど受けていました。もともと京都出身というわけではないのですが、髙田光雄先生（京都大学名誉教授）に「お前は声が大きいからまちづくりに向いている」と言われて京都に飛び込んで以来、京町家の虜になってしまい、ついには、自分で京町家を購入し、住んでしまうにまでいたったわけです。京町家というのは非常に奥が深くて、若輩者の私がお話しできるような立場ではありませんが、今日は自分の「住まい」に関して、自ら経験したこと、学んできたことを基に話します。

京町家との出会い

京都には文化財的な価値をもった京町家が多くありますので、気軽に「京町家」という言葉を使うのは憚《はばか》られます。京都市では「建築基準法（昭和二五年）施行以前の伝統軸組構法で建てられた木造住宅」を「京町家」と定義していますので、歴史的な価値を有する大型なものから、路地裏の長屋のような小型なものまでが「京町家」に含まれます。ここで紹介させていただく私の家も文化財クラスのものではありませんが、ここでは「京町

生川邸

所在地　：中京区
主要用途：専用住宅
敷地面積：213.97㎡
建築面積：125.79㎡
延床面積：233.19㎡
建設年　：1932年

改修設計：木四郎
　　　　　建築設計室

改修施工：木村工務店

図１　建設概要

家」ということで紹介させていただきたいと思います。私が今住んでいる家は、路地の奥に位置しています（図1、2）。多くの京町家はウナギの寝床と称されるように細長い形状をしていますが、私の家は田の字型になっています。道路に面した表屋部分を借家として切り離し、奥の旗竿状の敷地に母屋部分のみを建てたと考えられます。

私が購入した町家は、約三〇年間空き家のまま放置されていたので、見た目はかなり荒廃していました（図3）。購入する際に妻と母を連れて行ったのですが、二人は玄関を開けて……（絶句）、そのまま閉めて帰りました。家の中を何ひとつ見てくれませんでした。そして二人から、「この家を購入するなんて信じられない」と言われたのです。

私自身はというと、京町家の承継相談のときに、実際に相談者のお宅を訪問して家の中の状況を見て知っていましたので、失礼かもしれませんが、さほど驚くことはありませんでした。ご高齢の方は特に、足の踏み場がないほど

図３　改修前の状況（ゴミ等の散乱）

図２　平面図兼配置図

物が散乱していることも多く、私の目は建物以外のものを自動的にスクリーニングできるようになっていました。しかし、見慣れていない私以外の家族は耐え切れず、「これは絶対に嫌だ」と大反対されるところからスタートしたのです。

京町家の現状を踏まえ、改修前に行ったこと

このような京町家は、現在の不動産評価においては査定すること自体が困難です。

特徴的なことを三つあげますと、まず一つ目は、気密ゼロ、断熱ゼロの温熱環境だということです。ほぼ外部で生活しているかのような、毎日がキャンプ状態で、現在の基準では全く性能評価できません。二つ目に、共通寸法体系による画一的な間取りであることです。今どきの住まいは、住まい手にあったものを計画するのが一般的だと思います。しかし町家の場合はすべてが京間寸法で構成されており、間取りも一列三室型か、田の字型など限られた形式となっていることから、不自由を感じる方もいらっしゃると思います。それから、三つ目は稀少かつ貴重な木材等で普請《ふしん》されているということです。カビや汚れで見た目が耐え難い人には厳しいのかもしれませんが、見る人が見れば、良い材が使われていることは一目瞭然です。時代のライフスタイルや流行に左右されない普遍的な材としての価値は高いと思います。

私がこの家を購入する前には、不動産業者にお願いをして、この家を事前に内見したいと申し出ました。今でいうインスペクション（住宅診断）です。すると不動産業者も「どうぞ、どうぞ、このような状態ですからいくら見てもらっても結構です」と言って簡単に了承してくれました。そのときには、私が尊敬している棟梁に建物評価を依頼して、内見に同行していただきました。室内は見るからに酷《ひど》い状況でしたが、何もかもが酷いわけではありませんでした。

まず、伝統的軸組構法による建て方なので、真壁になっています。構造となる柱が見えている状態ですから、目視で建物の状態や劣化部分が一目で確認できました（図４）。それを一つひとつ棟梁に見てもらい、「ここと、ここと、ここを直せばいい」と確認していただきました。基本的に木造で直せないものはないとのことで、伝統構法は在来工法と比べると費用が高くなりますが、それは技術料として当然です。ただ、このような既存不適格の京町家は耐震性に不安があります。私にも子どもがいますので、やっぱり命を守るための耐震性は重要です。耐震の研究は発展途上の部分もありますが、改修に対する助成制度も充実していますので、この町家を購入して再生することに決めました。

以上のように、私はこの家の購入前に、すでに改修をお願いする棟梁を心に決めていました。そして、購入前にその棟梁にインスペクションを依頼したというのは、一般的な家を購入する場合と比べると少し特殊かもしれませんが、それが結果的にとても良かったと思っています。

棟梁は現場で劣化状況だけでなく、この家の素晴らしいところもたくさん教えてくれました。ここにこんな良い材が使われているとか、この階段に手の込んだ細工が施されている等一つひとつ丁寧に説明してくれました。他にも、照明は部屋ごとに異なるものが備え付けられており、これらは各部屋に合わせてデザインされたものであり、今どきこのような仕事はなかなか見られないことも教えてくれました（図５）。このようにじっくり家を見ていくと、手間暇かけて造られた建物であることが、素人でもだんだんわかってくるようになります。そして何より、そうした棟梁の言葉によって、母親と妻の様子が少しずつ変わっていきました。私の言うことは一つも信じてはもらえなかったのですが（笑）。このような

図４　一目でわかる劣化部分

職人の技術を目の当たりにすることが、次の世代に受け継がれる価値に繋がっていくのだと思いました。

もう一つ、購入に至るまでに大事だったことがあります。京都には、京町家が適正に次世代に継承されるために「京町家カルテ」（公益財団法人 京都市景観・まちづくりセンター取扱）という制度があります（図6）。この仕組みを利用すると、この町家の由緒から、地域の歴史、建物の劣化状況まで専門家が現場調査を行いカルテを作ってくれます。さらに文化情報として、棟札の記載内容から、建築年、建築主や施工者に関する情報を解読してくれるだけでなく、この建物のどこに価値があるのか、どういうところを大切にするのがよいのかなども教えてくれました。その結果、この家の建主は斜め向かいの老舗《しにせ》宝石商で、店屋の離れとして造られおり、手がけたのは上野伊助という宮大工で名のある棟梁であったこともわかりました。そうすると、私が心酔している棟梁の心にも火がついて、「こいつがこんな仕事をしているなら、俺もこんな仕事をしてやる」というように一気にモチベーションを上げてしまったようで、これは私にとって非常に有難いことでした。

通常の中古住宅を購入するときと比べるとかなり特殊かもしれませんが、私の場合は前述したようにいろいろと情報を集め、その情報を棟梁や家族とも共有しながら、相乗効果でいい意味での化学反応を起こせたことが、この家の再生にとって幸せなことであったと思います。

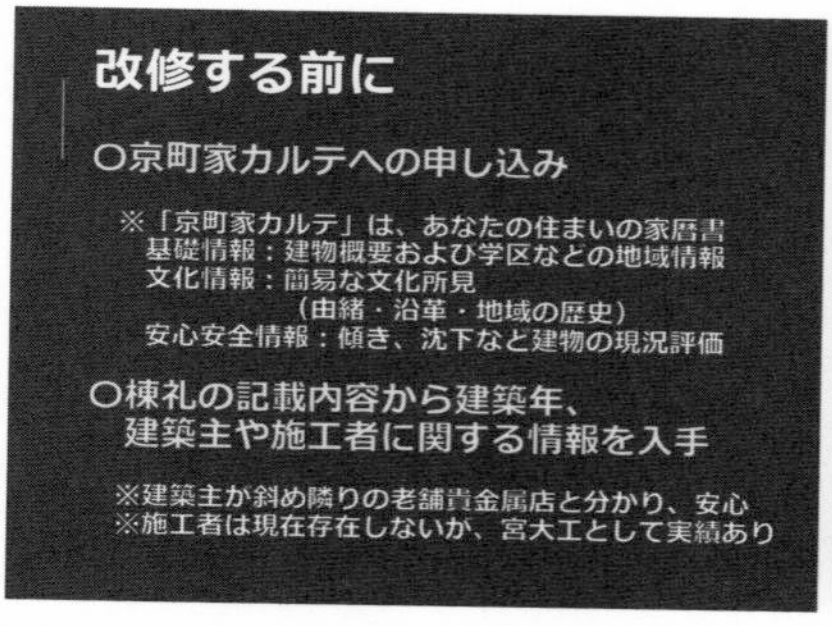

図6　京町家カルテにより情報収集

図5　手の込んだ細工・貴重な材

再生のなかで「住み継ぐ」意味を考える

では、実際にどんな改修をしたのか、写真を見ていただきたいと思います。

この家は、築九〇年くらいになりますが、私で四代目の所有者になります。今でもそうですが、なんとなくまだ自分のものだという感覚はありません。自分で改修したところは全体の半分以下ですし、住まわせてもらっているというような気持ちでいます。

この家を再生するにあたっては、四つのことを大切にしました。

一つ目は、「現状の建物を尊重する」ということです。

路地脇の境界塀はトタンで非常に傷んでいたので杉皮壁に修復しましたが、玄関は建築当初の状態に戻しています（図7）。二階の本座敷は、壁を塗り替えるだけで、天井も洗いにもかけず元の状態のままです。一階の奥

図7　路地、玄関の間

図8　二階本座敷

図9　一階座敷から通り庭を見る

図10　通り庭ダイニング・キッチン

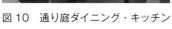

座敷もほとんど手を加えていません。この本座敷を見て気づかれた方もいるかもしれませんが、実は付書院の窓をなくしています。苦渋の決断でしたが、ここに耐震壁を設けました（図8）。町家の文化としては、ここから光が抜けているというのが非常に重要な意味をもつことは重々承知でしたが、やはり子どもの命を守るために耐震性を優先せざるを得ませんでした。また、水回りの部分についても、現代の新しいシステムを導入しています。もともと通り土間だった部分を土間キッチン、それに続くダイニングとして一新しました（図9・10）。

二つ目は、「建物に向き合い、住みこなす」ということです。

この家を購入した後、棟梁から「自分たちでできるところは自分たちで掃除しろ」と言われました。私は、「工事する前にですか？　今から汚れますよね？」などと言っていたのですが、棟梁は「とにかく全部掃除しろ」と言いました。そこで私は「町家キャンプ」と名付けて、家族と毎週末四か月間通って家の隅々まで掃除をしました。でも、今振り返るととても良い経験でした。家の隅々まで掃除をしながら、どこがどう汚れているのか、どういうところが傷みやすいのか、自分たちの目で実際に確認でき、非常に勉強にもなりました（図11）。

それから家づくりにも参加しました。昔の土壁を再生するために、家族、親戚、知り合いの方にお声がけして土壁塗り体験イベントを企画しました。棟梁曰く「職人一人で一時間もあればできる仕事」と言われる壁を、半面塗るのに二〇人がかりで半日かかりました。おかげで、この家で一番高価な壁となりましたが、昔ながらの家の作り方を体験しながら学ぶ良い機会にもなりました（図12）。また、建具も存置されていたので、夏と冬で建具替えもしています。このようにこの家のことを自分たちで見て体験するということが、家に対する愛着を生み、ものを大切にする心が育まれると考えています（図13）。

三つ目は、「次の世代に受け継ぐ意思」として、限界耐力計算法による条件付き安全ゾーンを確保しながら、一方で町家らしさをいかに残すかということにもチャレンジしています。具体的には、木格子の耐震壁を導入することで、町家である軽さを維持しながら、光を通し、風を通し、耐震性も高めています（図14）。また、全体としては気密ゼロ、断熱ゼロではありますが、一階座敷の一部を太鼓張りのめしあわせ付き建具で区画することで、何かあったときに逃げ込める断熱ルームも造り、最低限の温熱環境も確保しました。

四つ目は、「地域まちづくりの視点」です。私の家は、二軒長屋の脇の路地を抜けたところにありますが、この家を改修することが決まった一か月後くらいに、突然その二軒長屋の内の一軒から「うちの家も買いませんか？」というお話をいただきました。どうやら、私の前の所有者が周りの土地を購入しようとしていたようです。というのも、この家の接道は二メートルに満たない（一九八五㎜）ため、再建築不可の土地でした。そこで、この家に隣接している土地のうちのいずれかが購入できれば接道条件を満たし再建築可となるのですが、逆にマンションが建ててしまえるので、誰も譲らなかったようです。

しかし、この度私が「この家に住むことになりました。これからお世話になります」とご近所にご挨拶に伺う

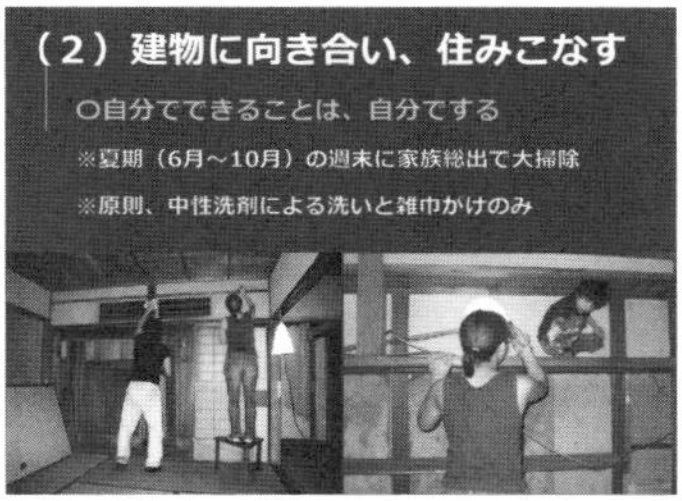

図 11　自ら洗いをかける

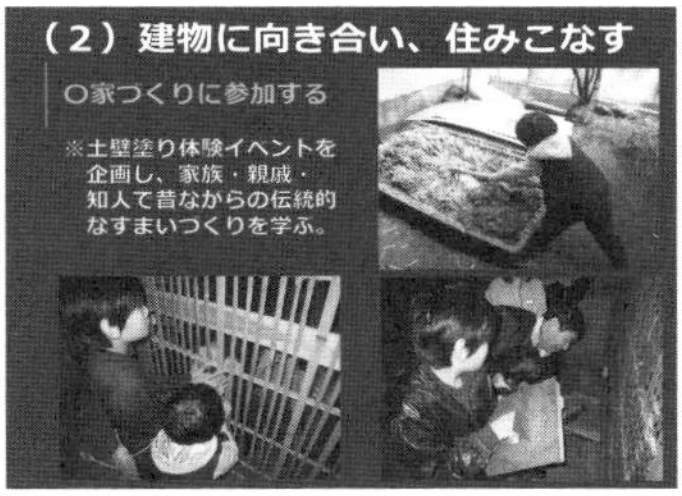

図 12　土壁づくりに挑戦

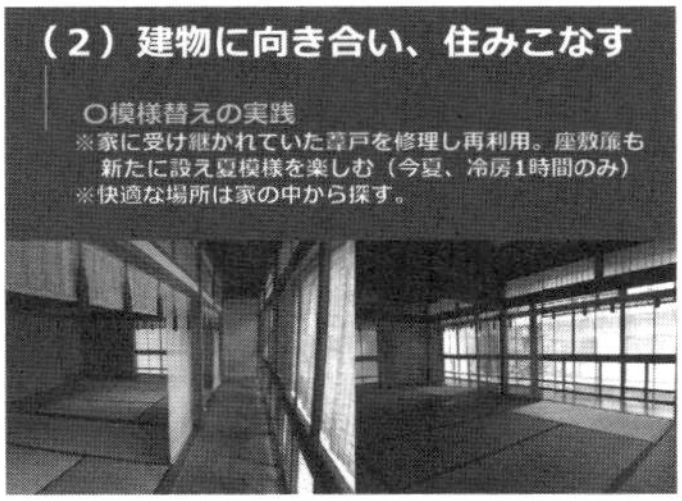

図 13　夏と冬で模様替え

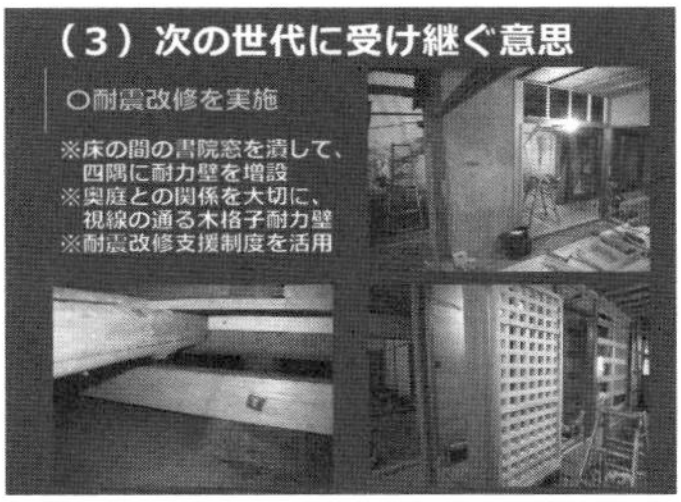

図 14　耐震性の向上

と、「奇特な人やね、家も建て替えられないのにね」と言われました。「いや、私はこれを修復させてもらうんです」と答えていましたので、そのことが心に残っていたのでしょうか、覚えていてくださっていたみたいです。

以上のような経緯から表の二軒長屋の内の一軒を譲っていただき、ここを一体で改修できるようになり、まちづくりの視点で再生が可能となりました。京町家というのは、通り、中庭、奥庭という三つの空間分節があって、そのなかに緑のベルトが二つできるようなかたちになります。残念ながら前の家は、増築で庭を潰してしまっていましたので（図15）、再生するにあたりこの部分を減築し、もとの中庭に復元しました（図16）。これは、私の家にとってもプラスですし、表の二軒長屋にとってもプラスです。私はよく「一足す一は三」と言っているのですが、お互いが一ずつ出し合うことによって実際以上の効果を生むというようなことが、まちなかで住むときには非常に大切なことだと思います。普通ではなかなかこのような考え方には至りませんが、この町家に住むことでいろいろ教えてもらいました。

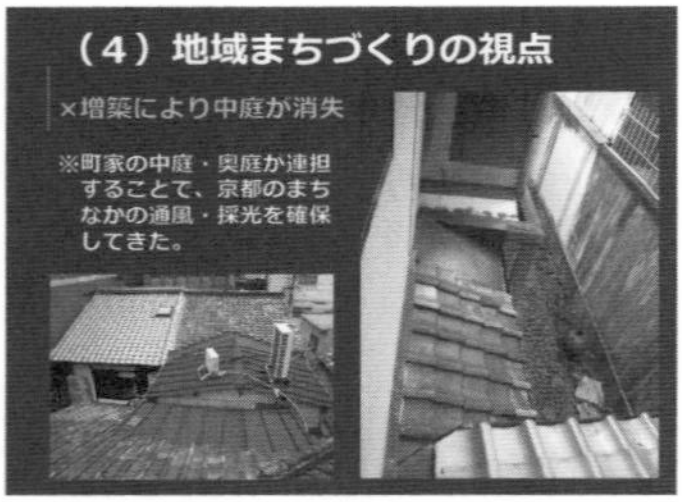

図 15　増築により失われた庭

図 16　増築部分の撤去により中庭の復活

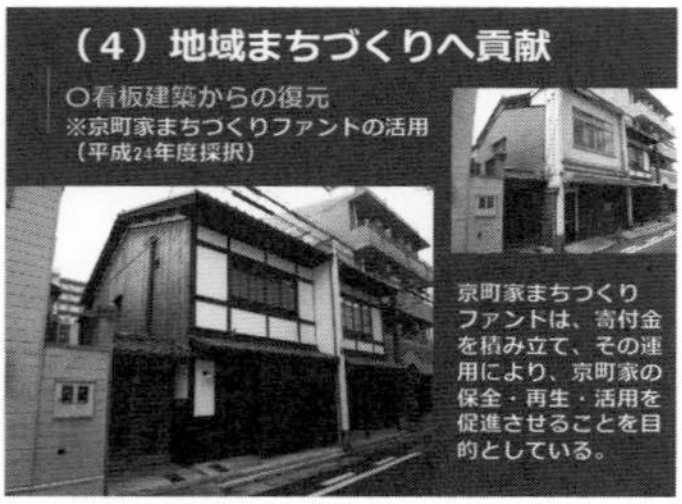

図 17　看板建築からもとのファサードを復元

それから、看板建築だった外観をまちの景観に配慮し復元することにしました（京町家まちづくりファンドの活用／平成二四年度採択）（図17）。棟梁は、隣と全く同じものを造るのは嫌で、自分の割り付けの方がバランスが良くて美しいと言って、自分なりにデザインしていました。でも、このように全く同じものではなく、一定のルールを守りながらもオリジナリティに挑戦していくことが重要なのではないのかと思います。一〇〇年後にこの家がどんな風になっているのか、すこし将来が楽しみです。

京町家に住んでみて

住む前に想像していたこともありますが、やはり住んでみないとわからないことがたくさんありました。まず、「四季との遭遇」です。京町家は、庭との距離感が非常に近いです。最近私は苔にはまっており、苔の話だけで一時間はお話しができますが、ここでは置いておきます。例えば秋の紅葉について、色づいた葉っぱを見るだけではなく、日々色づいていく移ろいの様を楽しむことができるというのは、とても贅沢なことだと思います。それから、冬の雪化粧した庭も、とても美しく、ここに住み始めてから、庭と関わる時間がとても豊かなひとときへと変わりました。それから、町家にはいろいろな人を受け容れる「懐の深さ」があります。個人住宅でありながら、いろんな人が関心をもって訪ねてくれます。外国から来客があった際には、私の子どもが日本の住まいや文化について説明することもあります。また、一階の座敷で絵画展や有田焼の個展を開いたり、土間キッチンでテーブルマナー教室や、音楽会をしたりすることもあります。それから後に購入した表の家には、この家の改修を手がけた設計士さんがちょうど工期中に結婚され新居を探しておられたので、これもご縁で住んでいただくことになりました。その奥さんがろうけつ染めの作家で、その作品を展示したりもしています。

少し話がかわりまして私の自慢なのですが、実は私の庭に東山魁夷《かいい》を彷彿させる作品があります（図18）。単なる汚れなのですが、見ようによっては素晴らしい壁画となっています。この壁を白く塗るか塗らないか、私は非常に悩みました。でも、今思えば塗らなくて大正解でした。おそらくこれを真っ白に塗ってしまったら、この空間に流れている時間軸が消えてしまい、この町家の良さも半減したのではないかと思っています。これが非常にいい風合いとなって、庭の奥行き感を出してくれています。また町家というのは軒が深く室内が暗いです。和室の襖には、雲母《きら》ずりされた伝統的な京からかみ模様の襖紙が貼ってあります。独特の光沢をもつ雲母は、薄暗いからこそ浮かび上がってくるのです。普通の照明なら全部飛んでしまって見えなくなります。このような細部への気づきによって、「審美眼」が養われていくように思います。他には、障子の敷居の建具が走る部分だけ材質を変えて滑りやすくしている等、当時の棟梁の細やかな心遣いに気づかされることもありました。

また、建具職人が二階本座敷の障子をわざわざ煉瓦貼りにしていました。これはあえて継ぎ目を障子の桟からずらして貼るという茶室によく使われる手法で、職人の腕の見せ所でもあるそうです（図19）。これは、私がお願いしたことではありませんでしたが、職人さんが勝手にしてくれているのです。ガマ簾《すだれ》にしても植物には上下で太いと細いが必ずありますので、それを交互に配することで美しく見せていたり、庭地の石

図 18　一階座敷から奥庭を見る

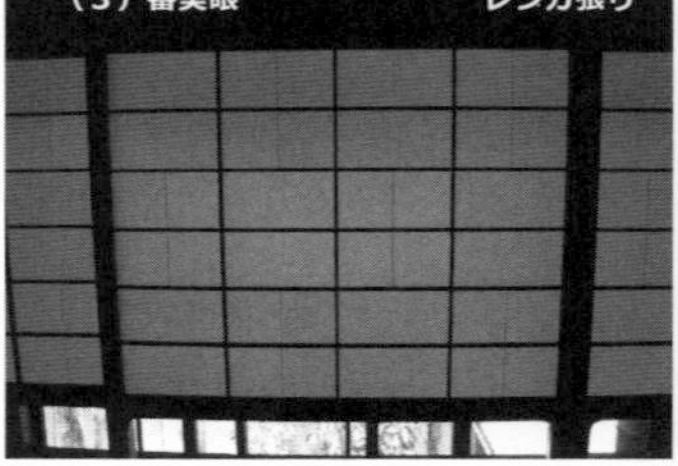

図 19　煉瓦貼り障子

模様等、だんだん細部にまで気がつくようになります。まるでこの家に携わる職人さんが、時間を超えて技を競い合っているかのようです。

「豊かさ≠快適さ」／京町家における断熱改修手法の開発

このような気密ゼロ、断熱ゼロの家をどうやって住みこなすのか。髙田先生にもご教授いただきながら、京町家における断熱改修手法を導入していきました。

従来の京町家は「夏を旨《むね》とする」が基本であり、風通しを最優先に考えていますので、一般的な新築住宅から比べると最外壁は非常に薄っぺらく、断熱性能は期待できません。冷暖房が不可欠となっている社会において、温熱環境的に見れば非効率なエネルギー消費にならざるを得ません。それに対して現在の住宅というのは省エネルギー規制の背景もあって、高気密・高断熱を前提とし、冷暖房をすることによって快適に住めるような環境で、どちらかといえば「冬を旨とする」になっています（図20）。しかし、それではどうしても外部と遮断されてしまうことから、京町家における庭との関係が疎遠となり、京町家で培われてきた豊かな居住文化を崩壊させてしまう危険性があります。どうすればこれらを両立できるのか、それが大きな課題でした（図21）。

私の町家で実践した「入れ子型部分断熱改修」というのは、断熱建具等によって住宅内部に入れ子構造をつくることで部分的に性能を重ね着していくという考え方です。具体的には一階の座敷一と座敷二の二部屋を断熱ルームとし、この範囲の天井と床には断熱材（ロックウール厚55＋防湿シート）を配し、建具は断熱建具（太鼓貼り障子）としています（図22・23）。ただし、建具を締め切った際に完全に庭を遮断してしまわないように雪見障子としています。断熱建具の気密性を高めるために、建具同士の当たりの部分に実《さね》（凹凸）をつけるなど、ちょっとした手間を施すことで効果向上につなげています。温熱環境の調査で、改修前後の熱画像を見ると、その差は歴然です。改修前は、いかに熱が外に逃げているのかがよくわかります。一方、改修後は熱が逃げずに留

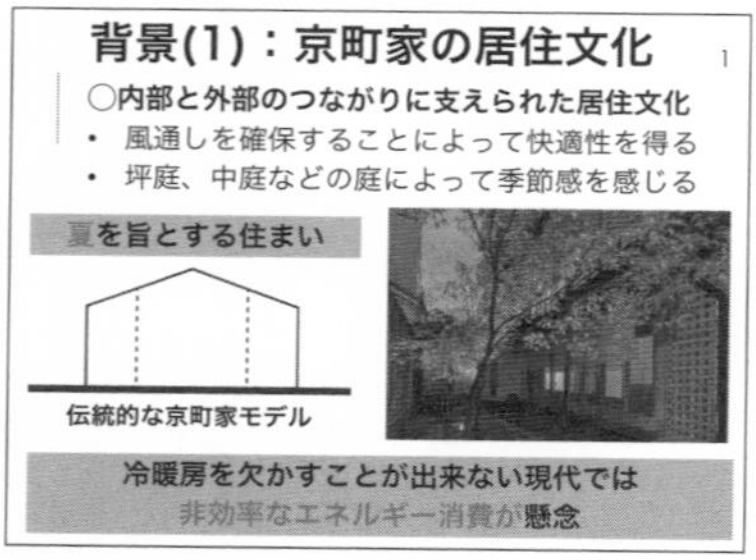

図 20　京町家の居住文化

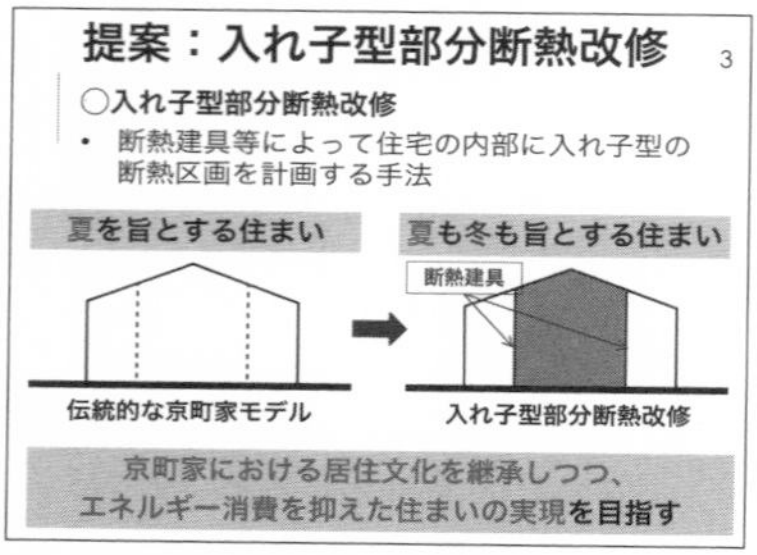

図 21　入れ子型部分断熱改修

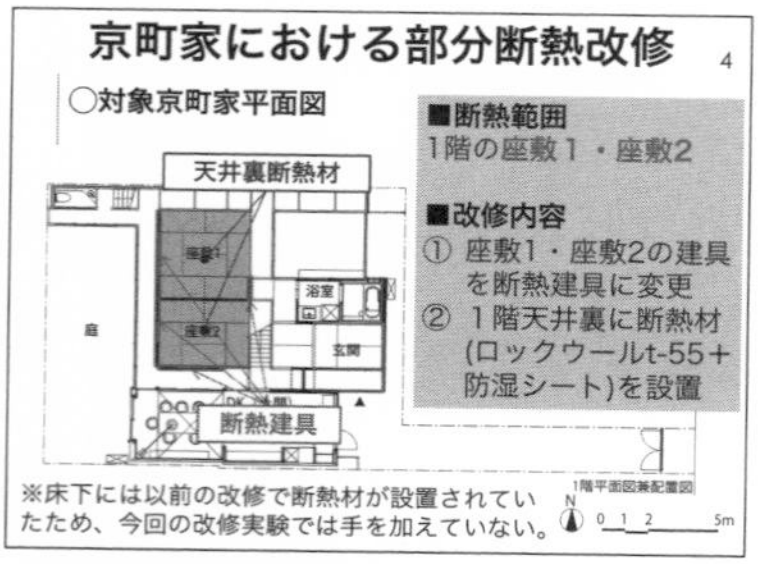

図 22　部分断熱改修の概要

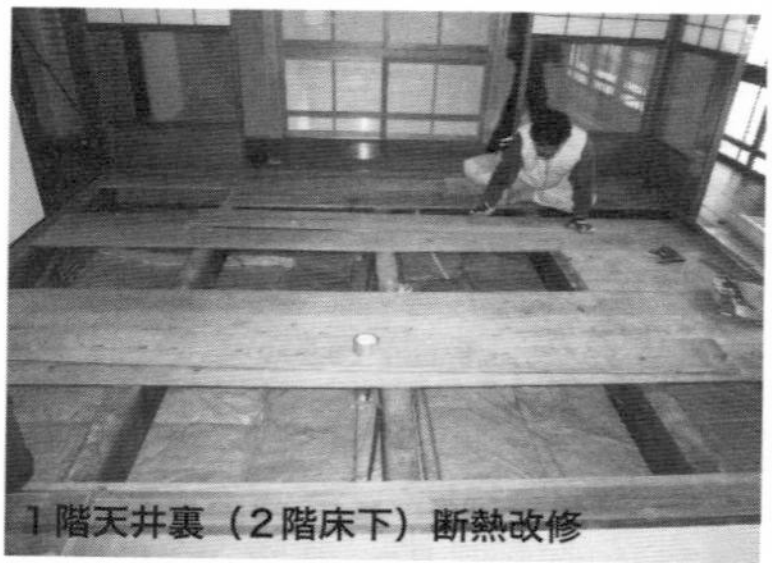

図 23　二階床下に断熱材

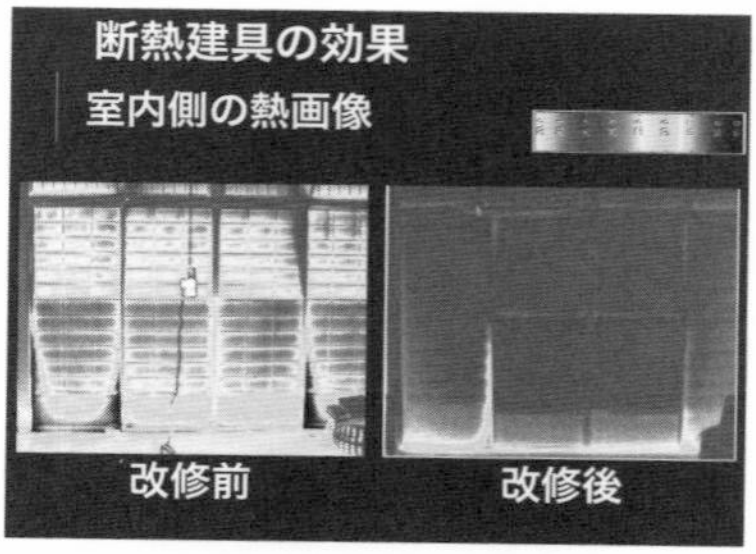

図 24　改修前後の室内表面温度

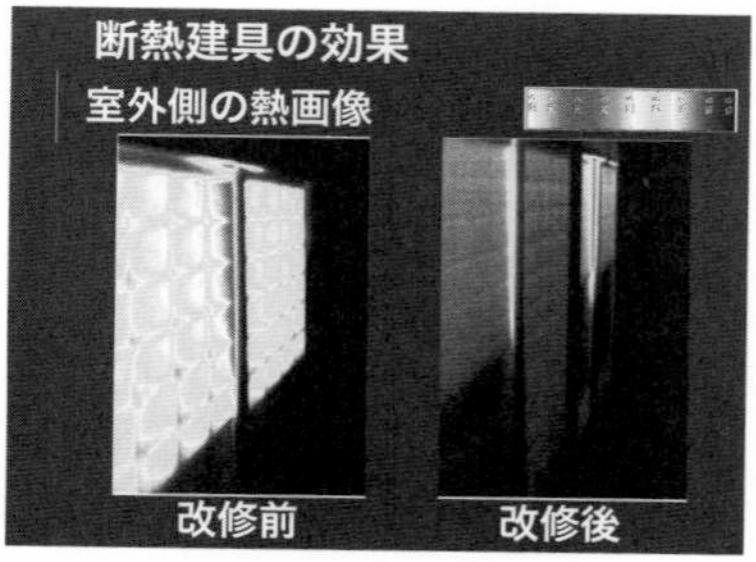

図 25　改修前後の室外表面温度

まるようになっていますので、それだけ断熱ルーム内は暖気に満ちていることなります（図24・25）。

主体的に住みこなす

住まい手の現状を考えてみると、住まい手自身がもともと持っている知識や経験は限られていることから、何か住まいの問題が生じたときには、その解決のためにたくさんの情報が必要になります。これをどう補っていくのかというのが主体的に住みこなす上で非常に重要で、その情報量が不足するとその不安から自己解決に至らずトラブルに発展してしまいます。

この不足する情報量を自分の力で補充するためには、まずベースとなる基本的な知識量の底上げと、知識だけでは解決できない応用力が試される思考の育成、その両方が必要となってきます（図26）。さらにこの思考には、二つの種類があると思います。一つ目は専門的な知識や技術によるもの、二つ目は自身の経験・価値観によるものです。前者については、神戸市の住まいの相談窓口「すまいるネット」のような公的機関が大変力になってくれます（図27）。一方で、二つ目の「自身の経験・価値観による思考」はどのようにして獲得していくのか、大きな課題といえます。

それにはまず、「住まい機能の外部化」「社会との接点」がヒントになると考えます。本来家というのは私的な空間です。最近は、あまり自分の家に知人ではな

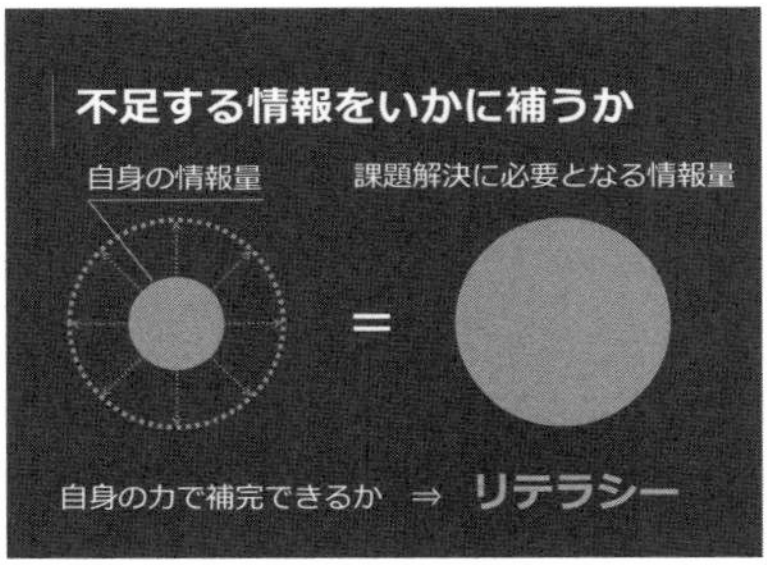

図 26　住まい手の現状

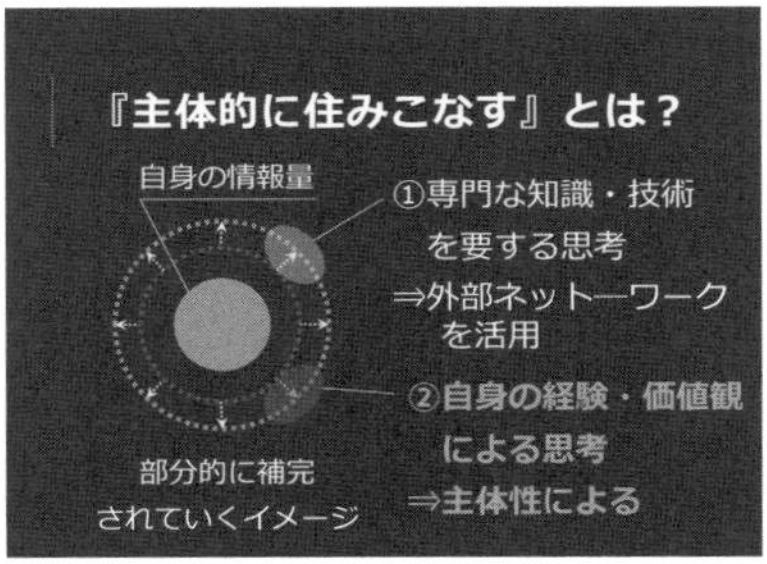

図 27　主体的に住みこなすために

い他人を招き入れることも少なくなってきており、家が私的な空間として特化してしまうことで家族の社会性欠如が危惧されます。また、住設機器等の発達により家事が便利になってきました。それによって家事を家族で手伝う必要性がなくなり、家族と家との関係性も薄れてきています。さらには「家族像の変容」として、現代は家のなかでの規律を司るものがないということです。本来、和室にはそのような規律が存在しているのですが、それ自体もなくなりつつあります。改めて「住まいというものがどのようなものなのか」を考えてみると、今はやはり自分の生活を守るシェルターとして設計されることが多いような気がします。つまり、住まいと社会との間に壁ができてしまっています（図28）。本来住まいというのは「社会との接点」であって、そこは唯一自分自身で培ってきた多様な価値観を実践できる場、いわば実験場みたいなところといえます（図29）。社会性を持つことで間違っているところは改善し、正しいところは自信とすればよい。そのトライ&エラーこそが「主体的に住みこなす」であり、住まいこそが「おとなの学びの場」ではないでしょうか。

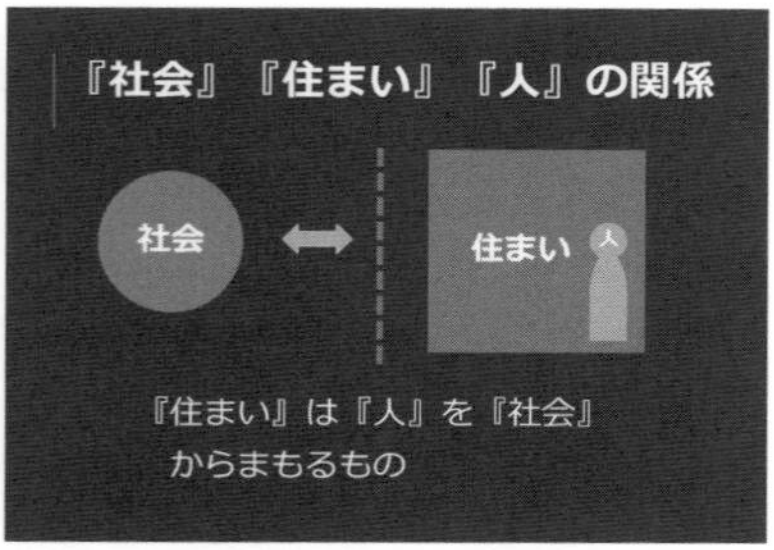

図28　「社会」から「人」を守る「住まい」

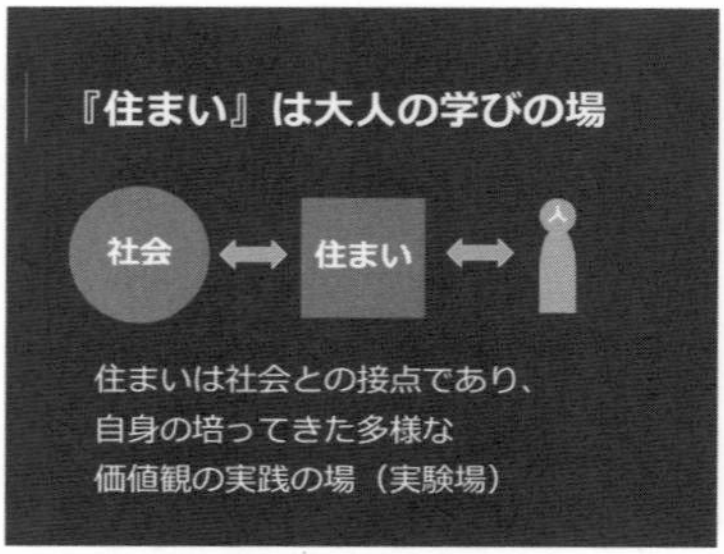

図29　「住まい」を介してつながる「社会」と「人」

第6章

おとなの住まい力を向上させるために

vol.1

二〇一九年度 重点テーマ連続シンポジウム【大阪編】二〇一九年七月一三日(土) 大阪市立住まい情報センター

主催●一般財団法人 住総研　共催●大阪市立住まい情報センター
後援●京都市住宅供給公社 京(みやこ)安心すまいセンター／神戸市すまいとまちの安心支援センター／公益社団法人 都市住宅学会関西支部

「おとなのための住まい学」に求められるもの
——パネルディスカッションからの提案(1)

司会
弘本 由香里(大阪ガス株式会社 エネルギー・文化研究所 特任研究員)

パネリスト
碓田 智子(大阪教育大学 教授／おとなのための住まい学研究委員会 委員長)
小澤 紀美子(東京学芸大学 名誉教授)
朝田 佐代子(大阪市立住まい情報センター 副所長)
甲斐 徹郎(株式会社チームネット 代表取締役)
宮内 貴久(お茶の水女子大学 教授)

「おとなのための住まい学」に求められるもの

弘本　きょうは「おとなのための住まい学」における枠組みや課題、活用できるリソースなどを紹介していただきましたが、相互に議論を深めて、「おとなのための住まい学」への新しいアプローチが見出せたらと思います。はじめに、それぞれ他の講演者のお話を聞いて感じたことなどを一人ずつお伺いできればと思います。では、小澤先生からお願いします。

弘本由香里

小澤　私は日本の教育では、「自立・自律」というものが「自我の確立」とは別の視点で動いてきたのではないかと感じています。「学校化された子ども」とでもいうような、みんなが同じ価値や行動をもたなければいけないようなところがあったのではないかと思います。

私たちは、集まって暮らしています。先ほど甲斐さんのお話を伺いながら、集まって暮らすということは、仲良くすることではなく、自我をどういうふうにぶつけて、互いにコミュニティの価値を磨き合うかということだと思いました。それは単なる自分の好き嫌いとは全く異なるものです。

これから先行き不透明な二一世紀の人づくりにおいては、単なる知識の集積、知識の優劣だけで社会を動かすことはできません。文科省の方針も、ようやくそういう方向性に変わってきたのかなと思います。

自分たちの住んでいるところをよく知るというのも、ひとつの力です。一戸一戸の住宅のみならず、調和のとれた景観を含めて、その場所を良くしていくために、自分はどういう働きができるのかを考えること、そのために知識を活用し、自立・自律した考え方をもつこと、そういうことが今

小澤紀美子

求められているのだと思います。

朝田　小澤先生のお話は、胸に刺さるものがあって、普段自分が相談者とどう向き合っているのかを、振り返りながらお話を聴くことができました。

大阪市立住まい情報センターに相談に来られる方は、みなさん近隣の人、あるいは関係する人とのトラブルを抱えていらっしゃいます。今まで自分一人で抱え込んでいた悩み事を私たちにお話しいただくわけですが、

朝田佐代子

傾聴し、共感するところの次に、「主体性」について学んでいくことも大切なのだなと、甲斐先生のお話を聞きながら思いました。そうすれば、相談者自身が体験したことをどんどん身につけていくことができるようになるのではないかと思いました。

甲斐　私は、これまで実践論的なかたちでいろいろな体系化を行い、その体系化を実践に生かしていくということを繰り返してきました。その取り組みのプロセスが小澤先生の発表された教育の歴史と共通点が多くありました。また朝田さんが相談者と向き合って「傾聴する」といった言葉は、コミュニティの本質に迫るキーワードだと思いました。さらにいえば、個に対して向かい合うだけではなく、個と個を向かい合わせるということがとても重要なのだろうと思いました。わたしたちは、暮らしの場において他者との出会いを避けているところがあって、実は他者と真正面から出会っていないのではないかと思います。これは、人間という個の発達という面においても、自分という存在をより際立たせるための他者、自分と異なるものとの出会いは、とても重要なことです。

甲斐徹郎

コーポラティブ住宅を実現させるためのコーディ

ネーター役を何度も担いましたが、参加者は基本的にわがままであるということがよくわかります。何千万というお金を出してみんながそこに参加するわけですから、ある意味当然です。そういう人たちがどうやったら協力しあえるのかというと、同じように真正面から向き合ってくる他者を、自分と違う意見をもつ個として理解すること、その上で何ができるか話をしていくと、この経緯を通して実はものすごくクリエイティブなことが起きていくのです。そうして個の主体化を促し、その上で相互に触発しあう関係を作り出すようにすると、コミュニティの価値を体得できるようになります。それから先はコーディネーターがいなくても勝手に動いていくようになって、そのレベルまでもっていくことが重要なポイントです。朝田さんが住まいの相談に向き合う時にも、そういうリテラシーをミックスすることで、もうひとつ何かできることが加わるのではないかということを感じました。

碓田　私が報告した「おとなの住まいの知識・住生活力の実態調査」で、大学生と一般で比較すると、大学生の段階では、自宅の関心は強いが、地域への関心は低いという結果をお伝えしました。けれども、甲斐先生のお話を聞いて、最初から地域のために何かをしようと思うのではなく、まずは自分のために住みやすくすることが最初の一歩だということが、とてもよく理解できました。

碓田智子

いまは、子どもたち向けの住まい学習教育というのは多彩で先進的なものも増えてきているように思います。高校までは授業があって住まい学習の機会がありますが、卒業してしまうと途端にその機会はなくなってしまいます。学業や仕事に追われて、家や地域に目を向けることから離れてしまったまま社会人になり、結婚して急に住まいの問題に対応しなければならないということを考えると、高校卒業後のブランクが問題ではないかと思いました。

弘本　個人と個人の関係性というところから、学びのプロセスというものをもう一度組み立て直していくことで、主体性というものが引き出されていく。主体性が引き出されていくことによって、連続的に「おとなの学び」につながっていくのではないか、ということだと思います。そのプロセスを学校教育段階から、大学、社会人に至るまでにシームレスに構築することが課題で、そのために住まい情報センターのような公共施設が果たせる役割というのも非常に大きいのではないかと思います。

このパネルディスカッションからお茶の水女子大学の宮内先生に加わっていただいています。宮内先生は、民俗学がご専門です。この研究委員会では、建築や住居学の視点とは異なる視点から議論に切り込んでいただいています。

宮内　民俗学というのは、都市部でも地方でも、どこかに自分のフィールドを見つけて、聞き取り調査（参与観察）することからはじまります。例えば、本家や分家をはじめ親族関係、どこから嫁入りしてきたのか、冠婚葬祭の時はどういうおつきあいをしているのか、この土地は誰が所有していて、戦前ならどこが小作人だったのかまでとことん聞き出していくのです。今となっては個人情報の問題でなかなか難しくなってきましたが、そのくらいの話を聞かないと、コミュニティとか地域社会とかいうのは理解できません。私がフィールドとする福島県の昭和村大芦《おおあし》には、一九八七年にはじめて調査に入ってから、三〇年同じ村に通い続けています。その中で地域社会観が大きく揺れ動いていく様を目の当たりにしてきました。きょうの議論で、「コミュニティ」という言葉がキーワードになっていますが、これを語るときには、そういう長期的な視点は欠かせないのではないかと思います。また、学校が正確だといっている知識と、村社会や地域社会での知識が必ずしも一致せず、反発することもあります。あるいは、時代の移り変わりに

宮内貴久

よって、生活だけでなく、われわれの精神的な感覚というものも大きく変わっていくものだと思います。そういう現実を捉えて「おとなのための住まい学」の枠組みを考えていくことが必要ではないかなと思います。

個人の問題から社会の問題へ発展させる

小澤　改めて私たちは、ほんとうにいまの生活がいいのかどうか、京都・龍安寺の蹲に刻まれた「吾唯知足――われ、ただ、たるを知る」のように、何をもって足るとするのかを考え直すときにきていると思います。テレビやコマーシャルリズムによってあなどられた欲望「want」の世界で生きているのか、「needs」の世界で生きているのか、そこが問われていると思います。また生活に必要な知識だけではなく、その応用力が求められているのに、それを放棄してきたのが日本人と思います。

いまの文科省の方針は、要素をつめこんで、たくさん教えようとする方向です。私は、要素をたくさん教えればいいということではなくて、それらを統合する力をもたなければいけないと思います。日本の社会は、統合的アプローチ、ホリステックアプローチ（つながりを考えた全体的なアプローチ）を理解するのが、なかなか難しい社会であり、そういう状況が、いまの住居やまちの暮らし方や生き方に現れているのではないかと思います。

弘本　いまの社会の構造的な問題に、今日のテーマ「おとなのための住まい学」が関わっているということを、まずはみなさんと共有しなければならないのだと思います。住まい情報センターには、コミュニティの問題や、個人化した社会の問題が、日々相談として飛び込んできています。その問題を個人の問題として終えるのではなく、社会化していくということがこの施設の重要な役割であるかと思います。同じように「おとなのための住まい学」では、目の前の問題を解決していくための学びやサポート、情報提供というのも当然大切ですが、そこから得られたものを、個の問題を超えて社会の問題として取り込み、社会のシステムに反映していくことを考えてアプローチしていくこ

とが必要なのだなと思いました。

甲斐　今日は、主体性とコミュニティを中心に話をしましたが、もう一つそこに「環境」というファクターを加えて「おとなのための住まい学」の枠組みを補完したいと思います。自分の体と、その周りの環境との関係性がいろんな体感をつくっているということに気づくと、例えば自分の暮らしのなかに樹木があることの価値の大きさに気付けるはずです。そうすれば、自分の暮らしは機械仕掛けじゃないほうがもっと良いということもわかってきます。

私が提示した「コミュニティ・ベネフィット」というコンセプトは、コミュニティを手段にして大きな共有の価値をつくりあげていくことです。人の価値観というものは、だいたい次の三つに分類されると思います。一つは、「良い／悪い」、それから「好き／嫌い」、そして「快／不快」です。この中で「快／不快」だけは、生理現象なので、だれもが共通する価値として見出すことができます。それを共有の価値観として、「環境」をお互いにつくりあげていくと、そのコミュニティの意味が断然引き立ってくるのです。

暮らしの場をどういう枠組みでつくりあげていくのか、その設定の仕方が重要だと思います。たとえば「環境」についてのリテラシーが上がるだけでも、その枠組みは変わります。けれども、その枠組みそのものがお膳立てされていて、さらにその枠組みが自分たちの発想方法を左右しているのだとすれば大きな問題です。そうだとすれば、まずはその枠組みを変えてみようよ、と問いかけることが「おとなのための住まい学」では重要なことなのではないかなと思います。

弘本　ありがとうございます。なかなかこの議論を明確に整理するところまでには至りませんが、非常に根源的なところまで「問い」をたてて議論をしていくことができたように思います。ここ関西には、住まいの情報センターが大阪、神戸、京都にあります。住まいに関わる公共的な施設がこのように隣接し固有の歴史を持つ都市に各々設けられている例は珍しく、とても貴重な社会資源であり、これらを市民の方々と専門家がどう活用していくのかということも含めて、「おとなのための住まい学」に投げかけられている課題なのではないかと思います。

二〇一九年度 重点テーマ連続シンポジウム【東京編】二〇一九年一一月一五日(金) 学士会館

主催●一般財団法人 住総研
後援●神戸市すまいとまちの安心支援センター/京都市住宅供給公社 京(みやこ)安心すまいセンター/大阪市立住まい情報センター
公益社団法人 都市住宅学会/一般社団法人日本家政学会/一般社団法人日本建築学会

「知識を経験に変える学びへ」

――パネルディスカッションからの提案(2)

司会
檜谷 美恵子(京都府立大学 教授)

パネリスト
碓田 智子(大阪教育大学 教授/おとなのための住まい学研究委員会 委員長)
小澤 紀美子(東京学芸大学 名誉教授)
森口 美帆(神戸市すまいとまちの安心支援センター 企画係長)
生川 慶一郎(京町家居住者)
岩前 篤(近畿大学 建築学部長、同アンチエイジングセンター 教授)
瀬渡 章子(奈良女子大学 教授)

知識を経験に変える学びへ

檜谷美恵子

檜谷　第一回目（大阪）のディスカッションでは、住まいのリテラシーを高めていくために、「どういう生き方をしたいのか」「どういう暮らしをしたいのか」を考える主体性を持つ人々を育てていかなければいけないということが議論のなかで強調されました。主体的な取り組みをすすめるには、基礎的な知識や情報が必要になると思います。今回は、それがどういうもので、どのように身につけていけばよいのか等の議論を続けていきたいと思います。

いま私たちの住まいは、さまざまな問題を抱えています。少子高齢化に加えて家族のあり方そのものが変容してきています。核家族が縮小し、もう家族とは呼べない単身者からなる世帯が増えました。高齢者が単独で住んでいるケースも少なくありません。また、空き家問題が生じています。住宅の活用を促すことが社会的な課題となっています。岩前先生のお話（第三章）では、地球環境という視点から、住まいの問題にコミットしていかなければいけない、ということでしたが、そのようなスケールで考えるべき課題もあります。

このようなさまざまな課題に対して、実は住まい手自身がそれを課題としてしっかり認識していないという問題があります。住まい手自身が、住まいの問題に取り組めるようになるためにも、「おとなのための住まい学」が必要だと感じています。

先ほど小澤先生のお話のなかで子どもたちの住環境教育が充実してきたというお話がありました。そこで、一つ目の論点として挙げたいのは、大人は、どういうことを学ぶべきなのか、あるいは、どういう学びの場や機会があるのか、という点です。これについて、議論をしていきたいと思うのですが、小澤先生、いかがでしょうか。

小澤　昭和三四（一九五九）年の経済白書には、「住

小澤紀美子

宅はまだ戦後である」と記されています。神戸の「すまいるネット」にご相談に来られる年齢層の多くが五〇歳以上というお話がありましたが、この年代というのは、貧しくてもシェルターとしての住まいがあればいいという中で、自分たちの住まいを主体的に選ぶところまで考えられる世代ではなかったのではないかと思います。

学校教育が整ってきても日本は知識伝達型の教育が主流でした。特に五〇歳以上の方は、口を開けていれば知識が降っておりてくるような社会のなかで、自分で学びを築くということがないまま生きている人が多いのではないでしょうか。そういう状況のなかで、私は学習指導要領策定協力委員になり、なんとか学校教育のなかに住居領域を入れたいと思って取り組んできました。今の四〇歳以下の方がようやく家庭科で住まいについて学び始めたところだと思います。

タワーマンションに関する社会問題が最近も発生しましたが、そこを住まいとして選んでいる人がいるわけです。このことに限らず、私たちはいま起きている現象だけではなく、つながりのなかで物事を考えていく必要があります。また自分だけで考えたり、実行するには限界がありますので、自分に足りないものを補う「引き寄せる力」というのも欠かせません。それが社会を生きぬく「おとなのための住まい学」として、とても必要だと感じています。

檜谷　有難うございます。森口さんのご講演では、相談の場自体が学びの場になっていることをご紹介いただきました。学びの場で求められる力については、どのようにお考えでしょうか。

森口　大人が知識を得るときには、「聞く力」というのが必要だと思っています。普段の生活や住体験のなかでも、何度か専門家に接する機会があると思います。売買のときには宅建士が仲介しますし、マンションの管理組合であれば管理会社の方とも接しているはずで

森口美帆

す。そうした日常的に接する専門家の方から、情報を聞き出す力があれば、それも日常的な学びにつながると思います。例えば、窓口でご相談を受けた時に、インスペクション制度についてお伝えすることがあります。伝達することは制度上の義務付けになっているので、すでに宅建士から伝えられているはずなのですが、「そんなの聞いたかな?」と言われる方も多いです。また、住まい手側の「聞く力」だけに頼るのではなく、専門家の方ももう少し積極的にかつ親切に情報提供する姿勢が必要ではないかと思います。

檜谷　生川さんは京町家に住まうという実践のなかで、どのような学びが一番役に立っているとお考えですか。

生川　私はもともと京都で育っておりませんので、歴史や文化、慣習について「本当にあっているの?」と常に試されているような状況にいます。ですので、いろいろなアンテナを立てて、一元的な知識だけに頼らないようにしています。

例えば、夏の打ち水についての知識はありましたが、打ち水というのはその家に一〇年くらい住まなければ分からないぐらい難しいものです。どういう時間帯に、どの場所に、どのくらいの水の量を撒けば涼しくなるのか、個々の家の環境条件により変わってきます。僕も最初のころは打ち水に失敗しました。水が蒸発して湿った空気が全部家の中に入ってきて、とても家にとどまれる状態ではなかったので、その時は家族で一日中外出せざるを得ませんでした。やはり、知識というのは実践してはじめてその意味がわかるのだと思います。それから、なぜそうなってしまったのか、常に原理原則を考えるようにしています。それでも分からないことは専門家にも聞きますが、聞いたことを鵜呑みにはせず、まずは考えることで解決の糸口が自分で発見できるのではないかと思

生川慶一郎

います。そうしてトライアンドエラーを繰り返すことで、ようやく知識を経験にすることができるのだと思います。

檜谷　生川さんのお話を伺うと、実践の重要性がよくわかりますね。岩前先生はどのように感じられましたか。

岩前　最近「暮らしのなかの健康性」について研究をしているのですが、主体的に暮らしている方が最も健康で、受身的な時間が長いほど不健康な状況になるということが、医療費の差にも表れます。生川さんのお話を聞きながら、生川さんのお宅はきっと医療費が少ないのではないかと想像しました。

これから「おとなのための住まい学」を普及させるには、それによってどんな利益があるのか、多くの方に理解してもらうことが一番なのかなと思います。よく学生から、「どうして一般教養を学ぶ必要があるのですか？」と聞かれます。それに対して「教養というのは知らなくても生きていけるけど、知っておく方が格好いい」と答えています。今の世の中は、なんとなく知らないことが当たり前で、とくに若い学生は「知りません」とは言わずに「教えられていません」と答えます。しかし「知識」というのは、知らないことがデメリットなのです。知らないことがあなたにとってどれくらい不利なのか、知識を持つことの意味について、もっと伝えらえることがあるのではないかなと思います。

岩前篤

檜谷　誰しも「こういう暮らしがしたい」、「こういう住まいが欲しい」という思いを持っていると思います。「おとなのための住まい学」には、そういう個々の願望を、社会的により望ましい方向へ誘導していくという役割もあるように思います。社会との関係のなかで、自身の住まいや住まい方を考えるという視点です。瀬渡先生は「おとなのための住まい学」について、どのようにお考えでしょうか。

瀬渡　一般の人は、住まいにちょっとした悩みがあると、まず近くの人に相談するのではないかと思います。あの人はこの工務店にお願いしたとか、あの方はこんな方法で解決したというようなことを聞いて、情報を集めながら解決をしている人も結構多いと思います。けれども、さらに調べたいときにはどこへ行けばいいのか。たとえば、神戸の「すまいるネット」のように、住まいに関する情報が整理されていて、相談窓口もあるような場所は全国的にも限られています。馬場さんが述べているような「おとなのための学び場」となるような情報（第六章）をいかに広めるかというのも大事なことだと思います。

瀬渡章子

　それから、私の大学で新入生を対象に、これまでの住領域の学びがどれくらい定着しているのかを調査したところ、理想の平面図を書いた授業など、自分の手を動かしたような演習授業が記憶に残っていました。やはり知識を、体験や経験とあわせて高めていくことが重要なのだろうと思います。そういうことを、おとなになってからどのように取り組めるのかが課題だと思います。まさにそれを実践しておられるのが生川さんなのだなと思って、興味深く聞いていました。

檜谷　本日のディスカッションで共通して挙げられたのは、「経験、体験の重要性」で、その点をあらためて確認できたように思います。子どもの教育の現場では、さまざまな体験学習が行われているわけですが、これをどう「おとなのための住まい学」につなげていくのかが問われています。「住情報マップ」をはじめ、体験学習の場を活用していくような社会プログラムも重要ですが、本来ならもっと身近な人たちと交流するなかでいろいろな気づきがあるはずです。自分自身の知識や経験はわずかでも、周りの人たちの経験を足していくことで、経験値が増えるようなこともあるはずです。

住まいの共同性についての学び

檜谷　では、続いて、二つ目の論点に移りたいと思います。今日は瀬渡先生からコーポラティブ住宅についてご紹介（第五章）いただきました。コーポラティブに限らず、私たちはまちに住まうとき、「共同性」について考えなければならない場面が多くあります。自分の住まいは自分のためだけではなく、地域を構成している要素であること、また地域がつながる接点として重要な存在であるという理解をどうすれば深めることができるのでしょうか。

瀬渡　私が住んでいるコーポラティブ住宅「つなね」は二三世帯と小規模なので、それを一般解として普遍化するのは難しいことですが、一般的なマンションであっても、素晴らしいコミュニティをつくっているところもたくさんありますので、それはコーポラティブに限らずできることだと思います。なかなか、こうすればいいということは言えませんが、日常の生活のなかで思っていることをぶつけ合いながらも、互いに譲り合ってうまく問題解決していくことが大事です。そしてそのときには、集団のなかでの「コミュニケーション能力」という非常にベーシックなものが欠かせないような気がします。

檜谷　思っていることをぶつけ合うというのは、日本人にとっては苦手なところではないかなと思います。岩前先生はどのようにお考えでしょうか。

岩前　これから人類が何千年生き残るかわかりませんが、そのときには「人を信じる」というステップが必要で、その一つが「共に住まう」ということではないのかなと思います。しかし、「共に住まう」というのは、ややもすると面倒で、他人を疑いはじめると、ついにはそれを排除しようとする力が働きます。そうならないために、われわれには理性的な行動が求められます。具体的な実践としては、住まいの場を広げて暮らしていくことだと思っています。例えば生川さんのように、町家を一つの舞台として地域に開放していくような、住まいを町の空間装置として捉えるような試

みを、もっと多くの方が挑戦していけるようになるといいなと思います。

檜谷　地域との共同という点で、生川さんが実践されていることをお話しいただけますか。

生川　私のことでいうと、消防団に入り、地域のさまざまな活動に参加しています。私は、もともとあまり失敗を恐れるタイプではないので、自分で解決しなければいけないことで自分にできることはまず行動に移します。その結果、二つに一つは感謝されることがあります。そうした成功体験が、次にトライする勇気になっています。

例えば、京都には「門掃き」という言葉があります。これは自分の家の前の間口の幅だけ掃くというものですが、なかなか私は自分の家の前だけ上手に掃けなくて、隣までゴミを撒き散らしてしまうことがありました。そこで勇気をもって隣のところも掃いてみました。そう人によっては「ありがとう」と言ってくれます。そうすると、次のときには勝手に自分の前も掃いてくれたりします。そうして今度は私の方から「ありがとう」

と言います。このように感謝のやりとりを積み重ねていくことで共同性というものが生まれてくるのではないかと思います。初めはほんの些細なことでも、次第にまちにまで広げていけると思います。住まいのなかには、そのようなきっかけがたくさんあるのではないかなと思います。

檜谷　森口さんは、相談を受けるなかで、「共同性」という課題を意識されることはありますか。

森口　専門相談で空き家のご相談を受けたときに、何ともしがたい家や、それだけでは使い難い家というのがあります。その時には、「お隣の方と一緒に処分を考えませんか」と提案することがあります。実際のケースで、お隣に声を掛けてみると、実はお隣も同じように困っていたということがありました。その時は、不動産業者がわれわれの支援事業社だったこともあって、「お隣がやる気になるなら何とかします」と、解決にまでつながったことがありました。

ただ、相談内容がマンションの管理問題となると「あなたはどうしたいですか？」ではなく、住人みんながどうしたいのかというところに行き着かなければいけないので難しいと感じることもあります。けれども、とにかくみんなで考えて実行してみることが一番で、たとえ嫌々であってもそれを経験することで、よい体験が重ねられるのではないかなと感じています。

檜谷　小澤先生は、どのようにお考えですか。

小澤　やはり、学び合う関係性を地域のなかでつくっていくということが大事だと思います。私はこれまで、武蔵野市市役所の隣にあるクリーンセンターの建替で、住民参加型のプロジェクトに一〇年近く関わってきました。地域住民の方から座長に選ばれて活動し、起工式のときに「私も武蔵野市に住むわ」と言って、武蔵野市に住み始めました。武蔵野市は、松下圭一さんが提唱した住民参加の原則（自主三原則：自主参加、自主企画、自主運営）に基づいて、市内にあるコミセン（武蔵野方式によるコミュニティセンター）を市民自らが運営をしています。地域のコミセンに集まる人はみんな顔見知りで、私もそこの人たちにたくさん助けられました。白内障になったときに、「どこの病院に行ったらいいかしら」と聞くと、みんなが教えてくれました。また、新しく引っ越してきたご年配の方が「廃棄物をどう廃棄していいかわからない」というと、みんなで教えてあげたりします。このように本当に些細なことでも話し合う、あるいは聞くということから始めるといいと思います。コミュニティのあり方は、みなさんがどういう住み方、暮らし方をしたいかということにも深くつながる大切なことです。

檜谷　髙田光雄先生（京都大学名誉教授）から、「今日のシンポジウムの趣旨は理解できますが、やはり大人よりも子どものための住まい学がより重要なのではないかという思いがします」との質問をいただいております。ご意見を要約すると、学校教育の見直しや改革を進めることが大切で、その方が住まいの学びに繋がるのではないか、ということご指摘です。また、子どもが育つという観点から、環境を奪わず再生するような取り組みとして、「子どものための住まい学」をもっと重視していくべきではないかというご意見です。碓田先生、いかがでしょうか。

碓田　ご質問ありがとうございます。子どもの住教育については、「子ども」をどの年齢までを対象にするのかというのも難しいところです。子どもに対する住教育をさらにレベルアップしていくということもすごく重要なのですが、大人でなければ理解しがたい領域があると思います。

　例えば、学校での防災訓練では、警報が鳴ると先生の指示に従って、身を守るために机の下に隠れるなどして危険から命を守る術を学びます。地震がおさまったら広くて安全な運動場に集まって点呼し、校長先生や消防士さんのお話などを聞いて、防災訓練は終了します。けれども大人の場合は、その次のステップとして、もしも家が壊れたらどうするのか、ということも知っておかなければいけません。そういうことは、子どもには理解が難しいレベルだと思うの

碓田智子

です。子どものときから、共同性や住まいの知識を身につけることはできると思うのですが、もっと複雑な住情報とか、住宅政策や制度に関わるようなことなど、一定の年齢に達しなければ理解できないこともたくさんあると思います。

二つ目の論点となった住まいの共同性については、例えば「つなね」のような場所で育った子どもはどのような共同性を身につけて成長していくのだろうか。また、生川さんの中学生のお子さんは、自分のお父さんが消防団に入り、地域のなかで活動している様子を見て、どのように成長されているのだろうか。きっと次の世の中を率いていくような大人になるのではないかという期待と、関心をもちました。親が経験知を見せていくと、子どももそれに応じた住まい方や共同性とかを身につけていくのではないかと思うのですが、生川さんいかがでしょうか。

生川　なかなか、自分の子どもを評価するのは難しいのですが、「和室」というのは彼にとって別のものとみていると思います。特に、お茶を習うようになってから、多動性の息子が和室で一時間でも正座しています。それから、子どもはすごく大人の行動を見ているなと思います。例えば私が和室にいるときに、何をどこに、どのように片付けるのかもよく見ています。何も教えなくても、「片付けといて」と言えば、私の思うような片付け方をしています。それから、我が家は襖を閉めないと寒いのですが、「襖を開けたら閉めなさい」と言わなくても自然と閉めます。このように言葉で伝えなくても、自然と身体で覚えていくという体験というのは大切だと思います。学校で学ぶこともすごく大事ですが、家の中で学ぶということもすごく大事だと思います。よく「親の背中を見て子どもは育つ」と言いますが、おとながどのような姿を見せるのか、「おとなのための住まい学」というのは、子どものためにつながっていくものだと思います。

碓田　生川さんの京町家にせよ、瀬渡先生のコーポラティブハウスにせよ、住まい手が自分でしないといけないことがたくさんあるのだと思うのです。充実したサービスが提供されて廊下も常に綺麗に掃除されているようなマンションでは、掃除をする必要がないので、隣の人と顔を合わす機会がなくなってしまいます。完璧な住環境や便利さよりも、多少の不便さや、家族でしなければいけない仕事、集合住宅で、共同して力を合わせないといけない環境にある方のほうが、協調性が維持されたり、学ぶ場や機会ができるのではないでしょうか。

檜谷　本日の議論を通して、私たちが主体的に「どういう生き方をしたいか」、「どういう暮らし方をしたいか」を考えることが、住まいに関するリテラシーを高めることに通じており、知識以上に重要であることをあらためて確認するとともに、住生活での困りごとや日々の経験を学びに転換していく営みの重要性に気づかされました。「どう生きるか」という問いは、さらに一歩先に進むと、「他者とどういう関係性を築くのか」や、「いま、ここにある身近な環境をどう維持していくのか」という、社会的な気づきへとつながっていきます。住まいについての学びには、他者との共同や地球環境問題まで見据えた大きな視野が必要で、その認識を共有できたことも成果です。これを機会に、さらなる学びの構築に取り組んでいけたらよいと思います。今日はどうもありがとうございました。

おとなのための『住情報マップ』

馬場弘一郎（一般財団法人 住総研 研究推進部長）

ここでは、当委員会で作成した「おとなのための住情報マップ」を紹介します。一章で碓田委員長から説明されている「住まい学マップ」（図1）の中に示された「住まい力」に必要な要素とは

A．**基礎知識**　B．**リテラシー**　C．**住経験**　D．**実行力**

の四つがあります。

その中で特に「A．基礎知識」を向上させる方法としてその住情報を入手するためのヒントを表にまとめたのが「住情報マップ（図2、以下マップと呼ぶ）」です。

このマップは、縦長の表になっています。縦軸に〝住情報入手先〟を分類し、横軸には〝属性〟として、誰を対象としているのか、つまりおとな向けなのか子ども向けなのか、また情報発信の目的と特徴が書かれています。この章の最後に、当マップを公開している当財団のホームページのリンク先が記載されおり、このリンクから「住情報マップ」に直接アクセスできるようになっています。

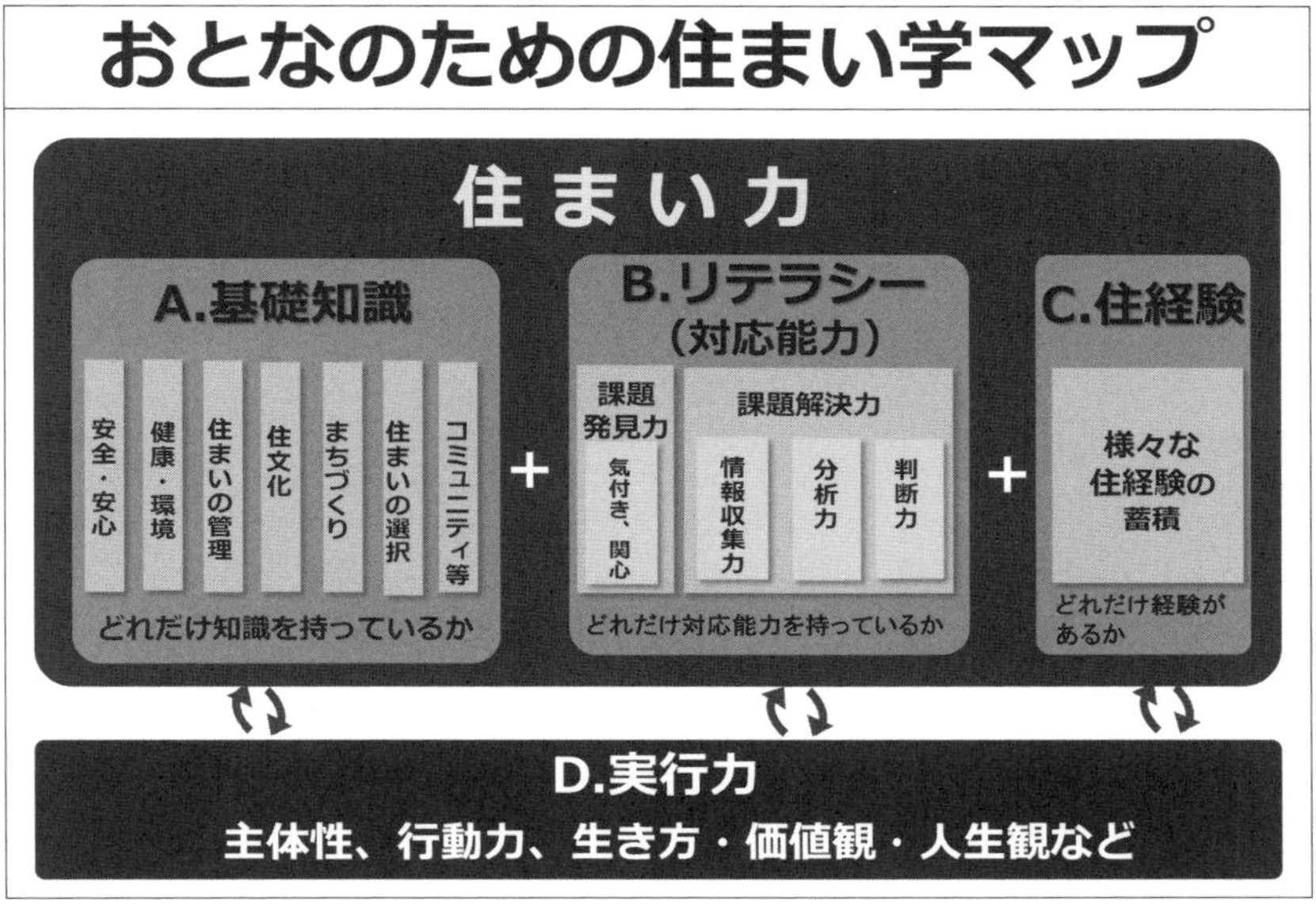

図1　おとなのための住まい学マップ

縦軸の住情報の入手先は大きく六つの項目に分類されています。

（1）紙媒体情報
（2）インターネット情報
（3）教育機関から得る情報
（4）講演会、セミナー、ワークショップ情報
（5）体験施設情報
（6）相談情報

この六項目について以下詳しく説明いたします。

（1）紙媒体情報

紙媒体情報は、さらに書籍、雑誌、パンフレット、新聞に分類されています。

まず書籍に関してはこれまで世の中に膨大に存在しているので、当マップでは省略しています。しかしそのなかでもここで一つだけ紹介しておきたいのは、「高校の家庭科の教科書」です。私たち概ね四〇歳以上の「男性」は小学校の時しか家庭科の授業がなく、中学校からは家庭科の代わりに技術の授業を受けてい

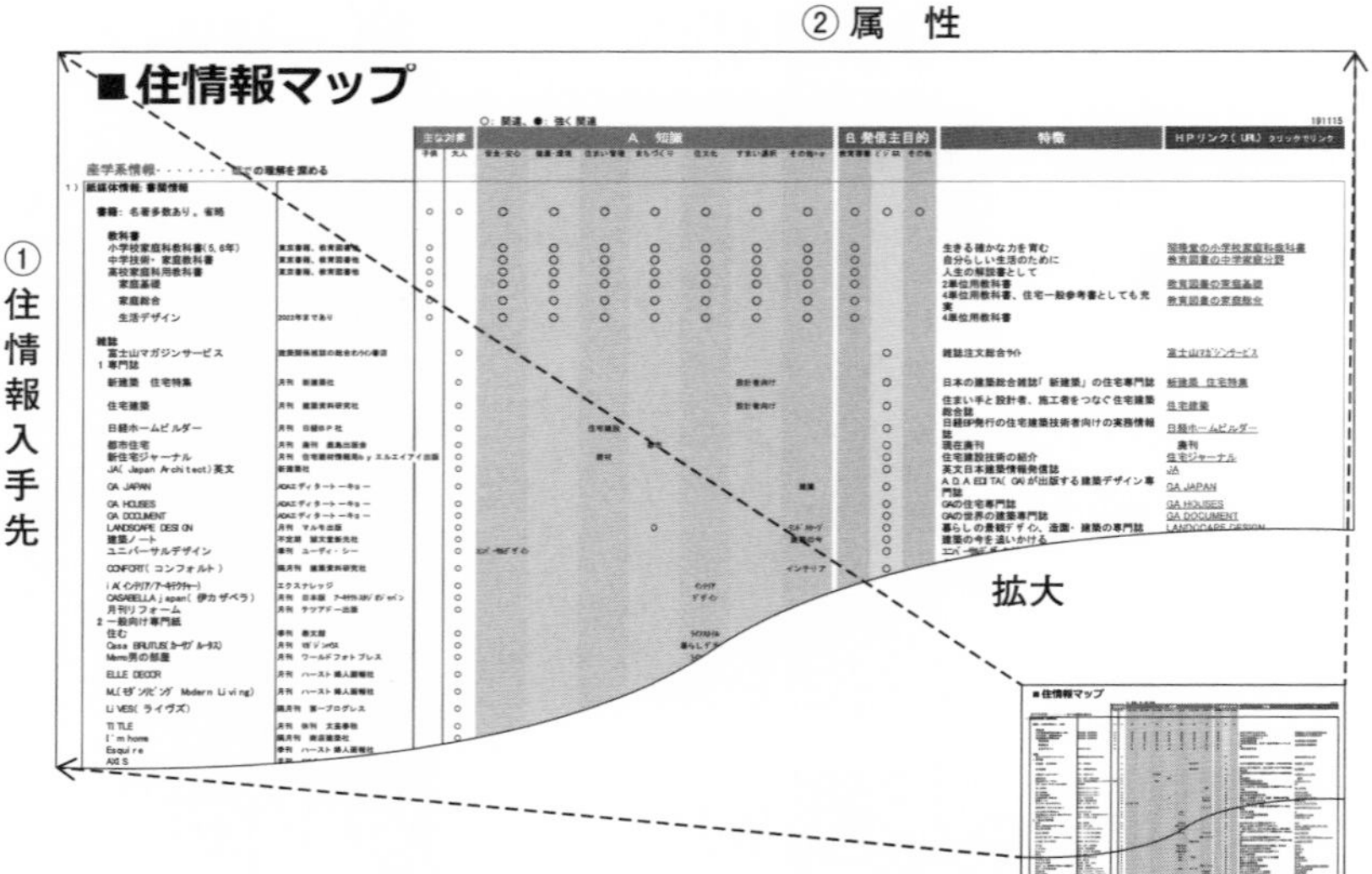

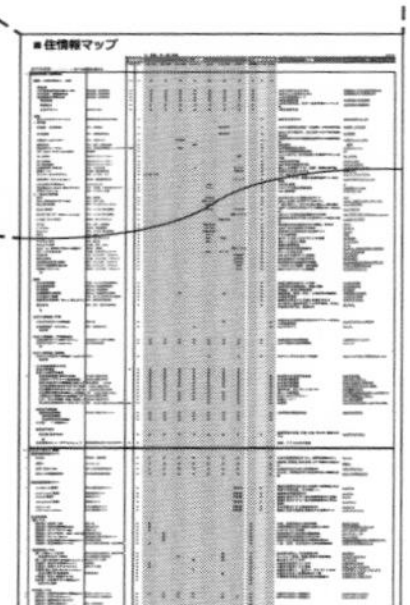

図２　住情報マップ

ました。その年齢以下の人たちは現在、中高の家庭科が男女共修となっています。そして今その高校の教科書が、非常に充実しています。そこでは生き方・暮らし方の説明の後、衣食住がそれぞれ詳しく解説されており、また、住宅関連の法体系や制度、住宅政策の説明から、家の修繕に至るまで幅広く扱われています。住生活の全体像を把握するために、ぜひ再び手に取ってご覧になることをお勧めします。

次に**雑誌**ですが、書店には建築中心の専門雑誌から一般方が読む一般誌まで数多く並んでいます。特に一般の住宅雑誌は、建物や住宅そのものより、ライフスタイルとか、住まい方、暮らし方を切り口に、とくに女性向け、男性向けとターゲットを選んで住宅を紹介しています。現在三〇誌ほど

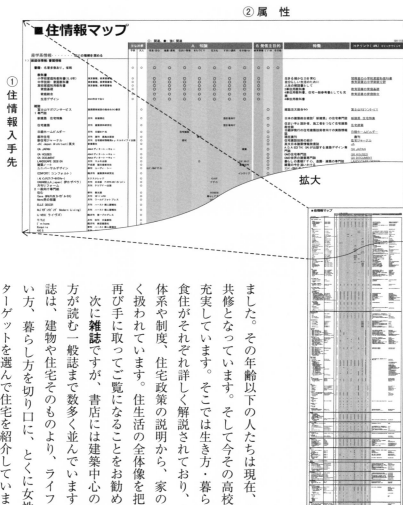

このマップで紹介しています。

次は**新聞**ですが、住宅分野は専門家向けの専門誌以外にも一般紙でも取り扱われることが多くあります。

このように多くの紙媒体が世の中には存在していますが、紙媒体は次に述べるインターネット情報に比べてデジタル情報になっていないため情報検索が大変です。そこで、各地の図書館の利活用が非常に有効となります。一般図書館でも検索の支援はしてくれますが、住情報の収集には、各地にある「住まいの図書館」の活用がお勧めです。

関東では、新宿の「リビングデザインセンターOZONE」の〝ライブラリー〟や、東京駅近くにある「住総研」の〝住まいの図書室（三万冊）〟、横浜の「ハウスクエア横浜」の〝日本住情報交流センター図書室〟、関西では大阪の「すまい情報センター」の〝住まいライブラリー（一万冊）〟、京都の「人・まち交流館」の〝図書コーナー（一万三〇〇〇冊）〟などが代表的です。ぜひ各地の住まいの専門図書室を訪ねられたら良いと思います。

（2）インターネット情報

これは現代の住情報源として幅広く膨大に発信されています。検索機能が優れているため各自が各情報の真偽を判断して利用すれば、住情報を効率的に手軽に入手できます。当マップには行政、学会、各種団体、およびその他の民間の情報発信源を紹介しています。中でも住宅情報として役に立ち面白いのが建築系の情報サイトで、特に住まいの情報サイトとして、一般社団法人 住宅生産団体連合会（住団連）の「住宅すまいWEB」がお勧めです。内容は高齢社会、まちなみ、環境、ライフスタイル、教育の五つの切り口で詳しく情報が整理されまとめられています。また、有限会社 建築情報が運営している「KENKEN !」は建築全般の総合検索サイトですが、検索以外にも建築全体を網羅する幅広い項目から関連ホームページに直接リンクする機能もあり有用です。日本のサイト以外に海外の住情報サイトも当マップでは紹介しています。

(3) 教育機関から得る情報

若い方々は住教育を学校で家庭科として小中高で男女共修で学んでいますが、高校卒業以降は、高専、大学、大学院等で、望むなら建築学、住居学や都市計画学などを専門教育として学ぶことができます。また社会人になった後も、社会人教育として、市民大学やカルチャースクールなどで、住情報を得ることが出来ます。

(4) 講演会、セミナー、ワークショップ情報

これも各種の案内のほか、インターネットの検索エンジンを使えば様々な開催情報を簡単に入手可能です。さらに、各サイトのメルマガ(メールマガジン)に登録していれば、発信元から自動的に求めている関連情報を知らせてくれますので非常に有効です。住宅系では「住総研」、「matiza(まち座)」(学芸出版社)、「住まいの情報発信局ニュース」(住宅情報提供協議会)などが、住生活に関連する「メルマガ」を発信しています。

(5) 体験施設情報

体験学習として自ら経験してみる事はその理解の量、質、密度、定着度から格段にその学習効果があります。まず日常では経験できない住まいに関する**体験施設**として、関東では「ハウスクエア横浜」や東京ガスの「新宿ショールーム」などに室内寸法体験や、身障者体験、高齢者体験の施設がありお勧めです。また関西では積水ハウスの「納得工房」(京都府木津川市)は群を抜いて大きな住宅体験施設を持っており一般に公開しています。

ここでは、材料選び、機器や家具寸法が実物で色々体験できるほか、イベント、講演会から住まいづくり全体を多角的に学べます。また、そのミニチュア版施設として大阪駅前に同社の「住ムフムラボ」が様々な展示や機能体験施設を公開しています。

さらに、大阪ガスの「ハグミュージアム」（大阪市西区）は食と住まいの発信拠点として子どもからおとなまで楽しめる大きな施設です。

屋外住宅博物館としては、関東では「日本民家園」（神奈川県川崎市）や「江戸東京たてもの園」（東京都小金井市）、中部圏では「博物館明治村」（愛知県犬山市）、関西では「日本民家集落博物館」（大阪府豊中市）などがあります。住宅は性格上一般的に公開されませんが、ここでは室内を見ることができるので貴重です。また、全国には、数多くの古い住宅や街並みが保存・公開されています。それらは伝建地区（伝統的建造物群保存地区）として指定されており、古い街並みを見て回るのも体験として有効です。

また、各地にある住宅展示場は、これからの住まいや最新設備、材料を実際に説明付きで見ることができ、さらに住宅メーカーの工場見学や併設施設でも住宅の仕組み・作り方の理解につなげることができます。

住まいや町並みの再現展示がある**屋内博物館**も暮らしの理解として有効です。関東では「江戸東京博物館」（東京都両国）、「江東区深川江戸資料館」（東京都江東区）、「国立歴史民俗博物館」（千葉県佐倉市）、関西では大阪市立住まい情報センタービルに「大阪くらしの今昔館」（大阪市北区）があり、そこでは江戸時代の古い町並みの中を貸着物を着てめぐることができ、訪日観光客にもとても人気です。インテリアや家具としては、「武蔵野美術大学美術館・椅子ギャラリー」（東京都小平市）等ではイベントやワークショップ、講演会等を行っています。

その他、マンションに関しては「長谷工マンションミュージアム」（東京都多摩市）があり広くマンション情報を発信しています。さらに、各機器メーカーや住宅設備メーカーが各種様々なショールームを持っており、それらの製品選択時に実物の説明を聞きながら見ることで確認ができ有効です。

近年の暮らし体験として忘れてはいけない体験が、**防災体験**です。東京都消防庁は都内に三か所（本所、池袋、立川）に「防災館」を持っています。ここでは、防災の種類別に、地震、津波、火事、水害等をシミュレーター等を使い疑似体験ができます。東京有明には国交省が地震に特化した「そなエリア東京」を設けており、「首都直下地震発生後72時間を生き抜く」をテーマに各種体験ができます。関西では「人と防災未来センター」が阪神淡路大震災を契機に神戸に作られており活用されています。

その他の各種体験施設は当リスト以外にも、実際に色々ありますので、ぜひ住宅の理解のために行かれるとよいと思います。

(6) 相談情報

住情報マップの分類の最後は**相談**です。建物をつくる時や改修する時、技術的な問題、資金の問題、紛争問題、マンションの管理の問題、空き家の問題等で他人に相談することがたくさんあると思います。それらを対面や電話での相談、あるいはインターネットでの相談と様々な相談窓口が用意されています。とくに対面での相談は関西では阪神淡路大震災以後、神戸市、大阪市、京都市の三自治体が常設の相談窓口を整備しました。関東では自治体の相談窓口はイベント時などはありますが、常設としては残念ながら横浜市以外にはまだないようです。これらは電話での相談も受けています。公共の相談窓口では、民間のハウスメーカーや開発業者がスポンサーとして行っている相談に比べ、気楽に相談を受けることが出来ます。なお全国対象の相談としては、弁護士と建築士がペアで対応する全国ネットの公益財団法人「住宅リフォーム・紛争処理支援センター」もあります。ここでは各地方の担当窓口を紹介してくれ、日本全国の相談を受けることが出来ます。なお、これらお悩み相談の大きな効用は、相談者が自ら話しているうちに自分の考えをまとめられることだと思います。

以上、ここで紹介した「住情報マップ」は、住総研のホームページで公開しています。

「住情報マップ」URL.http://www.jusoken.or.jp/pdf/sumai_map.pdf

■住情報以外の住生活力を向上させる方法

最後に住生活力を向上させる「A.基礎知識」以外の三つの要件「B.リテラシー、C.住経験　D.実行力」について、その能力を向上させる方法を簡単にしたいと思います。

リテラシー能力の向上　住生活の問題解決には、まず何が問題かという「課題発見力」が必要です。そのためには、本人の「気づき」とか「関心」が不可欠で、あわせてその課題を解決する「課題解決力」も必要です。その解決力には関連情報を適切かつ迅速に集められる「情報収集力」も求められ、さらに集まった情報を適切に分析する「分析力」、そしてそれを適切に判断する「判断力」がその構成要素となります。これら住宅リテラシー能力の向上にはJFMA（公益社団法人　日本ファシリティマネジメント協会）などの各種マネジメント開発プログラムが参考になります。

住経験の向上　リテラシーの解決過程の最終行動は「判断力」です。しかし人は未経験行動の判断には時間がかかります。その判断に貢献するのが「住経験」です。実際の体験、疑似体験、あるいは体験者の経験談や相談が有効です。これらの体験には前述した各地の体験施設の利活用のほか、町内会、マンション管理組合への参加も大いに役に立ちます。

実行力の向上　さらに、これらの諸能力で導かれた判断結果も、実際に実行されてこそ現実となります。そしてその「実行力」を左右するのが、その人の主体性・生き方・価値観・行動力です。これは、他のどんな生活力にも関わる能力ですが、実行力により人生すべてが影響されると言えるのではないでしょうか。

以上ＡからＤの四つの要素がバランスよく活用された時、初めて充実した豊かな住生活が営まれると考えられます。

おわりに

本書は、おとなの住まい学がなぜ必要かを問い、おとなが主体的な住まい手として住まい力を向上させるにはどうすればよいかについて様々な角度から検討しました。

「おとなのための住まい学」を住総研の研究委員会のテーマに考えたきっかけは、私自身がこれまで住まい学習の実践研究に取り組み、また大学で授業をする中で、次のことを感じていたからです。一つには、子どもを対象とした住まいやまち学習の研究や実践活動は充実しており、住総研でも関連の委員会がありますが、それに比べるとおとなの住まい学習に関わる研究が少ないことです。もう一つは、大学で授業をする中で実感する、学生の住生活に関わる知識や行動力の低さです。このことは本書のコラムでも触れられていますが、日常生活で住まいや地域への学生の意識的な関わりが少ないことが影響していると思います。高校までの住まい学習の内容が充実しても、大学では建築や住居学系の学科、あるいは教育学部の一部以外の多くの大学生は、住まいについて学習する機会がほとんどありません。自立した社会人になる前の、一般の大学生への住まい学習の継続がとても重要だと思っています。

さて、本委員会の設置にあたっては、近畿大学の岩前篤氏、奈良女子大学の瀬渡章子氏、京都府立大学の檜谷美恵子氏、大阪ガス(株)エネルギー・文化研究所の弘本由香里氏、お茶の水女子大学の宮内貴久氏に加わっていただきました。また、住総研からは道江紳一氏、馬場弘一郎氏、清水祐子氏に担当していただきました。関西のメンバーが多いため、研究会の多くは大阪ガス本社の会議室をお借りして開催し、東京の皆様には大阪へ足を運んでいただきました。また、研究会活動の中では、シンポジウムにご登壇の本書の執筆者に加えて、京都大学の鈴木あるの氏、帝京大学の勝田映子氏にも、貴重なご意見をいただきました。大阪市立住まい情報センターや清水建設技術研究所のシミズ・オープン・アカデミーの訪問では、示唆に富む情報が得られました。

「おとなのための住まい学」というテーマの狙いはよかったのですが、具体的な研究の的を絞りきれない中で、研究委員会メンバーからの前向きな意見が大きな支えになりました。道江氏には、絶えずポジティブなご提案をいただきました。住情報マップの情報収集は、馬場氏のご尽力の成果です。また、本研究会の成果の一つである「おとなの住生活力の実態調査」の集計作業には、近畿大学の学生さんの力を借りました。ご協力いただきました多くの皆様に、お礼申し上げます。

ちょうど本書の執筆・編集のさなかに、新型コロナウイルス（COVID―19）の感染が世界全体に拡大し、日本でも緊急事態宣言が出されました。三密（密閉空間、密集、密接）を避けるため、人と接するコミュニティ活動や教育活動についても、大きく見直される契機となりました。これからの住まいと住生活の在り方も変容し、おとなの住まい力にも新たな力が求められることになると思います。

緊急事態宣言の期間中は大学も立ち入りが制限され、オンライン授業のコンテンツづくりに追われて執筆作業の進行に影響が出ました。在宅勤務を余儀なくされる状況下で本書の出版事務にご尽力いただいた住総研の清水氏ほか事務局の皆様、この事態の中でも編集作業を進めてくださいましたドメス出版の佐久間俊一氏ほかの皆様に、心より感謝いたします。

二〇二〇年七月

一般財団法人 住総研「おとなのための住まい学」研究委員会委員長　碓田智子

執筆者紹介（五〇音順）　※は、おとなのための住まい学研究委員会・委員

朝田 佐代子（あさだ さよこ）
大阪市立住まい情報センター 副所長
一九八八年大阪市住宅供給公社入社。大阪市内の公社分譲マンションの募集販売、公社一般賃貸住宅・特定優良賃貸住宅の募集業務、総務担当を経て、二〇〇九年より、大阪市立住まい情報センター相談担当係長として、住まいの賃貸借、売買、建築、相隣トラブル、住まい探し、分譲マンション管理などの多種多様な相談事例や、東日本大震災の被災者への民間住宅無償提供の情報提供などに携わる。原状回復トラブル防止ガイドライン（大阪府版）策定ワーキング・グループメンバー。二〇一九年から現職。

岩前 篤（いわまえ あつし）※
近畿大学建築学部建築学科 教授・博士（工学）
一九六一年和歌山市生まれ、八六年に神戸大学大学院を修了、積水ハウス㈱に入社。二〇〇三年、同退社後、近畿大学理工学部建築学科に着任、二〇一一年に建築学部創設と共に学部長就任、現在に至る。専門は熱物質同時移動過程に基づく気体分子と熱エネルギー移動論、ならびにこれに基づく建築物内外の温湿度分布の予測・評価研究。近年は温湿度変動と建物の耐久性ならびに居住者の健康性の関係性に着目した研究、ならびに建築物の更なる高断熱化を目的とした高性能断熱材、断熱システムの開発に従事している。経済産業省・国土交通省等の建築関係各省庁ならびに、大阪府・市、神戸市などの建築の省エネに関わる技術的な評価、開発に携わる。著書に「あたらしい 家づくりの教科書」（新建新聞社、共著）ほか。

碓田 智子（うすだ ともこ）※
大阪教育大学 教授
大阪市立大学生活科学部住居学科卒業、同大学院生活科学研究科前期修了、期博士課程単位取得満期退学、博士（学術）。福井大学教育学部・教育地域科学部助教授を経て、二〇〇二年大阪教育大学助教授、二〇一〇年より現職。専門は住居学・住生活学。地域の居住文化の継承に関する研究、居住文化を伝える住まい学習の実践研究などに取り組み、二〇〇七年住総研研究選奨、二〇一五年日本建築学会教育賞（教育貢献）、二〇一七年都市住宅学会賞業績賞、二〇一九年都市住宅学会賞論文賞受賞。主な著書に『地域からの住まいづくり』（ドメス出版、二〇〇五、共著）、『地域の住まい学習』（ドメス出版、二〇〇七、共著）、「日本の住文化教育のいまと課題」（『受け継がれる住まい』所収、柏書房、二〇一六）など。

甲斐 徹郎（かい てつろう）
建築・まちづくりプロデューサー／都留文科大学 非常勤講師
一九五九年東京都生まれ。千葉大学文学部行動科学科社会学専攻卒業。一九九五 年、環境と共生する住まいとまちづくりをプロデュースする会社として株式会社チームネットを設立。環境共生型コーポラティブ住宅「経堂の杜」「欅ハウス」などを企画、コーディネイト。個人住宅から集合住宅、まちづくりまで、環境とコミュニティを生かした数多くのプロジェクトを手掛ける。著書に『不動産の価値はコミュニティで決まる』（学芸出版社）、『人生を変える住まいと健康のリノベーション』（新建新聞社）など。

小澤 紀美子（こざわ きみこ）

東京学芸大学 名誉教授／東海大学大学院 客員教授

（株）日立製作所システム開発研究所研究員を経て、一九七八年より東京学芸大学に勤務。二〇〇八年四月より東京学芸大学名誉教授、東海大学特任教授。工学博士・技術士（都市計画及び地方計画）。社会的活動は中央教育審議会委員、社会資本整備審議会委員、中央環境審議会委員、自然観察コンクール審査委員などを歴任。こども環境学会理事。専門分野は住環境教育。編著書は『豊かな住生活を考える―住居学』（彰国社）、『キッズプレース』（ささら書房）、『住居―住生活と快適な環境』（ポプラ社）、『子ども・若者の参画』（萌文社）、『児童心理学の進歩・環境教育：二〇〇五年版』（金子書房）、『持続可能な社会を創る環境教育論』（東海大学出版社）、『英語で地球わくわく探検 みんなで取り組む３Ｒ』（Ｊリサーチ出版）など。

趙 賢株（じょ ひょんじゅ）

京都市住宅供給公社京（みやこ）安心すまいセンター 係員

韓国生まれ。京都大学大学院工学研究科博士後期課程修了、工学博士。二〇〇八年度文部科学省の国費外国人留学生として来日し、二〇一一年度日本学術振興会特別研究員・ＤＣ２に採用。論文「『住み継ぐ』という住まい方の実現に向けた住情報支援に関する研究」で博士学位を取得し、博士課程中には京阪神を含む全国のすまいの相談窓口、住情報センターについて調査・研究を実施。二〇一五年度より京都市住宅供給公社京（みやこ）安心すまいセンターに在職し、住情報施策に関連する調査・研究、住教育の推進、住まいの普及啓発、情報発信業務などに携わる。

瀬渡 章子（せと あきこ）※

奈良女子大学 名誉教授

一九五四年奈良市生まれ。奈良女子大学家政学部住居学科卒業、同大学院家政学研究科住環境学専攻（修士）修了。一九八八年に学術博士。奈良女子大学家政学部教務補佐員、助手、講師、助教授、（生活環境学部住環境学科）教授を経て、二〇二〇年三月定年退職。専門は住環境計画学。住宅・住宅地の防犯対策、地域の子ども見守り活動、高層住宅居住、集合住宅の共同性・協働性等を研究テーマとする。著書に『都市の防犯』（北大路書房）、『これからのマンションと法』（日本評論社）、『ビギナーズ犯罪学』（成文堂、共著）ほか。二〇〇〇年竣工の奈良初のコーポラティブ住宅づくりに当初から参加して居住。奈良市内に昭和初期に建てられた交番建築の再生と、再生後の「旧鍋屋交番きたまち案内所」の運営に携わる。

生川 慶一郎（なるかわ けいいちろう）

京町家居住者／京都市住宅供給公社 課長補佐（京都市洛西竹林公園竹の資料館館長）

大阪大学大学院工学研究科建築工学専攻博士課程修了、博士（工学）、一級建築士。（公財）京都市景観・まちづくりセンター在籍時にまちづくりコーディネイターとして、一〇〇軒以上の京町家の承継相談に携わる。京町家に受け継がれてきた生活文化に魅了され、自ら京町家を取得し、尊敬する棟梁に改修を依頼。完成後も実験住宅として京町家における部分断熱手法の開発に住まい手として参画するなど、京町家の保全・再生に取り組んでいる。第二回京環境配慮建築物 優秀賞、平成二六年度京都景観賞、第一二回「キッチンに住む」フォトコンテスト審査員特別賞受賞。

馬場 弘一郎（ばば こういちろう）※委員会事務局
一般財団法人 住総研 研究推進部長
清水建設設計部入社。カナダマニトバ大学大学院修了。カナダ登録建築家資格取得。その後、カナダ、アメリカ、英国で設計に従事。ニューヨーク慶応高校、シャープ英国研究所、デンソー英国工場、アイルランド駿台学園国際学校、帝京大学英国校他を設計。帰国後、名古屋支店、本社企画管理部、ＦＭ推進部他に勤務。The Mall 安城、デンソー本社ビル、三井住友銀行呉服橋ビル等の設計を担当。また JFMA 及び BELCA の委員、委員長を歴任。JDC、SDA 他の各賞受賞。現在住総研で活動するとともに前橋工科大学の非常勤講師を務める。

速水 多佳子（はやみ たかこ）
鳴門教育大学 准教授
京都教育大学教育学部家政科卒業、同大学大学院教育学研究科修士課程修了、奈良女子大学大学院人間文化研究科博士後期課程修了、博士（学術）。兵庫県立高等学校の家庭科教諭、県立教育研修所指導主事を経て、二〇一〇年より鳴門教育大学大学院学校教育研究科講師。二〇一三年より現職。専門は家庭科教育学。現在の家庭科教育が抱えている課題の解決を目指し、小学校・中学校・高等学校の授業実践を核とした研究を行っている。また、学校教育における住教育の充実を目指し、実践的・体験的な学習活動を重視した授業づくりをテーマに、家庭科住居領域の授業開発に取り組んでいる。

檜谷 美恵子（ひのきだに みえこ）※
京都府立大学 教授
大阪市立大学大学院生活科学研究科博士課程修了、学術博士。大阪市立大学大学院生活科学研究科准教授等を経て現職。専門は住生活学、居住政策論で、海外の住宅制度や居住ニーズに関する調査研究に携わる。著書に『欧米の住宅政策―イギリス・ドイツ・フランス・アメリカ』（ミネルヴァ書房、一九九九、共著）、'Housing, Family and Gender'（in "*Housing and Social Transition in Japan*", Routledge, 2007）、「「都市への権利」とソーシャルミックス―フランスの住宅政策に学ぶ」（『創造都市と社会包摂』所収、水曜社、二〇〇九）など。

弘本 由香里（ひろもと ゆかり）※
大阪ガス株式会社 エネルギー・文化研究所 特任研究員
筑波大学芸術専門学群卒業後、住宅建築専門誌『新住宅』編集員などを経て現職。地域資源を活かし、人々の新たな関係性を紡ぐコミュニティ・デザインなど、持続可能な都市居住に資する実践・研究活動に取り組む。また、自治体の住宅政策、コミュニティ政策、文化政策等への関わりも多く、大阪市立住まい情報センターの開設にも携わった。同志社大学大学院総合政策科学研究科非常勤講師。大阪・上町台地をフィールドに、地域の知を共有するツール「上町台地 今昔タイムズ」を編集・発行。共著に『大阪 新・長屋暮らしのすすめ』（創元社）、『地域を活かすつながりのデザイン 大阪・上町台地の現場から』（創元社）、『「コミュニティ・デザイン論研究」読本』（大阪ガス エネルギー・文化研究所）など。

宮内 貴久（みやうち たかひさ）※

お茶の水女子大学 教授（専門は、民俗学 文化人類学 建築史・意匠）

一九六六年生まれ。福岡市出身。一九八九年筑波大学第一学群人文学類卒業。文学博士（二〇〇三年筑波大学）。一九九七年筑波大学大学院博士課程歴史・人類学研究科文化人類学専攻単位取得退学。一九九七年日本学術振興会特別研究員ＰＤ、二〇〇〇年聖徳大学人文学部日本文化学科専任講師、二〇〇四年お茶の水女子大学生活科学部人間生活学科生活文化学講座助教授、同人間文化創成科学研究科文化科学系准教授を経て、二〇一三年同基幹研究院人文科学系教授。二〇一八年より国立歴史民俗博物館客員教授を併任。著書に『風水と家相の歴史』（吉川弘文館、二〇〇九）、『家相の民俗学』（吉川弘文館、二〇〇六）など。

森口 美帆（もりぐち みほ）

神戸市建築住宅局 安全対策課 ビル防災対策係長（執筆当時：神戸市すまいとまちの安心支援センター 企画係長）

一九九六年神戸市入庁。建築指導行政、震災復興再開発事業、区役所でのまちづくり支援業務などを経て、二〇一五年から一般財団法人神戸すまいまちづくり公社にて神戸市すまいとまちの安心支援センター〝すまいるネット〟の企画運営を担当。住まいの維持管理やリフォーム工事、耐震化、空き家活用、マンション管理、高齢期の住み替えなど市民からの様々なすまいの相談に対応する相談業務の運営や、建築士・建設業者などの情報提供業務、住教育支援や市民向け出前講座、すまいのセミナーなどの普及啓発、市の補助制度の申請受付業務などに携わる。二〇二〇年から現職。

【一般財団法人 住総研について】

故清水康雄（当時清水建設社長）の発起により、1948（昭和23）年に東京都の許可を受け「財団法人 新住宅普及会」として設立された。設立当時の、著しい住宅不足が重大な社会問題となっていたことを憂慮し、当時の寄附行為の目的には「住宅建設の総合的研究及びその成果の実践により窮迫せる現下の住宅問題の解決に資する」と定めていた。その後、住宅数が所帯数を上回りはじめた1972（昭和47）年に研究活動に軸足を置き、その活動が本格化した1988（昭和63）年に「財団法人 住宅総合研究財団」に名称を変更、さらに2011（平成23）年７月１日には、公益法人改革のもとで、「一般財団法人 住総研」として新たに内閣府より移行が認可され、現在に至る。一貫して「住まいに関わる研究並びに実践を通して得た成果を広く社会に公開普及することで住生活の向上に資する」ことを目的に活動をしている。

住総研「おとなのための住まい学」研究委員会（2017年度〜2019年度）委員五十音順

委員長　碓田 智子（大阪教育大学 教授）

委　員　岩前 篤（近畿大学 教授）

瀬渡 章子（奈良女子大学 教授）

檜谷 美恵子（京都府立大学 教授）

弘本 由香里（大阪ガス㈱エネルギー・文化研究所 特任研究員）

宮内 貴久（お茶の水女子大学 教授）

事務局　一般財団法人 住総研

道江 紳一、馬場 弘一郎、清水 祐子

≪住総研住まい読本≫
おとなのための住まい力
――知識・経験・リテラシー

2020年 8月 5日　第1刷発行
定価　本体2000円＋税

編　者　一般財団法人 住総研「おとなのための住まい学」研究委員会
発行者　佐久間光恵
発行所　株式会社 ドメス出版
東京都文京区白山 3-2-4　〒112-0001
振替　00180-2-48766
電話　03-3811-5615
FAX　03-3811-5635
http://www.domesu.co.jp

印刷・製本　株式会社 太平印刷社

ISBN 978-4-8107-0852-3　C0052